高职高专汽车专业系列教材

# 汽车电工电子基础(第2版)

王 霆 杨 屏 主编

狄春阳 李 刚 副主编

清华大学出版社

北 京

# 内 容 简 介

本书是根据教育部高等职业教育汽车类示范专业教学改革的精神，结合高等职业教育的培养目标，采用项目教学的形式编写的。全书由直流电路的基本物理量、直流电路的分析与计算、正弦交流电路、整流滤波稳压电路、基本放大电路、变压器与电机、汽车传感器七个项目组成。

本书可作为高等职业教育汽车类各专业的教材，也可作为相关专业技术人员的参考用书。

**图书在版编目(CIP)数据**

汽车电工电子基础/王霆，杨屏主编. --2 版. --北京：清华大学出版社，2016
(高职高专汽车专业系列教材)
ISBN 978-7-302-44224-0

Ⅰ. ①汽… Ⅱ. ①王… ②杨… Ⅲ. ①汽车—电子技术—高等职业教育—教材 Ⅳ. ①U463.6

中国版本图书馆 CIP 数据核字(2016)第 152390 号

责任编辑：桑任松
封面设计：刘孝琼
版式设计：杨玉兰
责任校对：石　伟
责任印制：刘海龙

出版发行：清华大学出版社
　　　　　网　　　址：http://www.tup.com.cn, http://www.wqbook.com
　　　　　地　　　址：北京清华大学学研大厦 A 座　　　邮　　　编：100084
　　　　　社 总 机：010-62770175　　　　　邮　　　购：010-62786544
　　　　　投稿与读者服务：010-62776969, c-service@tup.tsinghua.edu.cn
　　　　　质量反馈：010-62772015, zhiliang@tup.tsinghua.edu.cn
　　　　　课件下载：http://www.tup.com.cn, 010-62791865
印 装 者：北京国马印刷厂
经　　销：全国新华书店
开　　本：185mm×260mm　　印　张：13.5　　字　数：328 千字
版　　次：2011 年 2 月第 1 版　2016 年 8 月第 2 版　印　次：2016 年 8 月第 1 次印刷
印　　数：1~2000
定　　价：35.00 元

产品编号：069603-01

# 第 2 版前言

本书是根据教育部高等职业教育汽车类示范专业教学改革的精神，结合高等职业教育的培养目标，采用项目教学的形式编写的。全书共包括直流电路的基本物理量、直流电路的分析与计算、正弦交流电路、整流/滤波/稳压电路、基本放大电路、变压器与电机、汽车传感器七个项目，每个项目均采用"相关知识"和"项目实施"两部分架构的形式编写。教材以培养综合素质为基础，以能力为本位，把提高学生的职业能力放在突出位置，并加强实践性教学环节，力图使学生成为企业生产服务一线的高素质技能型人才。

本书具有以下特点。

(1) 借鉴国内外职业教育先进的教学模式，突出项目教学，顺应高等职业教育教学改革的趋势。

(2) 理论实践一体化，注重能力培养。每个项目均由"相关知识"和"项目实施"两部分构成，以专业实训项目贯穿全书，简化理论阐述及公式推导，通过实训项目加深学生对知识的理解和掌握。

(3) 紧密结合生产实际，力图反映新知识、新技术、新工艺和新方法。

(4) 全书图文并茂，文字简洁、通俗易懂。

本书由北京电子科技职业学院的王霆、杨屏任主编，狄春阳、李刚任副主编。狄春阳编写了项目一和项目二；李刚编写了项目三和项目四；杨屏编写了项目五和项目六；张红编写了项目七。全书由王霆统稿。

本书第 1 版于 2011 年 2 月由清华大学出版社出版，得到了全国各兄弟院校师生和读者的认可和支持。作者也陆续收到了许多有益的建议，在此表示衷心的感谢。

为了适应汽车电工电子技术日新月异的发展，本书在第 1 版的基础上，根据汽车新技术、新发展，对第 1 版的精华部分做了进一步的补充和完善，删除了不适宜部分，并对文字内容进行了润色，力求用最准确、精炼的语言做出更加通俗易懂的表达。

由于作者水平有限，书中疏漏之处在所难免，恳请读者提出宝贵的意见。

编　者

# 第 1 版前言

本书是根据教育部高等职业教育汽车类示范专业教学改革的精神，结合高等职业教育的培养目标，采用项目教学的形式编写的。全书共包括直流电路的基本物理量、直流电路的分析与计算、正弦交流电路、整流滤波稳压电路、基本放大电路、变压器与电机、汽车传感器七个项目，每个项目均采用"相关知识"和"项目实施"两部分架构的形式编写。教材以培养综合素质为基础，以能力为本位，把提高学生的职业能力放在突出位置，并加强实践性教学环节，力图使学生成为企业生产服务一线的高素质技能型人才。

本书具有以下特点。

(1) 借鉴国内外职业教育先进的教学模式，突出项目教学，顺应高等职业教育教学改革的趋势。

(2) 理论实践一体化，注重能力培养。每个项目均由"相关知识"和"项目实施"两部分构成，以专业实训项目贯穿全书，简化理论阐述及公式推导，通过实训项目加深学生对知识的理解和掌握。

(3) 紧密结合生产实际，力图反映新知识、新技术、新工艺和新方法。

(4) 全书图文并茂，文字简洁、通俗易懂。

本书由北京电子科技职业学院的王霆、杨屏任主编，狄春阳、李刚任副主编。狄春阳编写了项目一和项目二；李刚编写了项目三和项目四；杨屏编写了项目五和项目六；张红编写了项目七。全书由王霆统稿。

由于作者水平所限，书中错漏之处在所难免，恳请读者提出宝贵意见。

编　者

# 目　　录

# 项目一　直流电路的基本物理量

**【知识要求】**

- 了解电路的组成及基本电路模型。
- 了解电路的基本物理量。
- 理解和掌握欧姆定律及其计算。
- 了解电路的有载工作、开路与短路状态。

**【能力要求】**

- 学会使用基本电工仪表。
- 学会测量电路的基本物理量。

## 一、相关知识

### (一) 电路及基本电路模型

电流经过的路径称为电路。最基本的电路由电源、负载、开关和连接导线组成。

(1) 电源是把非电能转换为电能并向外提供的设备,如发电机、干电池、蓄电池等。

(2) 负载是电路中取用电能设备的总称,它把电能转换成其他形式的能。如电灯把电能转换成光能,电炉把电能转换成热能,电动机把电能转换成机械能等。

(3) 开关属于控制电器,用于控制电路的接通或断开。

(4) 连接导线将电源和负载连接起来,实现电能的传输和分配。

图1-1(a)所示为由干电池、小电珠、开关和连接导线构成的一个简单直流电路。合上开关时,电路接通,干电池向外输出电流,电路中有电流流过,小电珠就发光。开关断开时,电路开路,电路中没有电流流过,小电珠就熄灭。图1-1(b)所示为该电路的基本电路模型。

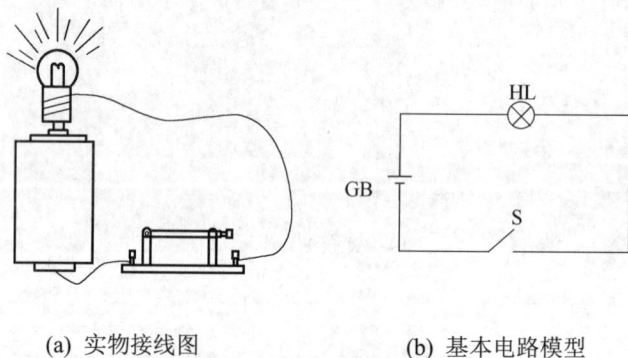

(a) 实物接线图　　　　　　(b) 基本电路模型

图 1-1　电路及电路模型

电路分为内电路和外电路。电源内部的电路称为内电路,电源以外的电路称为外电路。

### (二) 电路中的几个基本物理量

#### 1. 电流

电路中,带电粒子在电源作用下做有规则的定向移动而形成电流。金属导体中的自由电子,电解液中的正、负离子都是带电粒子,因此,电流既可以是负电荷,也可以是正电荷,或者两者兼有的粒子做定向运动的结果。习惯上规定以正电荷移动的方向为电流的方向,因此,自由电子和负离子移动的方向跟电流方向相反。

电流是单位时间内通过导体横截面的电量，用字母 $I$ 表示。如果在 $t$ 秒内流经导体横截面的电量为 $Q$，则电流为

$$I = \frac{Q}{t}$$

式中：$I$ ——电流，单位是安[培](A)；

　　　$Q$ ——在 $t$ 秒内通过导体截面的电量，单位是库[仑](C)；

　　　$t$ ——时间，单位是秒(s)。

如果在 1s(秒)内通过导体横截面的电荷量是 1C(库)，则导体中的电流为 1A(安)。实际中，除了安[培]外，常用的电流单位还有千安(kA)、毫安(mA)和微安(μA)。它们之间的换算关系为

$$1kA = 10^3 A \qquad 1A = 10^3 mA \qquad 1mA = 10^3 \mu A$$

电流不仅有大小，而且有方向。

在分析电路时，常常要知道电流的方向，但有时，对某段电路中电流的方向往往难以判断，此时，可先任意假定电流的参考方向(也称正方向)，然后列方程求解。当求出的电流为正值时，就认为电流的实际方向与参考方向一致，如图 1-2(a)所示；反之，若求出的电流为负值，就认为电流的实际方向与参考方向相反，如图 1-2(b)所示。

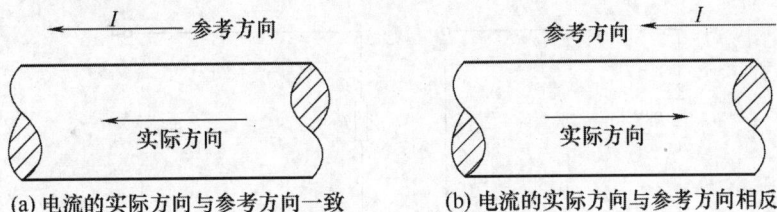

(a) 电流的实际方向与参考方向一致　　　　(b) 电流的实际方向与参考方向相反

图 1-2　电流的方向

### 2. 电压、电位和电动势

(1) 电压。

电路中 A、B 两点间的电压，定义为单位正电荷由 A 点移至 B 点时电场力所做的功，如图 1-3 所示。电压的数学表达式为

$$U_{AB} = \frac{W_{AB}}{Q}$$

式中：$W_{AB}$ ——电场力所做的功，单位是焦[耳](J)；

　　　$Q$ ——被移动电荷的电量，单位是库[仑](C)；

　　　$U_{AB}$ ——A 点与 B 点间的电压(电位差)，单位是伏[特](V)。

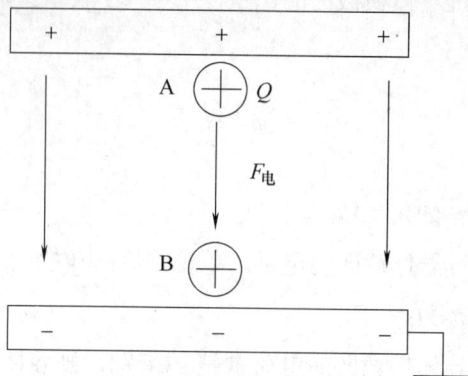

图 1-3　电场力做功

实际中，除伏[特]外，电压常用的单位还有千伏(kV)、毫伏(mV)和微伏(μV)。它们之间的换算关系为

$$1\mathrm{kV}=10^3\mathrm{V} \qquad 1\mathrm{V}=10^3\mathrm{mV} \qquad 1\mathrm{mV}=10^3\mu\mathrm{V}$$

电压和电流一样，不仅有大小，而且有方向，即有正负。对于负载来说，规定电流流进端为电压的正端，电流流出端为电压的负端。电压的方向由正指向负。

电压的方向在电路图中有两种表示方法：一种是用箭头表示，如图 1-4(a)所示；另一种用极性符号表示，如图 1-4(b)所示。

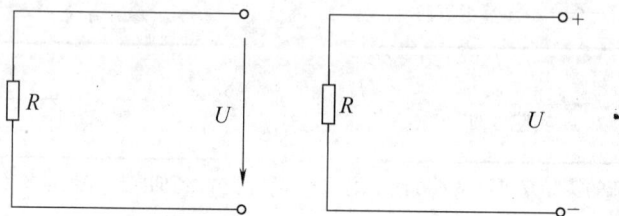

(a) 用箭头表示　　　　　(b) 用极性符号表示

图 1-4　电压的方向

在分析电路时，往往难以确定电压的实际方向，此时可先任意假设电压的参考方向，再根据计算所得值的正、负来确定电压的实际方向。

对于电阻性负载来说，没有电流就没有电压，有电压就一定有电流，电阻两端的电压又被称为电压降。

(2) 电位。

电路中，某点的电位定义为单位正电荷由该点移至参考点时电场力所做的功。

电路中 A、B 两点间的电压等于 A、B 两点的电位差。即

$$U_{\mathrm{AB}} = V_{\mathrm{A}} - V_{\mathrm{B}}$$

实际中，为了便于分析和维修电路，通常需要选定某一点作为参考点，参考点的电位通常规定为零，所以又叫零电位点。电位的文字符号用带有下标的字母 $V$(或 $\Phi$)表示。如 $V_A$，即表示 A 点的电位。电位的单位也是伏特(V)。

零电位点(参考点)可以任意选定，但为了统一，一般选大地为参考点，即视大地的电位为零电位。在电子仪器和设备中，又常把金属外壳或电路的公共接点的电位作为零电位。零电位的符号有两种，图 1-5(a)所示的符号表示接地，图 1-5(b)所示的符号表示接公共点或接机壳。

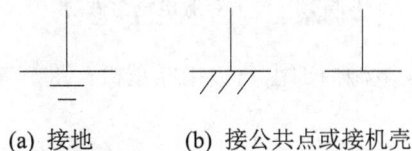

(a) 接地      (b) 接公共点或接机壳

图 1-5   接地与接公共点或机壳

电位有正电位和负电位之分，当某点的电位大于零时，表示该点电位大于参考点电位，称为正电位；当某点电位小于零时，表示该点电位低于参考点电位，称为负电位。

零电位点规定之后，电路中任何一点与零电位点之间的电压，就是该点的电位。这样，电路中各点的电位就有了确定的数值。当各点电位已知后，就能求出任意两点 A、B 间的电压。

例如，$V_A = 30V$，$V_B = 20V$，那么 A、B 之间的电压为

$$U_{AB} = V_A - V_B = 30 - 20 = 10(V)$$

(3) 电动势。

电动势是衡量电源将非电能转换成电能本领大小的物理量。电动势的定义为：在电源内部，外力将单位正电荷从电源的负极移到电源的正极所做的功，如图 1-6 所示。电动势用符号 $E$ 表示，其数学表达式为

$$E = \frac{W}{Q}$$

式中：$W$ —— 外力对电荷所做的功，单位是焦[耳](J)；

$Q$ —— 被移动电荷的电量，单位是库[仑](C)；

$E$ —— 电源的电动势，单位是伏[特](V)。

电动势的大小只取决于电源本身的性质，对于给定的电源，$W/Q$ 为一定值，与外电路无关。

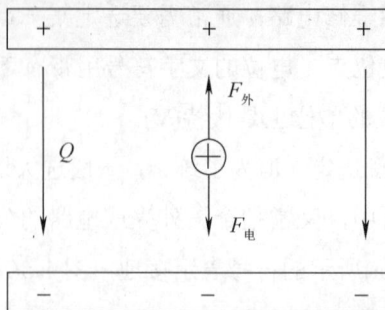

图 1-6　外力克服电场力做功

电动势的方向规定为：在电源内部由负极指向正极。图 1-7(a)、(b)所示为直流电动势的两种图形符号和方向的表示方法。

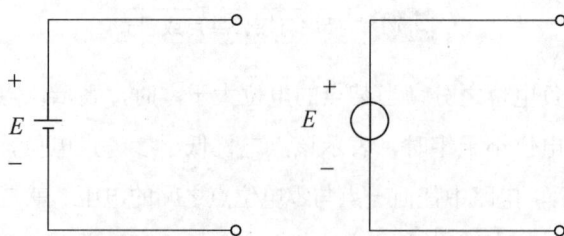

(a) 第一种表示方法　　　　(b) 第二种表示方法

图 1-7　直流电动势的两种图形符号

对于一个电源来说，它既有电动势，又有端电压。电动势只存在于电源的内部，而端电压则是电源加在外电路两端的电压，其方向由正极指向负极。一般情况下，电源的端电压总是低于电源内部的电动势，只有当电源开路时，电源的端电压才与电源的电动势相等。

### 3．电功率

不同的用电器在相同的时间里用电量是不同的，即电流做功的快慢是不一样的。我们用电功率描述电流做功的快慢，其定义为电流在单位时间内所做的功。电功率简称功率，用符号 $P$ 表示，其值的计算公式为

$$P = IU = I^2 R = \frac{U^2}{R}$$

在实际工作中，电功率的常用单位有瓦(W)、千瓦(kW)、毫瓦(mW)等。它们之间的换算关系为

$$1\text{kW}=10^3\text{W} \qquad\qquad 1\text{W}=10^3\text{mW}$$

### 4．电路中的几种理想电路元件

为了便于对实际电路进行定量的分析与计算，有必要引入理想电路元件的概念。所谓理想电路元件，是指具有单一的、确定的电磁性能的电路元件，即是对实际元件电磁性能的科学抽象与概括。理想电路元件主要有电阻元件、电感元件、电容元件、电压源等，这些元件分别由相应的图形符号和相应的文字标注及参数来表征，如图 1-8 所示。而实际元件在一定的外部条件下会突出其起主导作用的电磁性能，而忽略其对电路的次要影响，因此可以被理想化地近似看作某个或某几个理想电路元件的组合。

例如一个白炽灯，它除了具有电阻、会消耗电能外，当通过电流时还会产生磁场，就是说它还具有电感，但因电感很小，一般可以忽略不计，所以在直流或工业频率的交流电源作用下，白炽灯就可以视为一个理想电阻元件。又如一个实际线圈在直流电源作用下，可以看作一个理想电阻；而工业频率交流电源的作用下，可以等效地看作一个理想电阻和一个理想电感的串联组合；当交流电源的频率更高时，又可以看作是其他不同理想元件的不同组合。这说明，同一个实际电路元件，在不同的外部条件下，可能呈现不同的主要电磁性能，也就是说，应该用不同的理想元件的不同组合方式来等效代替。

只有经过科学的抽象与概括，将实际电路等效地表示成理想元件组成的电路，才有可能对其进行定量的分析和计算。全部由理想元件组成的电路称为电路模型。图 1-9 所示即为一个最简单的电路模型，灯泡为理想电阻元件，文字标注为 $R$；实际电源表示为理想电压源和内阻的串联组合，文字标注分别为电源电动势 $E$ 和内阻 $R_0$；导线和开关 S 组成中间环节，导线被视为无电阻的理想导体。

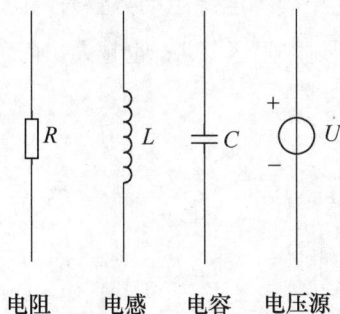

图 1-8 理想电路元件

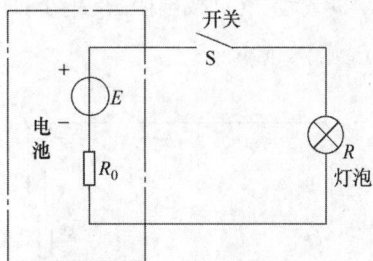

图 1-9 最简单的电路模型

## （三）欧姆定律和电路的三种状态

### 1．欧姆定律

通过电阻的电流与电阻两端的电压成正比，这就是欧姆定律。它是分析与计算电路的基本定律之一。由于欧姆定律的上述表达形式仅适用于不含电源的一段电阻电路，故称为

部分电路欧姆定律,如图 1-10 所示。若电路中电压和电流所选的参考方向相同,则欧姆定律的表达式为

$$I = \frac{U}{R} \qquad 或 \qquad U = IR$$

式中:$U$——电阻两端的电压,单位是伏[特](V);

     $I$——电阻中的电流,单位是安[培](A);

     $R$——电阻,单位是欧[姆]($\Omega$)。

由欧姆定律的表达式可见,当所加电压 $U$ 一定时,电阻 $R$ 越大,电流 $I$ 越小,这说明电阻具有对电流起阻碍作用的物理性质。

在实际工作中,电阻的常用单位有欧($\Omega$)、千欧($k\Omega$)或兆欧($M\Omega$),它们之间的换算关系为

$$1k\Omega = 10^3 \Omega \qquad\qquad 1M\Omega = 10^3\ k\Omega$$

在实际应用中,常需要对闭合电路进行分析和计算。如图 1-11 所示为一个最简单的含源闭合回路,其中 $R_L$ 为负载电阻,$R_0$ 为电源内电阻,$E$ 为电源电动势。略去导线的电阻不计,开关闭合时,电路中的电流为

$$I = \frac{E}{R_L + R_0}$$

故

$$E = IR_L + IR_0$$

其中 $IR_L$ 为负载端电压 $U$,$IR_0$ 为内阻压降。

所以有

$$U = E - IR_0$$

上式称为全电路欧姆定律。其意义是:负载的端电压等于电源电动势减去内阻电压降。它说明,负载越大(负载电阻 $R_L$ 越小)时,电流 $I$ 越大,则内阻压降 $IR_0$ 也越大,而负载端电压 $U = IR_L$ 必然越小。

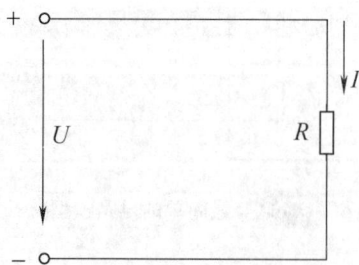

图 1-10　部分电路

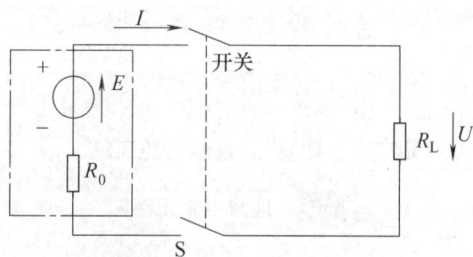

图 1-11　简单的含源闭合回路

**例 1-1**　我国对安全电压是这样规定的:以通过人体的电流不引起心室颤动的最大电流 30mA 为极限。如果人体电阻按 1000～1200$\Omega$ 估计,则安全电压是多少?

**解**　当人体电阻按 1000$\Omega$ 计算时,根据部分电路欧姆定律,有

$$U= IR = 30 \times 10^{-3} \times 1000 = 30 \text{(V)}$$

当人体电阻按 1200Ω 计算时，同理有

$$U= IR = 30 \times 10^{-3} \times 1200 = 36 \text{(V)}$$

所以安全电压应为 36V 以下。

**例 1-2**　对于图 1-11 来说，假如开关 S 闭合，电源电动势 $E = 6\text{V}$，内阻 $R_0 = 0.5\text{Ω}$，负载电阻 $R_L = 9.5\text{Ω}$，求电源端电压和内阻压降。

**解**　根据全电路欧姆定律，有

$$I = \frac{E}{R_L + R_0} = \frac{6}{9.5 + 0.5} = 0.6 \text{(A)}$$

内阻压降　　　　　　$U_0 = IR_0 = 0.6 \times 0.5 = 0.3 \text{(V)}$

端电压　　　　　　$U_L = IR_L = 0.6 \times 9.5 = 5.7 \text{(V)}$

或　　　　　　　　$U_L = E - U_0 = 6 - 0.3 = 5.7 \text{(V)}$

### 2．电路的三种状态

电路通常有三种状态：通路、断路、短路。

根据全电路欧姆定律，我们来分析电路在三种不同的状态下，电源端电压与输出电流之间的关系。

(1) 通路。

通路就是有载工作状态。如图 1-12 所示，开关 S 接通"1"号位置时，负载中有电流流过。电路中的电流为

$$I = \frac{E}{R_L + R_0}$$

端电压与输出电流的关系为

$$U = E - IR_0$$

通常把通过大电流的负载称为大负载，把通过小电流的负载称为小负载。这样，若电源的内阻一定，电路接大负载时，端电压下降较多；电路接小负载时，端电压下降较少。

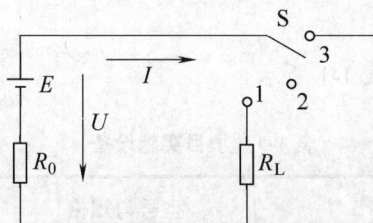

图 1-12　电路的三种状态

(2) 断路(开路)。

断路就是电源或电路某处断开，电路中没有电流流过。图 1-12 中，开关 S 接通 "2" 号位置时，电路中没有电流流过，电源不向负载输送电能。对于电源来说，这种状态叫空载。断路的主要特点是：电路中的电流为零，电源端电压与电动势相等。

断路可分为控制性断路和故障性断路。控制性断路是人们根据需要利用开关将处于通路状态的电路断开；故障性断路则是一种突发性的、意想不到的断路状态。例如：在供电线路中，电源与负载之间的连接导线松脱，负载与导体的金属部分接触不良，都会引起断路故障。所以，接线要牢固可靠，尽量避免断路故障的发生。

(3) 短路。

短路就是电源未经负载而直接由导体构成闭合回路。图 1-12 中，开关 S 接通 "3" 号位置时，电源被短接，电路中的短路电流 $I=E/R_0$。由于电源内阻一般都很小，所以 $I$ 极大，此时，电源对外输出的电压 $U=E-IR_0 \approx 0$。

由于短路电流极大，不仅会损坏导线、电源和其他电器设备，甚至还会引起火灾。因此，短路时，电路会处于严重的故障状态，必须禁止发生。为此，在电路中常串接保护装置，如熔断器等，一旦电路发生短路故障，能自动切断电路，起到安全保护作用。

## 二、项目实施

## (一) 基本电工仪表的使用及线性和非线性电阻伏安特性的测定

### 1. 项目实施目的

(1) 认识电源及设备，培养安全用电习惯。

(2) 学习数字式万用表的使用，掌握电阻、直流电流、电压的测量方法。

(3) 测定并绘制线性电阻和非线性电阻的伏安特性曲线。

(4) 学习测定电路中各点电位和电压的方法。

### 2. 项目实施设备

实施本项目所需的设备如表 1-1 所示。

表 1-1　项目实施设备

| 序　号 | 名　称 | 型号与规格 | 数　量 | 备　注 |
|---|---|---|---|---|
| 1 | 低压直流稳压电源 | 0～30V | 二路 | |
| 2 | 指针电流表 | C31-A | 1 | |

续表

| 序 号 | 名 称 | 型号与规格 | 数 量 | 备 注 |
|---|---|---|---|---|
| 3 | 数字万用表 | MY61 | 1 | |
| 4 | 电阻器 | 按需选择 | 若干 | |
| 5 | 导线 | 红、绿、黄色 | 若干 | |

### 3. 项目实施内容

本项目的实施内容如下。

(1) 利用万用表的电阻挡，确定万用表的好坏，测量导线的通断情况。

(2) 按电路进行接线，经检查确认无误后方可通电测量。

(3) 记录测量数据，填写测量结果。

参考电路包括线性电路、非线性电路和电位与电压测量电路，分别如图 1-13～图 1-15 所示。

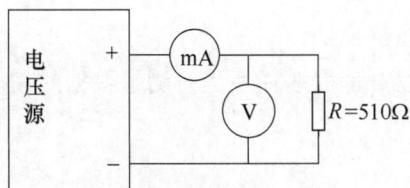

图 1-13 线性电路

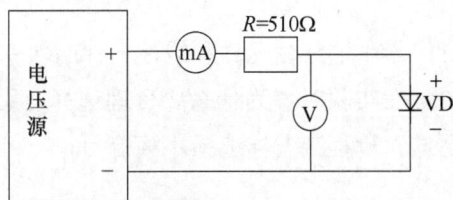

图 1-14 非线性电路

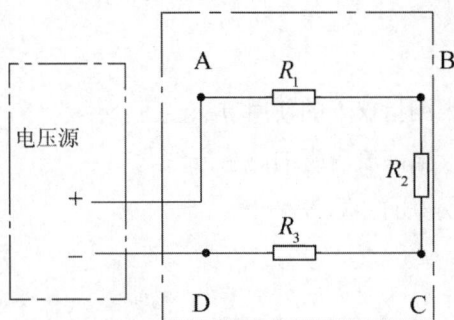

图 1-15 电位与电压测量电路

将线性电路的伏安特性测量结果填入表 1-2 中。

表 1-2 线性电路的测量结果

| $U$(V) | 0 | 2 | 4 | 6 | 8 | 10 | 12 |
|---|---|---|---|---|---|---|---|
| $I$(mA) | | | | | | | |

将非线性电路的伏安特性测量结果填入表 1-3 中。

表 1-3　非线性电路的测量结果

| $U$(V) | 0 | 0.1 | 0.4 | 0.5 | 0.55 | 0.6 | 0.62 | 0.65 |
|--------|---|-----|-----|-----|------|-----|------|------|
| $I$(mA) | | | | | | | | |

将电位与电压测量结果填入表 1-4 中。

表 1-4　电位、电压测量结果

| 测量值　参考点 | 电位测量值 | | | | 电压测量值 | | |
|--------|------|------|------|------|------|------|------|
| | $V_A$ | $V_B$ | $V_C$ | $V_D$ | $U_{AB}$ | $U_{BC}$ | $U_{CD}$ |
| A 点 | | | | | | | |
| B 点 | | | | | | | |

### 4．分析与思考

(1) 绘制非线性元件和线性元件的伏安特性曲线(描点法)。

(2) 在实验时，为什么要合理选择万用表的量程？量程选择不当对测量数据的精度有什么影响？量程应怎样选择才算恰当？

## (二) 指针式电压表、电流表内阻的测量及测量误差的计算

### 1．项目实施目的

(1) 熟悉各类电源及各类测量仪表的使用方法。

(2) 掌握指针式电压表、电流表内阻的测量方法。

(3) 掌握电工仪表测量误差的计算方法。

### 2．项目实施原理

为了准确地测量电路中实际的电压和电流，必须保证仪表接入电路后不会改变被测电路的工作状态，这就要求电压表的内阻为无穷大，电流表的内阻为零。而实际使用的指针式电工仪表都不可能完全满足上述要求。因此，测量仪表一旦接入电路，就会改变电路原有的工作状态，这就必然导致仪表的读数值与电路原有的实际值之间出现误差。误差的大小与仪表本身内阻的大小密切相关，只要测出仪表的内阻，即可计算出由其产生的测量误差。以下介绍两种测量指针式仪表内阻的方法和用伏安法测量电阻的方法。

(1) 用"分流法"测量电流表的内阻。

如图 1-16 所示，A 为内阻($R_A$)待测的直流电流表。测量时先断开开关 S，调节电流源的输出电流 $I$ 使 A 表指针满偏转。然后合上开关 S，并保持 $I$ 值不变，调节电阻箱 $R_B$ 的阻值，使电流表的指针指在 1/2 满偏转位置，此时有

$$I_A = I_S = I/2$$

$$R_A = R_B \mathbin{/\!/} R_1 (其中 /\!/ 表示并连)$$

式中：$R_1$ 为固定电阻器的值，$R_B$ 可由电阻箱的刻度盘上读得。

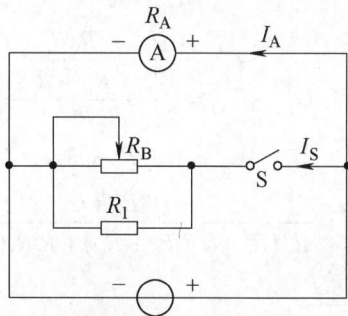

图 1-16　可调电流源

(2) 用"分压法"测量电压表的内阻。

仪表内阻引起的测量误差通常称为方法误差，而仪表本身结构引起的误差称为仪表基本误差。如图 1-17 所示，V 为内阻($R_V$)待测的电压表，测量时先将开关 S 闭合，调节直流稳压电源的输出电压，使电压表 V 的指针为满偏转。

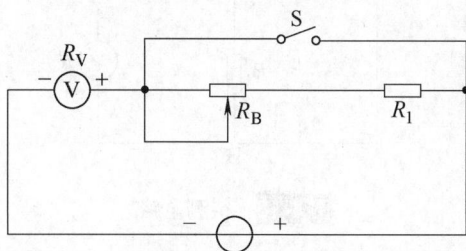

图 1-17　可调稳压源

然后断开开关 S，调节 $R_B$ 使电压表 V 的指示值减半。此时有

$$R_V = R_B + R_1$$

电压表的灵敏度为

$$S = R_V / U \ (\Omega/V)$$

式中：$U$ 为电压表满偏时的电压值。

以图 1-18 所示电路为例，$R_1$ 上的电压为

$$U_{R1} = \frac{R_1}{R_1 + R_2} U \qquad\qquad 公式(a)$$

若 $R_1 = R_2$，则

$$U_{R1} = \frac{1}{2} U \qquad\qquad 公式(b)$$

现用一内阻为 $R_V$ 的电压表来测量 $U_{R1}$ 值，$R_V$ 与 $R_1$ 并联后，有

$$R_{AB} = \frac{R_V R_1}{R_V + R_1} \qquad\qquad 公式(c)$$

以此来替代公式(a)中的 $R_1$，则得 $U'_{R1} = \dfrac{R_{AB}}{R_{AB} + R_2} U \qquad\qquad 公式(d)$

绝对误差

$$\Delta U = U'_{R1} - U_{R1} = U \left( \frac{\frac{R_V R_1}{R_V + R_1}}{\frac{R_V R_1}{R_V + R_1} + R_2} - \frac{R_1}{R_1 + R_2} \right)$$

化简后得

$$\Delta U = \frac{-R_1^2 R_2 U}{R_V(R_1^2 + 2R_1 R_2 + R_2^2) + R_1 R_2(R_1 + R_2)}$$

若 $R_1 = R_2 = R_V$，则得 $\Delta U = -\dfrac{U}{6}$

相对误差

$$\Delta U\% = \frac{U'_{R1} - U_{R1}}{U_{R1}} \times 100\% = \frac{-U/6}{U/2} \times 100\% = -33.3\%$$

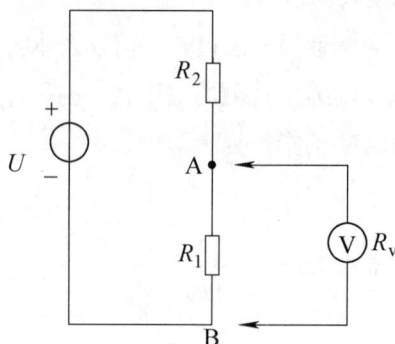

图 1-18 待测电路

由此可见，当电压表的内阻与被测电路的电阻相近时，测量的误差是非常大的。

(3) 用伏安法测量电阻。

测量电路如图 1-19 所示。只要测出流过被测电阻 $R_X$ 的电流 $I_R$ 及其两端的电压降 $U_R$，则其阻值 $R_X = U_R/I_R$。实际测量 $R_X$ 时，有两种测量线路，即，相对于电源而言：①将电流表 A(内阻为 $R_A$)接在电压表 V(内阻为 $R_V$)的内侧，如图 1-19(a)所示；②将电流表 A 接在电压表 V 的外侧，如图 1-19(b)所示。

由图 1-19(a)可知，只有当 $R_X \ll R_V$ 时，$R_V$ 的分流作用才可忽略不计，A 的读数接近于实际流过 $R_X$ 的电流值，此接法称为电流表的内接法。

由图 1-19(b)可知，只有当 $R_X \gg R_A$ 时，$R_A$ 的分压作用才可忽略不计，V 的读数接近于

$R_X$两端的电压值。此接法称为电流表的外接法。

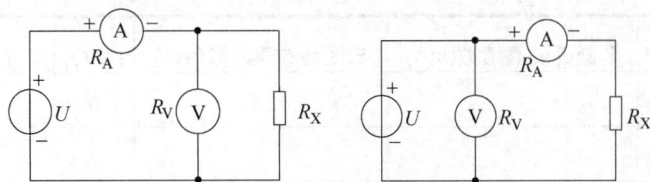

(a) 电流表接在电压表内侧　　　　(b) 电流表流在电压表外侧

图 1-19　测量电路

实际应用时，应根据不同情况选用合适的测量线路，才能获得较准确的测量结果。

**例 1-3**　对于图 1-19 来说，设 $U = 20V$，$R_A = 100\Omega$，$R_V = 20k\Omega$。假定 $R_X$ 的实际值为 $10k\Omega$，求用线路(a)、(b)测量电阻 $R_X$ 的相对误差。

**解**　如果采用线路(a)测量，经计算，电流表、电压表的读数分别为 2.96mA 和 19.73V，故

$$R_X = 19.73/2.96 = 6.667(k\Omega)$$

相对误差为：$(6.667 - 10)/10 \times 100\% = -33.3\%$

如果采用线路(b)测量，经计算，电流表、电压表的读数分别为 1.98mA 和 20V，故

$$R_X = 20/1.98 = 10.1(k\Omega)$$

相对误差为：$(10.1 - 10)/10 \times 100\% = 1\%$

### 3. 项目实施设备

实施本项目所需的设备如表 1-5 所示。

表 1-5　实施设备

| 序　号 | 名　　称 | 型号与规格 | 数　量 | 备　注 |
|---|---|---|---|---|
| 1 | 可调直流稳压电源 | 0～30V | 二路 | |
| 2 | 可调恒流源 | 0～500mA | 1 | |
| 3 | 指针式万用表 | MF-47 或其他 | 1 | |
| 4 | 可调电阻箱 | 0～9999.9Ω | 1 | |
| 5 | 电阻器 | 按需选择 | 若干 | |

### 4. 项目实施内容

本项目的实施内容如下。

(1) 根据"分流法"原理测定指针式万用表(MF-47 型或其他型号)直流电流 0.5mA 挡和 5mA 挡量限的内阻。线路参考图 1-16。将结果填入表 1-6 中。

表1-6 分流法测量的结果

| 被测电流表量限(mA) | S断开的表读数(mA) | S闭合的表读数(mA) | $R_B(\Omega)$ | $R_1(\Omega)$ | 计算内阻 $R_A(\Omega)$ |
|---|---|---|---|---|---|
| 0.5 | | | | | |
| 5 | | | | | |

(2) 根据"分压法"原理按图1-17所示接线,测定指针式万用表直流电压2.5V挡和10V挡量限的内阻及灵敏度。将结果填入表1-7中。

表1-7 分压法测量的结果

| 被测电压表量限(V) | S闭合的表读数(V) | S断开的表读数(V) | $R_B(k\Omega)$ | $R_1(k\Omega)$ | 计算内阻 $R_V(k\Omega)$ | $S(\Omega/V)$ |
|---|---|---|---|---|---|---|
| 2.5 | | | | | | |
| 10 | | | | | | |

(3) 用指针式万用表直流电压10V挡量程测量图1-18所示电路中$R_1$上的电压$U'_{R1}$,并计算测量的绝对误差与相对误差。将结果填入表1-8中。

表1-8 误差的计算结果

| $U(V)$ | $R_2(k\Omega)$ | $R_1(k\Omega)$ | $R_V(k\Omega)$ | 计算值 $U_{R1}(V)$ | 实测值 $U'_{R1}(V)$ | 绝对误差 $\Delta U(V)$ | 相对误差 $(\Delta U/U)\times100\%$ |
|---|---|---|---|---|---|---|---|
| 12 | 10 | 50 | | | | | |

### 5.分析与思考

(1) 根据项目实施内容,若已求出0.5mA挡和2.5V挡的内阻,可否直接计算得出5mA挡和10V挡的内阻?

(2) 用量程为10A的电流表测实际值为8A的电流时,实际读数为8.1A,求测量的绝对误差和相对误差。

## 小结

本章首先介绍了电路、电路模型及电路中的几个基本物理量,然后介绍了欧姆定律及其计算,最后介绍了电路的三种状态。

本章要求掌握欧姆定律及其计算,学会用基本电工仪表测量电路的基本物理量。

## 思考题及习题

1. 电路是由哪几部分组成的？每部分的作用分别是什么？

2. 有人说，"电路中，没有电压的地方就没有电流，没有电流的地方也就没有电压"。这句话对吗？为什么？

3. 电流、电压、电动势的方向是如何规定的，它们的国际单位是什么？

4. 对于如图 1-20 所示的电路，根据以下各种情况，判断 A、C 两点电位的高低。

(1) 用导线连接 B、C。

(2) B、C 两点接地。

(3) 两电路无任何电气联系。

5. 对于如图 1-21 所示的电路，已知 $U_S=80V$，$R_1=6k\Omega$，$R_2=4k\Omega$，当(1)S 断开时；(2)S 闭合且 $R_3=0$ 时，分别求电路参数 $U_2$ 和 $I_2$。

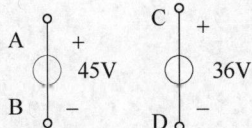

图 1-20 习题 4 的电路图

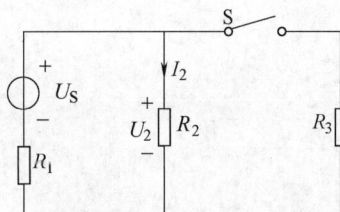

图 1-21 习题 5 的电路图

6. 将一个内阻为 0.5Ω，量程为 1A 的安培表误认为伏特表，接到电压源为 10V，内阻为 0.5Ω 的电源上，试问此时安培表中通过的电流有多大？会发生什么情况？试说明使用安培表时应注意哪些问题。

# 项目二　直流电路的分析与计算

**【知识要求】**

◉　了解电阻串联、并联及混联的特点。

◉　了解基尔霍夫定律。

◉　掌握支路电流法。

**【能力要求】**

学会利用实验的方法验证基尔霍夫定律。

## 一、相关知识

### (一) 电阻的串联

如果几个电阻一个接一个地顺序相连，并且在这些电阻中通过同一电流，则这样的连接方法就称为电阻的串联，如图 2-1 所示。

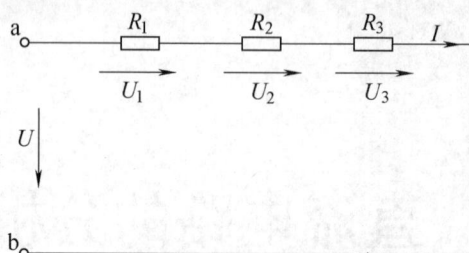

图 2-1　电阻的串联

(1) 串联电路的特点如下。

① 电流处处相等。设电阻 $R_1$ 中的电流为 $I_1$，电阻 $R_2$ 中的电流为 $I_2$，电阻 $R_3$ 中的电流为 $I_3$，那么对于电阻串联电路，总有：$I = I_1 = I_2 = I_3$。

② 总电压等于各段分电压之和。设电阻 $R_1$ 两端电压为 $U_1$，电阻 $R_2$ 两端电压为 $U_2$，电阻 $R_3$ 两端电压为 $U_3$，则有：$U = U_1 + U_2 + U_3$。

③ 总电阻，也就是串联电路两个引出端 a、b 之间的等效电阻 $R_{ab}$，等于串联电路中各个电阻之和，即：$R_{ab} = R_1 + R_2 + R_3$。

④ 串联电路中，任一电阻两端的电压与总电压的关系均符合下述分压公式

$$U_1 = \frac{R_1}{R_1 + R_2 + R_3}U$$

$$U_2 = \frac{R_2}{R_1 + R_2 + R_3}U$$

$$U_3 = \frac{R_3}{R_1 + R_2 + R_3}U$$

⑤ 串联电路中，各个电阻吸收的功率与该电阻的阻值成正比。

(2) 在实际工作中，电阻串联有如下应用。

① 用几个电阻串联以获得较大的电阻。

② 采用几个电阻串联，构成分压器，使同一电源能提供几种不同数值的电压。

③ 当负载的额定电压低于电源电压时，可用串联电阻的方法将负载接入电源。

④ 限制和调节电路中电流的大小。

⑤ 扩大电压表的量程。

**例 2-1** 针对图 2-1，已知 $R_1=20\Omega$，$R_2=30\Omega$，$R_3=50\Omega$，$U=10V$，试求：①总电阻 $R$ 的值；②总电流 $I$ 的值；③分电压 $U_1$、$U_2$、$U_3$ 的值。

**解**

① 总电阻

$$R= R_1+ R_2+ R_3=20+30+50=100(\Omega)$$

② 总电流

$$I = \frac{U}{R} = \frac{10}{100} = 0.1(A)$$

③ 分电压

$$U_1 = \frac{R_1}{R}U = \frac{20}{100} \times 10 = 2(V)$$

$$U_2 = \frac{R_2}{R}U = \frac{30}{100} \times 10 = 3(V)$$

$$U_3 = \frac{R_3}{R}U = \frac{50}{100} \times 10 = 5(V)$$

## (二) 电阻的并联

将几个电阻的两端分别接在一起，在同一个电源电压作用下，它们的端电压都相同，这种连接方式称为电阻的并联，如图 2-2 所示。

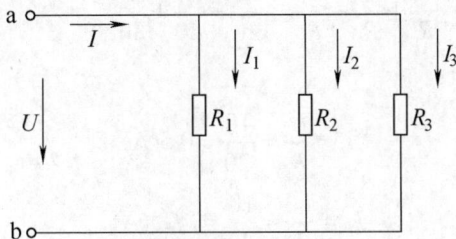

图 2-2 电阻的并联

(1) 并联电路的特点如下。

① 各并联电阻两端的电压均相等，设 $R_1$ 两端电压为 $U_1$，$R_2$ 两端电压为 $U_2$，$R_3$ 两端电压为 $U_3$，电源电压为 $U$，则有：$U = U_1 = U_2 = U_3$。

② 总电流等于流经各电阻的电流之和。设电源处总电流为 $I$，流经 $R_1$ 的电流为 $I_1$，流经 $R_2$ 的电流为 $I_2$，流经 $R_3$ 的电流为 $I_3$，则有：$I = I_1+ I_2+ I_3$。

③ 总电阻也就是并联电路两个引出端之间的等效电阻 $R$，等于并联电路中各个电阻倒数和的倒数，即有

$$R = \cfrac{1}{\cfrac{1}{R_1} + \cfrac{1}{R_2} + \cfrac{1}{R_3}}$$

④ 并联电路中，任一电阻中的电流与总电流的关系均符合下述分流公式。设 $G_1=1/R_1$，$G_2=1/R_2$，$G_3=1/R_3$，则有

$$I_1 = \frac{G_1}{G_1 + G_2 + G_3} I$$

$$I_2 = \frac{G_2}{G_1 + G_2 + G_3} I$$

$$I_3 = \frac{G_3}{G_1 + G_2 + G_3} I$$

⑤ 并联电路中，各个电阻吸收的功率与该电阻阻值的倒数成正比。

(2) 在实际工作中，电阻并联有如下应用。

① 凡是额定工作电压相同的负载都采用并联的工作方式，这样，每个负载都是一个可独立控制的回路，任一负载的正常接通或断开都不影响其他负载的使用。

② 获得较小的电阻。

③ 扩大电流表的量程。

**例 2-2** 对于图 2-2，已知 $R_1=20\Omega$，$R_2=40\Omega$，$R_3=80\Omega$，$U=10\text{V}$，试求：①总电阻 $R$ 的值；②分电流 $I_1$、$I_2$、$I_3$ 的值；③总电流 $I$ 的值。

**解**

① 总电阻

$$R = \cfrac{1}{\cfrac{1}{R_1} + \cfrac{1}{R_2} + \cfrac{1}{R_3}} = \cfrac{1}{\cfrac{1}{20} + \cfrac{1}{40} + \cfrac{1}{80}} = 11.43(\Omega)$$

② 分电流

$$I_1 = \frac{U}{R_1} = \frac{10}{20} = 0.5(\text{A})$$

$$I_2 = \frac{U}{R_2} = \frac{10}{40} = 0.25(\text{A})$$

$$I_3 = \frac{U}{R_3} = \frac{10}{80} = 0.125(\text{A})$$

③ 总电流

$$I = I_1 + I_2 + I_3 = 0.5 + 0.25 + 0.125 = 0.875(\text{A})$$

## (三) 电阻的混联

既有电阻串联又有电阻并联的电路叫混联电路，这种电路在实际工作中应用很广，形

式多种多样。混联电路的串联部分具有串联电路的特点，并联部分具有并联电路的特点，只要能准确判断电路某一部分各电阻的串、并联关系，掌握串、并联电路的特点，混联电路的问题是不难解决的。这里我们必须明确以下几个问题。

(1) 表面上看，有的混联电路由很多支路组成，连接关系很复杂，但混联电路仍属于简单电路。"简单电路"是个术语，它是指可以用串、并联的方法求出等效电阻，化简为单一回路的一类电路。凡不能用串、并联的方法化简为单一回路的一类电路则称为"复杂电路"。

(2) 求解混联电路时，应采用逐步解决的办法，就是凡能看清串、并联关系的部分，应立即用其等效电阻代替，使电路进一步简化。求等效电阻的关键，在于正确识别各个电阻的串、并联关系。我们必须清醒地看到：串、并联都是针对电源或电路的某两端而言的，不能抽象地谈论串联或并联关系。

(3) 求等效电阻时，在明确两个端点的基础上，必须认定通过同一电流的各电阻是串联关系，连接在两个公共点间的各电阻是并联关系。在分析问题时，要尽量缩短电路图中无电阻的导线，同时注意，在不改变电路连接关系的前提下，原电路图中各电阻的位置可以任意更动，以便看出连接关系，可以多画几张过渡草图，使问题逐步解决。

**例 2-3** 某混联电路及其中各电阻的阻值如图 2-3(a)所示，求等效电阻 $R_{AB}$。

**解** 将电路图中间的无电阻导线缩为一个点后，可以看出左侧两个 $2\Omega$ 电阻为并联关系，上面两个 $4\Omega$ 电阻为并联关系，将并联后的等效电阻替换入原图后，结果如图 2-3(b)所示。图 2-3(b)中，右侧的两个 $2\Omega$ 电阻串联后，再与中间的 $4\Omega$ 电阻并联，可等效为一个 $2\Omega$ 电阻，如图 2-3(c)所示。

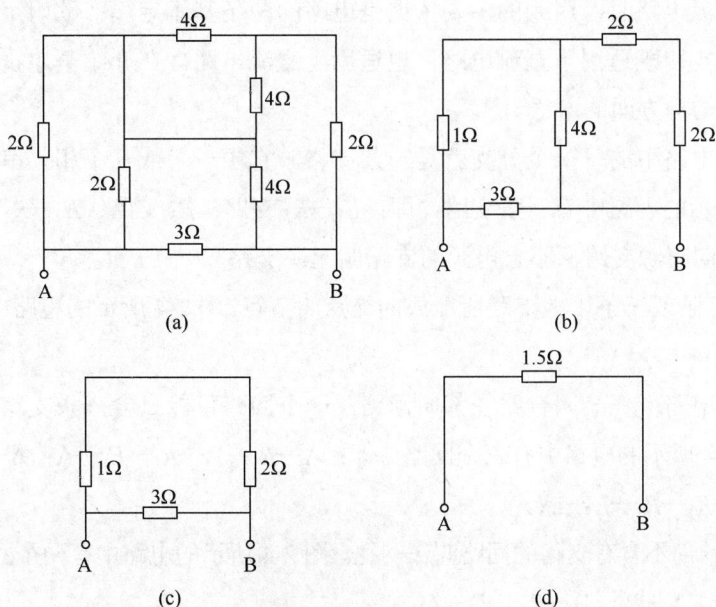

图 2-3 例 2-3 的电路图

由图 2-3(c)可得

$$R_{AB} = \frac{(2+1) \times 3}{(2+1) + 3} = 1.5(\Omega)$$

即图 2-3(a)中，所有电阻可等效为一个 1.5Ω的电阻，如图 2-3(d)所示。

## (四) 基尔霍夫定律

如果一个电路不能用电阻的串、并联方法简化为单一回路，这个电路就叫做复杂电路。对于如图 2-4 所示的电路来说，虽然电阻元件只有三个，但两个电源在不同的支路上，三个电阻之间没有串、并联关系，所以这是个复杂电路。由此可见，判断一个电路是简单电路还是复杂电路，应该依据具体的定义，而不能看电路中元件的多少。

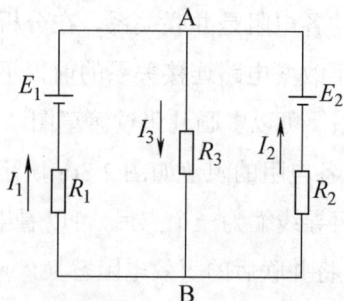

图 2-4　复杂直流电路

分析复杂直流电路时，用到的主要依据是电路的两条基本定律：欧姆定律和基尔霍夫定律。基尔霍夫定律既适用于直流电路，也适用于交流电路。在介绍基尔霍夫定律之前，先介绍几个电路结构方面的术语。

(1)　支路。电路中的每一个分支就是一条支路。它由一个或几个相互串联的电路元件构成。图 2-4 所示的电路中有三条支路，即：$E_1$—$R_1$ 支路；$R_3$ 支路；$E_2$—$R_2$ 支路。其中，含有电源的支路叫有源支路，不含电源的支路叫无源支路。

(2)　节点。三条或三条以上支路所汇成的交点叫节点。图 2-4 所示的电路中有两个节点，即 A 和 B。

(3)　回路。电路中任一闭合路径都叫回路。一个回路可能只含一条支路，也可能包含几条支路。图 2-4 所示的电路中有三个回路，即：A—$R_3$—B—$R_1$—$E_1$—A；A—$R_3$—B—$R_2$—$E_2$—A；A—$E_1$—$R_1$—$R_2$—$E_2$—A。

(4)　网孔。内部不含有支路的回路叫作网孔。图 2-4 所示的电路中有两个网孔。即 A—$R_3$—B—$R_1$—$E_1$—A；A—$R_3$—B—$R_2$—$E_2$—A。

### 1. 基尔霍夫第一定律(KCL)

基尔霍夫第一定律又称节点电流定律。它指出：在任一瞬间，流进某节点的电流之和恒等于流出该节点的电流之和。即

$$\sum I_i = \sum I_o$$

图 2-4 所示的电路中，对于节点 A，有

$$I_1 + I_2 = I_3$$

可将上式改写成

$$I_1 + I_2 - I_3 = 0$$

因此得到

$$\sum I = 0$$

即对任一节点来说，流入流出该节点电流的代数和恒等于零。

在分析未知电流时，可先任意假设支路电流的参考方向，然后列出节点电流方程。通常，可将流进节点的电流取正值，流出节点的电流取负值，再根据计算值的正负来确定未知电流的实际方向。有些电路的电流可能是负值，这表明所假设的电流方向与实际电流方向相反。

**例 2-4**　如图 2-5 所示，已知 $I_1=1\text{A}$，$I_2=5\text{A}$，$I_3=2\text{A}$，$I_4=3\text{A}$，试求电流 $I_5$ 的值。

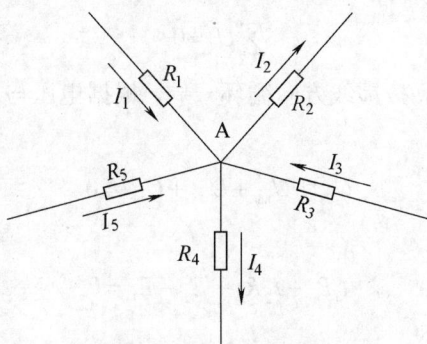

图 2-5　例 2-4 的电路图

**解**　由基尔霍夫第一定律可知

$$I_1 + I_3 + I_5 = I_2 + I_4$$
$$I_5 = I_2 + I_4 - I_1 - I_3$$
$$= 5 + 3 - 1 - 2 = 5(\text{A})$$

$I_5$ 的值为正，说明图 2-5 中 $I_5$ 的方向与电流的实际方向一致。

**例 2-5**　如图 2-6 所示，电路中有三个节点 A、B、C，试求 $I_A+I_B+I_C$ 的值。

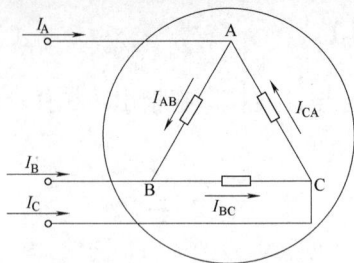

图 2-6　例 2-5 的电路图

**解**　由基尔霍夫第一定律可知

对节点 A 有

$$I_A = I_{AB} - I_{CA}$$

对节点 B 有

$$I_B = I_{BC} - I_{AB}$$

对节点 C 有

$$I_C = I_{CA} - I_{BC}$$

故

$$I_A + I_B + I_C = 0$$

即

$$\sum I = 0$$

由此可得出：对于闭合面所包围的电路，基尔霍夫第一定律同样适用。

## 2. 基尔霍夫第二定律(KVL)

基尔霍夫第二定律又称回路电压定律。它指出：在任一闭合回路中，各段电路电压降的代数和恒为零。用公式表示为

$$\sum U = 0$$

在图 2-7 所示的电路中，按虚线方向循环一周，根据电压与电流的参考方向，由基尔霍夫第二定律，可列出

$$U_{ca} + U_{ad} + U_{db} + U_{bc} = 0$$

即

$$I_1 R_1 - I_2 R_2 + E_2 - E_1 = 0$$

由上式变换可得

$$E_1 - E_2 = I_1 R_1 - I_2 R_2$$

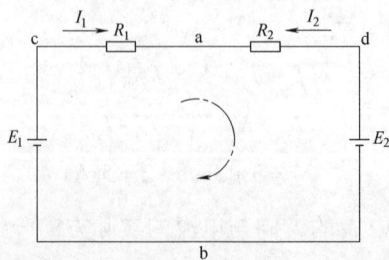

图 2-7　任一回路的各段电压降代数和为零

由此，可得到基尔霍夫第二定律的另一种表达形式，即

$$\sum E = \sum IR$$

上式表明：对于电路中的任一闭合回路，各电阻上电压降的代数和等于电动势的代数和。式中各电压和电动势的正、负符号的确定方法如下。

(1) 首先选定各支路电流的方向。

(2) 确定回路的绕行方向是顺时针方向，还是逆时针方向。

(3) 确定电阻上电压的符号：若通过电阻的电流方向与绕行方向一致，该电阻上的电压取正号；否则，取负号。

(4) 确定电动势的符号：若电动势的实际方向与绕行方向一致，取正号；否则，取负号。

### 3. 支路电流法

直接应用基尔霍夫节点电流定律和回路电压定律，分别对复杂电路中相应的节点和回路列出所需要的方程组，而后解出各未知的支路电流，是求解复杂电路的最基本方法。由于所列出的方程组中的未知数为各支路的电流，所以称为支路电流法。这是基尔霍夫定律最重要、最直接的应用。

支路电流法的解题步骤如下。

(1) 假定各支路电流的参考方向，对 $n$ 个节点，可列出 $n-1$ 个独立的节点电流方程。

(2) 按网孔选择回路的绕行方向，对 $m$ 个网孔，可列出 $m$ 个独立的回路电压方程。

(3) 代入数据，求解联立方程组，得出各支路电流的大小，并确定各支路电流的实际方向。计算结果为正值时，实际方向与参考方向相同；计算结果为负值时，实际方向与参考方向相反。

**例 2-6** 在图 2-8 所示的电路中，已知 $E_1=18V$，$E_2=9V$，$R_1=R_2=1\Omega$，$R_3=4\Omega$，求各支路电流。

**解** 假设各支路的电流方向和绕行方向如图 2-8 所示。

电路中只有两个节点，只能列出一个独立的节点电流方程。

对于节点 A 有

$$I_1 + I_2 = I_3$$

由基尔霍夫第二定律列出网孔 1、2 的回路电压方程。

对于网孔 1 有

$$E_1 = I_1 R_1 + I_3 R_3$$

对于网孔 2 有

$$E_2 = I_2 R_2 + I_3 R_3$$

代入已知数据，联立以上三个方程组，得

$$I_1 + I_2 - I_3 = 0$$

$$I_1 + 4I_3 = 18$$

$$I_2 + 4I_3 = 9$$

解得            $I_1 = 6(\text{A})$       (实际方向与假设方向相同)

$$I_2 = -3(\text{A}) \quad \text{(实际方向与假设方向相反)}$$

$$I_3 = 3(\text{A}) \quad \text{(实际方向与假设方向相同)}$$

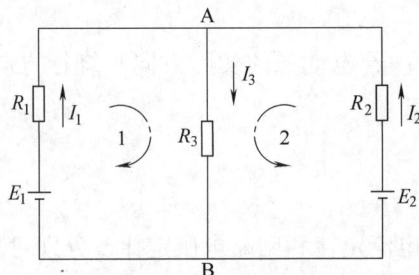

图2-8 例2-6 的电路图

## 二、项目实施

### (一) 验证基尔霍夫定律的正确性

#### 1. 项目实施目的

(1) 验证基尔霍夫定律的正确性，加深对基尔霍夫定律的理解。

(2) 学会测量各支路电流。

#### 2. 项目实施原理

基尔霍夫定律是电路的基本定律。电路的各支路电流及每个元件两端的电压应能分别满足基尔霍夫电流定律(KCL)和电压定律(KVL)。即对电路中的任意一个节点而言，应有 $\sum I = 0$；对任何一个闭合回路而言，应有 $\sum U = 0$。

运用上述定律时，必须注意各支路或闭合回路中电流的方向，此方向可预先任意设定。

#### 3. 项目实施设备

实施本项目所需的设备如表2-1所示。

表 2-1 实施设备

| 序 号 | 名 称 | 型号与规格 | 数 量 | 备 注 |
|---|---|---|---|---|
| 1 | 直流稳压电源 | 0～30V 可调 | 二路 | |
| 2 | 直流数字电压表 | 0～200V | 1 | |
| 3 | 直流数字毫安表 | 0～200mA | 1 | |
| 4 | 基尔霍夫定律实验电路板 | | 1 | |

### 4.项目实施内容

项目实施线路如图 2-9 所示。

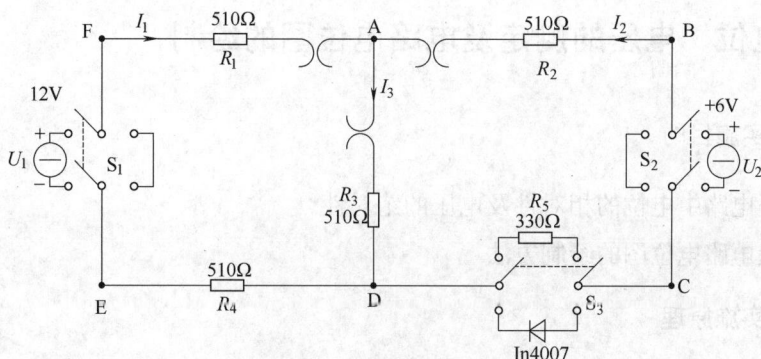

图 2-9 项目实施线路(一)

项目实施内容如下。

(1) 项目实施前,先任意设定三条支路和三个闭合回路的电流方向。图 2-9 所示的电路中,$I_1$、$I_2$、$I_3$ 的方向已设定,三个闭合回路的电流方向可设为 ADEFA、BADCB 和 FBCEF。

(2) 分别将两路直流稳压源接入电路,令 $U_1$=6V,$U_2$=12V。

(3) 将数字毫安表分别串入三条支路中,注意数字毫安表"+、-"端连接时极性的选择,读出电流值并记录于表 2-2 中。

表 2-2 测量及计算结果

| | $I_1$(mA) | $I_2$(mA) | $I_3$(mA) | $U_1$(V) | $U_2$(V) | $U_{FA}$(V) | $U_{AB}$(V) | $U_{AD}$(V) | $U_{CD}$(V) | $U_{DE}$(V) |
|---|---|---|---|---|---|---|---|---|---|---|
| 计算值 | | | | | | | | | | |
| 测量值 | | | | | | | | | | |
| 相对误差 | | | | | | | | | | |

(4) 用直流数字电压表分别测量两路电源及电阻元件上的电压值，记录于表 2-2 中。

(5) 用指针式电压表或电流表测量电压或电流时，如果仪表指针反偏，则必须调换仪表极性，重新测量。此时指针正偏，可读得电压或电流值。若用数显电压表或电流表测量，则可直接读出电压或电流值。但应注意：所读得的电压或电流值的实际正、负号应根据设定的电流参考方向来判断。

### 5．分析与思考

项目实施过程中，若用指针式万用表的直流毫安挡测各支路电流，在什么情况下可能出现指针反偏，应如何处理？在记录数据时应注意什么？若用直流数字毫安表进行测量时，会有什么显示呢？

## (二) 电位、电压的测定及电路电位图的绘制

### 1．项目实施目的

(1) 验证电路中电位的相对性及电压的绝对性。
(2) 掌握电路电位图的绘制方法。

### 2．项目实施原理

在一个闭合电路中，各点电位的高低视所选的电位参考点的不同而不同，但任意两点间的电位差(即电压)则是绝对的，它不因参考点的变动而改变。

电位图是一种在平面坐标一、四两象限内的折线图。其纵坐标为电位值，横坐标为各被测点。要制作某一电路的电位图，先要以一定顺序对电路中的各被测点编号。以图 2-9 所示的电路为例，图中的 A～F 为被测点，在坐标横轴上按顺序并以均匀间隔标上 A、B、C、D、E、F、A，再根据测得的各点电位值，在各点所在的垂直线上描点。用直线依次连接相邻的两个电位点，即得到该电路的电位图。

在电位图中，任意两个被测点的纵坐标值之差即为该两点之间的电压值。

在电路中，电位参考点可任意选定。对于不同的参考点，所绘出的电位图形是不同的，但其各点电位变化的规律却是一样的。

### 3．项目实施设备

实施本项目所需的设备如表 2-3 所示。

表2-3　实施设备

| 序　号 | 名　称 | 型号与规格 | 数　量 | 备　注 |
|---|---|---|---|---|
| 1 | 直流可调稳压电源 | 0～30V | 二路 | |
| 2 | 万用表 | | 1 | |
| 3 | 直流数字电压表 | 0～200V | 1 | |
| 4 | 电位、电压测定实验电路板 | | 1 | |

### 4．项目实施内容

项目实施线路如图2-10所示。

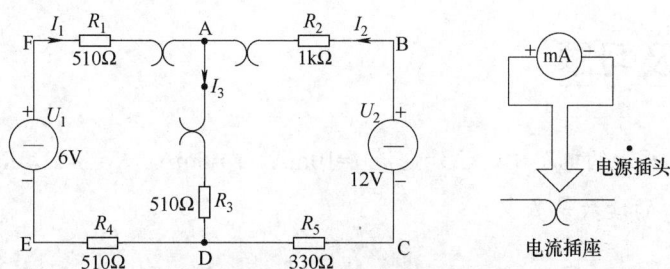

图 2-10　项目实施线路(二)

项目实施内容如下。

(1) 分别将两路直流稳压电源接入电路，令 $U_1$=6V，$U_2$=12V。注意：先调准输出电压值，再接入线路中。

(2) 以图2-10中的A点作为电位的参考点，分别测量B、C、D、E、F各点的电位值 $\varphi$ 及相邻两点之间的电压值 $U_{AB}$、$U_{BC}$、$U_{CD}$、$U_{DE}$、$U_{EF}$ 及 $U_{FA}$，将数据列于表2-4中。

(3) 以D点作为参考点，重复上面的实施内容，将测得的数据列于表2-4中。

表2-4　测量结果

| 参考点＼电位 $\varphi$ 与 $U$ | | $\varphi_A$ | $\varphi_B$ | $\varphi_C$ | $\varphi_D$ | $\varphi_E$ | $\varphi_F$ | $U_{AB}$ | $U_{BC}$ | $U_{CD}$ | $U_{DE}$ | $U_{EF}$ | $U_{FA}$ |
|---|---|---|---|---|---|---|---|---|---|---|---|---|---|
| A | 计算值 | | | | | | | | | | | | |
| | 测量值 | | | | | | | | | | | | |
| | 相对误差 | | | | | | | | | | | | |
| D | 计算值 | | | | | | | | | | | | |
| | 测量值 | | | | | | | | | | | | |
| | 相对误差 | | | | | | | | | | | | |

**5. 分析与思考**

若以 F 点为参考电位点，测得各点的电位值有何变化？若令 E 点为参考电位点，试问此时各点的电位值又有何变化？

## 小结

本章首先介绍了电阻串联、并联及混联电路的特点，然后介绍了基尔霍夫定律，最后介绍了支路电流法，并通过例题讲解了用支路电流法求解复杂直流电路的方法和步骤。

本章要求掌握基尔霍夫定律和支路电流法，学会利用实验的方法验证基尔霍夫定律。

## 思考题及习题

1. 在图 2-11 所示的电路中，已知电流 $I$=10mA，$I_1$=6mA，$R_1$=3kΩ，$R_2$=1kΩ，$R_3$=2kΩ。求电流表 $A_4$ 和 $A_5$ 的读数是多少？

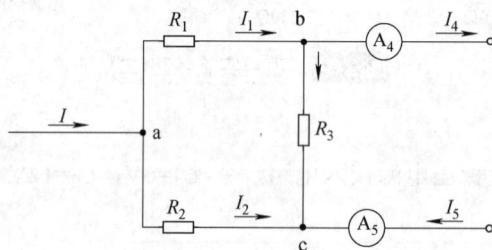

图 2-11　习题 1 的电路图

2. 已知电路如图 2-12 所示，求 A 点的电位值。

3. 求图 2-13 中的电流 $I_1$ 和 $I_2$。图中所标示的数字指出了各条支路电流的数值，单位是安培(A)。

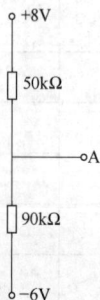

图 2-12　习题 2 的电路图

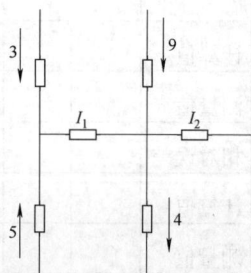

图 2-13　习题 3 的电路图

4. 已知电路如图 2-14 所示。其中 $U=12V$，$I=1.5A$，$R_1=6\Omega$，$R_2=3\Omega$，求 $R_3$。

5. 已知电路如图 2-15 所示。其中 $I_1=4A$，电阻 $R_1=2\Omega$，$R_2=1\Omega$，$R_3=2\Omega$，$R_4=6\Omega$，试求总电流 $I$。

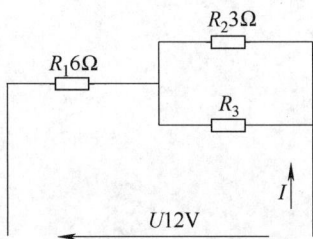

图 2-14 习题 4 的电路图

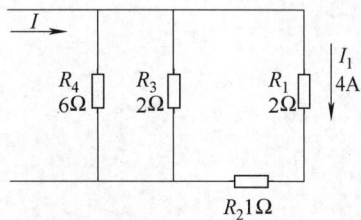

图 2-15 习题 5 的电路图

6. 有 5 个标称值都是 $12\Omega$ 的电阻，现要求分别得到 $60\Omega$、$30\Omega$、$20\Omega$、$16\Omega$ 和 $9\Omega$ 的阻值。问如何连接，试画图并计算。除此之外，你还能用这 5 个电阻组合出其他阻值吗？

# 项目三　正弦交流电路

## 【知识要求】

- 理解单相交流电路中的基本概念。
- 理解和掌握 R、L、C 三大基本元件的伏安关系。
- 理解有功功率、无功功率及视在功率的概念。
- 理解对称三相交流电的概念以及三相电路中相、线电压的关系。
- 掌握多元件组合电路的简单分析与计算方法。

## 【能力要求】

- 掌握交流电路的测试方法。
- 熟练使用测试仪器和仪表。

## 一、相关知识

### (一) 认识正弦交流电

#### 1. 正弦交流电的概念

直流电压或直流电流的数值不随时间的变化而变化，而是始终保持一致。如果电流或电压的数值随时间按照正弦规律变化，则这种电流、电压称为正弦交流电流或正弦交流电压。如图 3-1 所示为正弦交流电的波形图。与此相关的电路称为正弦交流电路。

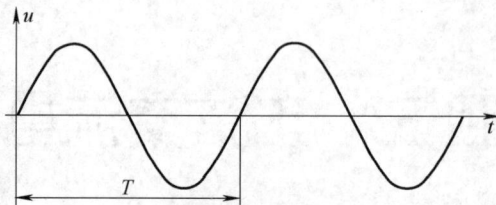

图 3-1　正弦交流电

#### 2. 正弦交流电的三要素

以正弦电压为例，瞬时电压 $u$ 随着时间 $t$ 的变化而变化。可以将正弦量用下面的式子来表示：

$$u = U_m \sin(\omega t + \varphi)$$

对应的正弦交流电流的表达式可以写成

$$i = I_m \sin(\omega t + \varphi)$$

(1) 振幅 $U_m$、$I_m$：瞬时值中的最大值，即正弦交流电在一个周期内所能达到的最大数值，是用来表示正弦交流电变化大小的参数，又称最大值或峰值(用带下标 m 的大写字母来表示)。

(2) 角频率 $\omega$：正弦量单位时间内变化的弧度数，是用来反映正弦交流电变化快慢的参数。它与周期 $T$ 以及频率 $f$ 相对应，单位是弧度/秒(rad/s)。

(3) 周期 $T$：正弦量完整变化一周所需要的时间，单位是秒(s)。

(4) 频率 $f$：正弦量在单位时间(一秒)内变化的周数，单位是赫[兹](Hz)。

赫兹是个小单位，通常会使用千赫(kHz)、兆赫(MHz)等较大的频率单位。其换算关系为

$$1MHz = 10^3 kHz = 10^6 Hz$$

$\omega$、$T$、$f$ 这三个参数都可以反映正弦交流电变化的快慢，只是应用场合不同。它们之间

联系紧密，只要知道其中一个，就可以求出另外两个。

周期 $T$ 与频率 $f$ 互为倒数，即 $T = \dfrac{1}{f}$ 或 $f = \dfrac{1}{T}$。

角频率 $\omega = 2\pi f = \dfrac{2\pi}{T}$。

我国工业电力网的供电频率 $f = 50\text{Hz}$。

(5) 初相位 $\varphi$：相位指的是正弦量表达式中的角度，即 $\omega t + \varphi$，初相位是 $t = 0$ 时刻的相位，也就是正弦交流电的初始状态参数。

正弦交流电的三要素($U_\text{m}$、$\varphi$、$T$)如图 3-2 所示。

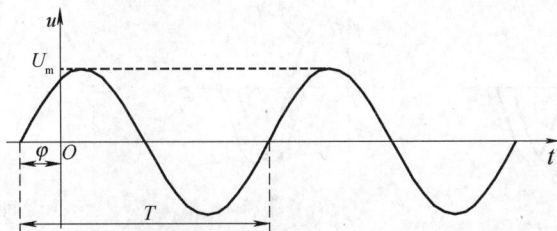

图 3-2 正弦交流电的三要素

比较图 3-3 中的正弦交流电信号，可以看出，图 3-3(a)中 $u_1$ 信号的最大值大于 $u_2$ 信号；图 3-3(b)中 $u_1$ 信号的角频率大于 $u_2$ 信号；图 3-3(c)中 $u_1$ 信号的初相位小于 $u_2$ 信号。

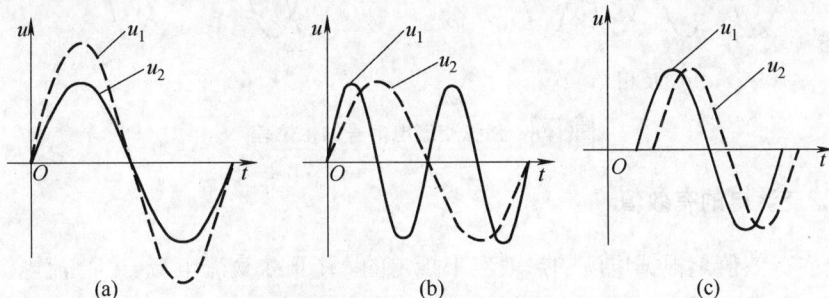

图 3-3 正弦交流电信号的比较

### 3. 正弦交流电的相位差

图 3-3(b)中，两个信号的初相位是不能进行比较的，因为它们不是同频率的正弦量。在正弦交流电路中，两个正弦量信号进行运算和比较的原则是两个信号的频率应该相同。

相位差指的是两个同频率正弦量的相位之差，即初相位之差。例如下面两个正弦交流电压信号：$u_1 = U_{\text{m}1}\sin(\omega_1 t + \varphi_1)$，$u_2 = U_{\text{m}2}\sin(\omega_2 t + \varphi_2)$。其相位差为 $\varphi = (\omega_1 t + \varphi_1) - (\omega_2 t + \varphi_2)$。由此可见，如果这两个正弦交流电压的频率不同，即 $\omega_1 \neq \omega_2$，则它们的相位差始终是时间 $t$ 的函数，无法进行比较。而当 $\omega_1 = \omega_2$ 时，相位差为 $\varphi = (\omega_1 t + \varphi_1) - (\omega_2 t + \varphi_2) = \varphi_1 - \varphi_2$，即为初相位之差。下面我们来讨论几种相位差的情况。

(1) 超前：$\varphi = \varphi_1 - \varphi_2 > 0$，即 $\varphi_1 > \varphi_2$，称 $u_1$ 超前 $u_2$ 角 $\varphi$，如图 3-4(a)所示。

(2) 滞后：$\varphi = \varphi_1 - \varphi_2 < 0$，即 $\varphi_1 < \varphi_2$，称 $u_1$ 滞后 $u_2$ 角 $\varphi$，如图 3-4(b)所示。

(3) 同相：$\varphi = 2n\pi$ ($n=0$，1，2，…)，称 $u_1$ 和 $u_2$ 同相，如图 3-4(c)所示。

(4) 反相：$\varphi = n\pi$ ($n$ 为奇数)，称 $u_1$ 和 $u_2$ 反相，如图 3-4(d)所示。

(5) 正交：$\varphi = \dfrac{n\pi}{2}$ ($n$ 为奇数)，称 $u_1$ 和 $u_2$ 正交，如图 3-4(e)所示。

结论：两个同频率正弦量的计时起点变化时，它们各自的初相位会跟着变化，但它们的相位差不变。

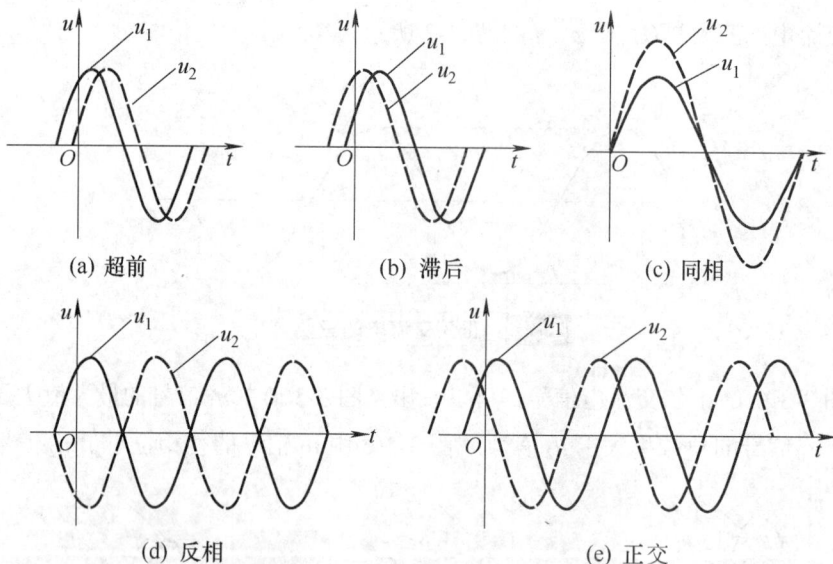

(a) 超前　　　　　(b) 滞后　　　　　(c) 同相

(d) 反相　　　　　　　　(e) 正交

图 3-4　正弦交流电信号的相位差

### 4．正弦交流电的有效值

交流电的有效值是根据电流的热效应来规定的。让正弦交流电流 $i$ 和直流电流 $I$ 分别通过两个阻值相等的电阻 $R$，如果在相同的时间 $t$ 内，两个电阻消耗的能量相等，则称该直流电流 $I$ 的值为正弦交流电流 $i$ 的有效值。

经过理论计算和实践验证，正弦交流电的最大值是有效值的 $\sqrt{2}$ 倍，即有如下关系式

$$U_m = \sqrt{2}U_{有效} \qquad U_{有效} = \frac{1}{\sqrt{2}}U_m$$

最大值和有效值是从不同的角度来反映交流电信号的强和弱的。通常我们所说的交流电压、电流和电动势的值，如果没有特殊说明，都是指有效值；各种电器上所标示的额定电压和额定电流也都是指有效值。

我国的用电标准是工业频率 50Hz，电压是 220V。这个 220V，就是交流电的有效值，可以计算出，相应的正弦交流电的最大值是 311V。

### 5．正弦交流电的向量图表示和运算

正弦交流电可以用前面讲的表明三要素的解析式来表示，但解析式不利于运算，为此引入了正弦交流电的向量图表示法，如图 3-5 所示。

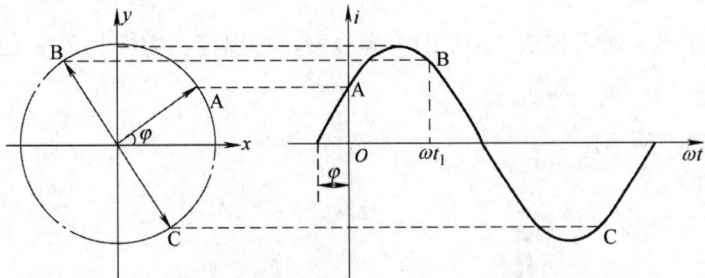

图 3-5　正弦交流电的向量图表示法

所谓正弦交流电的向量图表示法，是将一个正弦量的瞬时值用一个旋转且有方向的线段来表示。该有向线段称为正弦量的向量。向量的长度代表正弦量的最大值；向量与 $x$ 轴的夹角代表正弦量的初相位；向量以 $\omega$ 的角速度，按逆时针方向旋转。

在向量的书写中，为了加以区分，用大写字母上方加"·"来表示，例如 $\dot{I}_{\mathrm{m}}$ 表示正弦交流电的电流向量；$\dot{U}_{\mathrm{m}}$ 表示电压向量。

最大值向量和有效值向量如图 3-6 所示。

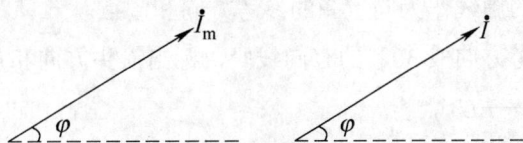

图 3-6　最大值向量和有效值向量

**例 3-1**　试求正弦交流电 $u = 220\sqrt{2}\sin(314t+30°)$（伏特）的最大值、有效值、角频率、频率、周期和初相位。

**解**　振幅

$$U_{\mathrm{m}} = 220\sqrt{2} = 311(\mathrm{V})$$

有效值

$$U_{有效} = 220(\mathrm{V})$$

角频率

$$\omega = 314\ (\mathrm{rad/s})$$

频率

$$f = \frac{\omega}{2\pi} = 50(\mathrm{Hz})$$

周期

$$T = \frac{1}{f} = \frac{1}{50} = 0.02(\mathrm{s})$$

初相位

$$\varphi = 30°$$

**例 3-2**　已知正弦交流电路中电压为 $u = 220\sqrt{2}\sin(\omega t+30°)$（伏特），相应的交流电流为 $i = 55\sqrt{2}\sin(\omega t +120°)$（安培）；画出它们的向量图。

**解** 具体步骤如下。

(1) 画出水平方向的虚线作为向量图的参考方向。

(2) 画出与水平参考方向成 30°的有向线段,标出箭头方向和角度 30°,并在线段旁边标注其所代表的向量——$\dot{U}_\mathrm{m}$。

(3) 画出与水平参考方向成 120°的有向线段,标出箭头方向和角度 120°,并在线段旁边标注其所代表的向量——$\dot{I}_\mathrm{m}$。

向量图如图 3-7 所示。

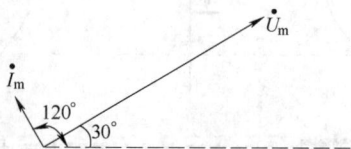

图 3-7　例 3-2 的向量图

两个同频率的正弦交流电可以进行加法运算,其结果对于瞬时值而言就是两个瞬时值的代数和,而对于向量计算而言,就应该按照向量图的平行四边形法则来进行计算了。

**例 3-3** 正弦交流电串联电路中元件 A 两端的电压为 $u_1 = 4\sqrt{2}\sin(314t + 30°)$(伏特),元件 B 两端的电压为 $u_2 = 3\sqrt{2}\sin(314t + 120°)$(伏特),求元件 A 和 B 的串联总电压。

**解** 先画出向量图,具体步骤如下。

(1) 画出水平方向的虚线作为向量图的参考方向和起点。

(2) 画出与水平参考方向成 30°的有向线段,标出箭头方向和角度 30°,并在线段旁边标注其所代表的向量——$\dot{U}_1$。

(3) 画出与水平参考方向成 120°的有向线段,标出箭头方向和角度 120°,并在线段旁边标注其所代表的向量——$\dot{U}_2$。

注意有向线段的长度代表正弦量的最大值(或有效值),所以在确定其长度时,应该按照其对应的正弦量最大值(或有效值)的比例来确定有向线段的长度。此题中,$\dot{U}_1 : \dot{U}_2 = 4 : 3$。

向量图如图 3-8 所示。

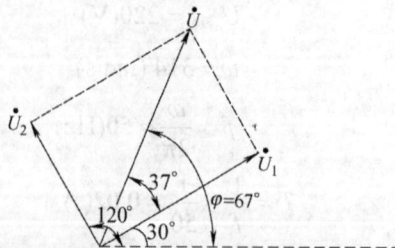

图 3-8　例 3-3 的向量图

从 $\dot{U}_1$ 的终点做 $\dot{U}_2$ 的平行线，同时从 $\dot{U}_2$ 的终点做 $\dot{U}_1$ 的平行线，两线相交于一点，连接向量图的起点和该点，构成的新向量 $\dot{U}$ 即为所求之和。

计算新向量的最大值和角度，写出表达式。

$$U_m = \sqrt{U_{1m}{}^2 + U_{2m}{}^2} = 5\sqrt{2}\,(\text{V})$$

$$\tan\varphi_1 = 0.75，\quad \varphi_1 = 37°，\quad \varphi = \varphi_1 + 30° = 67°$$

$$\dot{U} = \dot{U}_1 + \dot{U}_2，\text{其表达式为} u = 5\sqrt{2}\sin(314t + 67°)$$

正弦交流电可以用解析式、波形图和向量图来表示。其中，解析式是正弦交流电的常见表示方法，波形图则更为直观，两者都可以完整地表示正弦交流量，但通过两者进行正弦量的加减运算都比较麻烦，而正弦量的运算正是向量图表示法的用武之地。

## (二) 单一元件交流电路

在正弦电流电路中，欧姆定律和基尔霍夫定律仍然适用。

### 1. 纯电阻电路

纯电阻电路是只有电阻负载的交流电路，如图 3-9 所示。日常生活中的台灯、电炉、电烙铁都是纯电阻负载，它们与交流电源组成纯电阻交流电路。

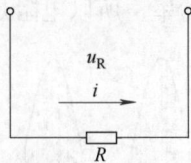

图 3-9  纯电阻电路

我们先研究纯电阻电路中电压和电流的关系。

假设在电阻 $R$ 的两端加上的交流电压为 $u_R = U_m\sin(\omega t + \varphi)$，则电流为

$$i_R = \frac{u}{R} = \frac{U_m\sin(\omega t + \varphi)}{R} = \frac{U_m}{R}\sin(\omega t + \varphi) = I_m\sin(\omega t + \varphi)$$

比较纯电阻电路的电压表达式和电流表达式 $\begin{cases} u_R = U_m\sin(\omega t + \varphi) \\ i_R = I_m\sin(\omega t + \varphi) \end{cases}$，可以得出以下几点

结论(其波形图和向量图如图 3-10 所示)。

① 电压和电流为同频率的正弦量，即两式中的 $\omega$ 相同。

② 电阻上的电压和电流同相位，即两式中的 $\varphi$ 相同。

③ 有效值关系为：$U = IR$。

④ 欧姆定律的向量形式为：$\dot{U} = \dot{I}R$。

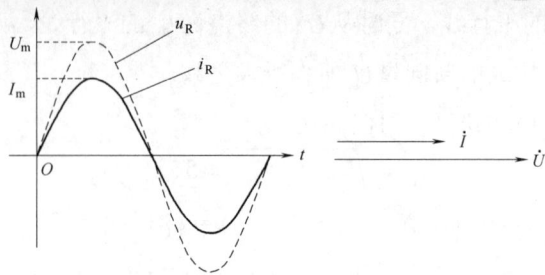

(a) 波形图        (b) 向量图

图 3-10   纯电阻电路中的电压电流关系

下面我们研究纯电阻电路中的功率问题。

(1) 瞬时功率。

假设
$$\begin{cases} u_R = \sqrt{2}U \sin \omega t \\ i_R = \sqrt{2}I \sin \omega t \end{cases}$$

则瞬时功率
$$p = ui = \sqrt{2}U \sin \omega t \sqrt{2}I \sin \omega t$$
$$= UI - UI \cos 2\omega t$$

图 3-11 中明确标出了瞬时功率与电压和电流之间的关系，瞬时功率为瞬时电压与瞬时电流的乘积，从公式和图上都可以得出两点结论，一是功率随着时间的变化而变化；二是 $p \geq 0$，也就是说，电阻始终在消耗功率，所以电阻是一个耗能元件。

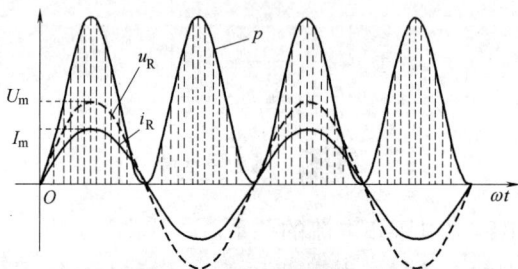

图 3-11   纯电阻电路的瞬时功率

(2) 平均功率。

平均功率指瞬时功率在一个周期内的平均值(又称为有功功率)，用 $P$ 表示。

$$P = \frac{1}{T} \int_0^T p\,dt = \frac{1}{T} \int_0^T ui\,dt = UI = I^2 R = \frac{U^2}{R}$$

平均功率就是电压和电流有效值的乘积，它代表了电路实际消耗的功率大小，其单位是瓦特(W)。

**例 3-4**   在 $20\Omega$ 的电阻上加上 $u = 6.2 \sin(1000t)$ (伏特)的电压，写出通过电阻的电流瞬时值表达式，并求出电阻消耗的功率大小。

**解**

$$I_{\mathrm{m}} = \frac{U_{\mathrm{m}}}{R} = \frac{6.2}{20} = 0.31(\mathrm{A})$$

$$i = 0.31\sin(1000t)(\mathrm{A})$$

$$P = I^2 R = \left(\frac{I_{\mathrm{m}}}{\sqrt{2}}\right)^2 R = 0.96(\mathrm{W})$$

### 2．纯电感电路

纯电感电路是只有电感负载的交流电路，如图 3-12 所示。我们先研究纯电感电路中的电压和电流的关系。

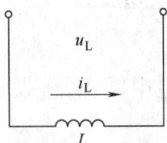

图 3-12　纯电感电路

假设通过电感 $L$ 的交流电流为 $i_{\mathrm{L}} = I_{\mathrm{m}}\sin(\omega t + \varphi)$，则电感两端的感应电压 $u_{\mathrm{L}}$ 为

$$u_{\mathrm{L}} = L\frac{\mathrm{d}i}{\mathrm{d}t} = L\frac{\mathrm{d}\left[I_{\mathrm{m}}\sin(\omega t + \varphi)\right]}{\mathrm{d}t} = I_{\mathrm{m}}\omega L\cos(\omega t + \varphi)$$

即

$$u_{\mathrm{L}} = I_{\mathrm{m}}\omega L\sin(\omega t + \varphi + 90°)$$

(1)　比较纯电感电路的电压和电流表达式 $\begin{cases} u_{\mathrm{L}} = I_{\mathrm{m}}\omega L\sin(\omega t + \varphi + 90°) \\ i_{\mathrm{L}} = I_{\mathrm{m}}\sin(\omega t + \varphi) \end{cases}$，我们可以得

出以下几点结论，其波形图和向量图如图 3-13 所示。

①　电压和电流为同频率的正弦量，即两式中的 $\omega$ 相同。

②　电感上的电压相位超前电流相位 $90°$。

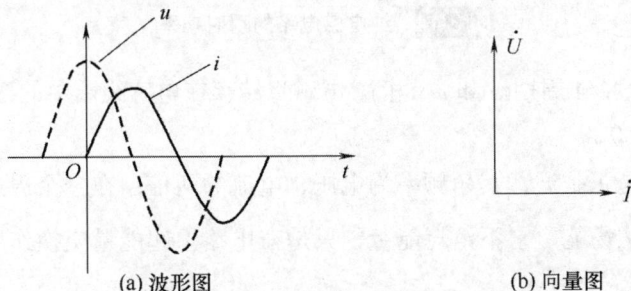

(a) 波形图　　　　　　　　(b) 向量图

图 3-13　纯电感电路中的电压电流关系

③　有效值关系：$U = \omega L I = X_{\mathrm{L}} I$。

④　$X_{\mathrm{L}}$ 称为感抗，感抗反映了电感元件对正弦交流电流的阻碍作用。感抗的单位与电阻相同，也是欧姆($\Omega$)。两者对于电流的阻碍作用虽然相似，但有本质区别。感抗表示电感线圈所产生的自感电动势对通过线圈的交流电流的反抗作用，只在交流电路中才有作用。

⑤ $X_L = \omega L$，即感抗是角频率与电感量的乘积。由此可以看出，感抗的值不是固定值，而是随频率变化而变化的：频率越低，感抗就越小；直流时，感抗为零，电感相当于短路。因此电感线圈在交流电路中有"通直流阻交流"的特性。

(2) 下面我们研究纯电感电路中的功率问题。

① 瞬时功率。

假设
$$\begin{cases} u_L = \sqrt{2}U\sin(\omega t + 90°) \\ i_L = \sqrt{2}I\sin\omega t \end{cases}$$

则瞬时功率为
$$p = u_L i_L = \sqrt{2}U\sin(\omega t + 90°)\cdot\sqrt{2}I\sin\omega t$$
$$= UI\sin 2\omega t$$

由图 3-14 可以得出以下结论。

在第一、第三个 1/4 周期($u$ 和 $i$ 同相)，电感吸收电源的电能，并转换成磁场能量，储存在电感线圈中，此时 $p > 0$。

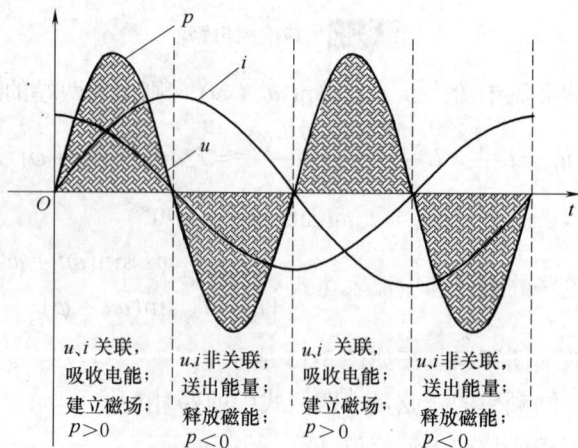

图 3-14　纯电感电路的瞬时功率

在第二、第四个 1/4 周期($u$ 和 $i$ 反相)，电感将储存在电感线圈中的磁场能量释放出来，还给电源，此时 $p < 0$。

瞬时功率 $p$ 也是正弦波，其角频率为电压、电流的两倍；在一个周期内，电感吸收的电能等于它释放的磁场能，它不消耗能量，只是在电路中起能量交换作用。故而，电感是一个储能元件。

② 平均功率。

平均功率 $P = \dfrac{1}{T}\int_0^T p\,dt = 0$，因此电感元件不耗能。

③ 无功功率。

无功功率反映电感在电路中与电源进行的能量交换的大小，即瞬时功率的最大值 $U_L I$。用 $Q_L$ 代表无功功率，单位是乏(Var)或千乏(kVar)。

$$Q_{\mathrm{L}} = U_{\mathrm{L}}I = I^2 X_{\mathrm{L}} = \frac{U^2}{X_{\mathrm{L}}}$$

**例 3-5**　在 $L=10\mathrm{mH}$ 的电感上通有 $i=10\sqrt{2}\sin(314t)$（毫安）的电流，求此时电感的感抗 $X_{\mathrm{L}}$、电感两端的电压表达式、电路的无功功率 $Q_{\mathrm{L}}$；若电源频率增加 5 倍，则以上量值有何变化？

**解**
$$X_{\mathrm{L}} = \omega L = 314 \times 0.01 = 3.14(\Omega)$$
$$u = 31.4\sqrt{2}\sin(314t+90°)(\mathrm{V})$$
$$Q_{\mathrm{L}} = UI = 314(\mathrm{Var})$$

若电源频率增加 5 倍，则 $\omega=1570$，相应各值变化如下。
$$X_{\mathrm{L}} = \omega L = 1570 \times 0.01 = 15.7(\Omega)$$
$$u = 157\sqrt{2}\sin(1570t+90°)(\mathrm{V})$$
$$Q_{\mathrm{L}} = UI = 1570(\mathrm{Var})$$

### 3. 纯电容电路

纯电容电路是只有电容负载的交流电路，如图 3-15 所示。我们先研究纯电容电路中电压和电流的关系。

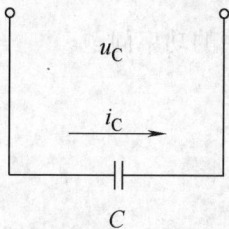

图 3-15　纯电容电路

假设电容 $C$ 两端的交流电压为 $u_{\mathrm{C}} = U_{\mathrm{m}}\sin(\omega t + \varphi)$

则通过电容的电流 $i_{\mathrm{C}}$ 为

$$i_{\mathrm{C}} = C\frac{\mathrm{d}u}{\mathrm{d}t} = C\frac{\mathrm{d}[U_{\mathrm{m}}\sin(\omega t + \varphi)]}{\mathrm{d}t} = U_{\mathrm{m}}\omega C\cos(\omega t + \varphi)$$

即
$$i_{\mathrm{C}} = U_{\mathrm{m}}\omega C\sin(\omega t + \varphi + 90°)$$

(1)　比较纯电容电路的电压和电流表达式 $\begin{cases} u_{\mathrm{C}} = U_{\mathrm{m}}\sin(\omega t + \varphi) \\ i_{\mathrm{C}} = U_{\mathrm{m}}\omega C\sin(\omega t + \varphi + 90°) \end{cases}$，其波形图和向量图如图 3-16 所示，我们可以得出以下几点结论。

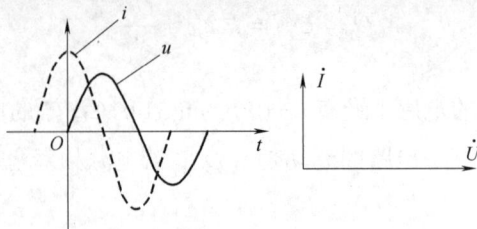

(a) 波形图          (b) 向量图

图 3-16   纯电容电路中的电压电流关系

① 电压和电流为同频率的正弦量,即两式中的 $\omega$ 相同。

② 电容上的电压相位滞后电流相位 90°(与纯电感电路相反)。

③ 有效值关系:$I = \omega CU = \dfrac{U}{X_C}$。

④ $X_C$ 称为容抗,容抗反映了电容元件对正弦交流电流的阻碍作用;容抗的单位也是欧姆(Ω)。$X_C = \dfrac{1}{\omega C}$,即容抗是角频率与电容值乘积的倒数,它的值不是固定值,也是随频率变化而变化的。频率越低,容抗 $X_C$ 就越大;直流时,电容相当于开路。容抗具有"通交流隔直流"的作用。

(2) 下面我们研究纯电容电路中的功率问题。

① 瞬时功率。

假设 $\begin{cases} u_C = \sqrt{2}U\sin\omega t \\ i_C = \sqrt{2}I\sin(\omega t + 90°) \end{cases}$

则瞬时功率为 $p = u_C i_C = \sqrt{2}U\sin\omega t \sqrt{2}I\sin(\omega t + 90°)$

$$= UI\sin 2\omega t$$

由图 3-17 可以得出如下结论。

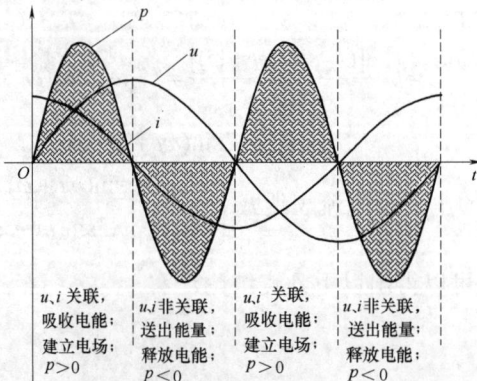

$u、i$ 关联,吸收电能;建立电场;$p > 0$      $u、i$ 非关联,送出能量;释放电能;$p < 0$      $u、i$ 关联,吸收电能;建立电场;$p > 0$      $u、i$ 非关联,送出能量;释放电能;$p < 0$

图 3-17   纯电容电路的瞬时功率

在第一、三个 1/4 周期($u$ 和 $i$ 同相)，电容吸收电源的电能，并转换成电场能量储存在电容器中，此时 $p > 0$，相当于电容器充电。

在第二、四个 1/4 周期($u$ 和 $i$ 反相)，电容将储存在电容器中的电场能量释放出来，此时 $p < 0$，相当于电容器放电。

瞬时功率 $p$ 也是正弦波，其角频率为电压、电流的 2 倍；在一个周期内，电容吸收的电能等于它释放的电场能，它不消耗能量，只是在电路中起能量交换作用。故而，电容也是一个储能元件。

② 平均功率。

平均功率 $P = \dfrac{1}{T}\displaystyle\int_0^T p\mathrm{d}t = 0$，因此电容元件不消耗能量。

③ 无功功率。

无功功率反映电容在电路中与电源进行的能量交换的大小，即瞬时功率的最大值 $U_\mathrm{C}I$。用 $Q_\mathrm{C}$ 代表无功功率，单位是乏(Var)或千乏(kVar)。

$$Q_\mathrm{C} = U_\mathrm{C}I = I^2 X_\mathrm{C} = \dfrac{U^2}{X_\mathrm{C}}$$

**例 3-6** 在一个 10μF 的电容器上加有 60V、50Hz 的正弦电压，问此时的容抗 $X_\mathrm{C}$ 有多大？写出该电容上电压、电流的瞬时值表达式，求电容电路的无功功率 $Q_\mathrm{C}$，画出电压、电流的向量图，如图 3-18 所示。

**解**

$$\omega = 2\pi f = 2 \times \pi \times 50 = 314(\mathrm{rad/s})$$

$$u = 60\sqrt{2}\sin(314t)(\mathrm{V})$$

$$X_\mathrm{C} = \dfrac{1}{\omega C} = \dfrac{1}{314 \times 10^{-5}} = 318.5(\Omega)$$

$$I = \dfrac{U}{X_\mathrm{C}} = \dfrac{60}{318.5} = 0.19(\mathrm{A})$$

$$i = 0.19\sqrt{2}\sin(314t + 90°)(\mathrm{A})$$

$$Q_\mathrm{C} = UI = 60 \times 0.19 = 11.4(\mathrm{Var})$$

图 3-18 向量图

## (三) 组合元件交流电路

### 1. 电阻与电感的串联电路

在讨论了正弦交流电路中分立元件的电路特性以后，我们开始研究这些元件的组合电路。在实际应用中，大多数用电器(如变压器、电动机、继电器等)都同时具有电阻和电感，电阻和电感在实际结构中彼此不能分离，在分析电路时为了方便起见，可以用一个纯电阻 $R$ 和一个纯电感 $L$ 相串联的等效电路来代替，一般称为 R-L 串联电路，如图 3-19 所示。

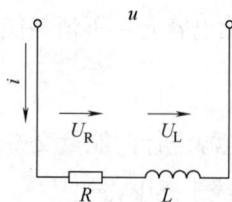

图 3-19　R-L 串联电路

分析这样的串联电路有一个原则，就是电流唯一，也就是说，通过电阻 $R$ 和电感 $L$ 的电流 $i$ 相同。根据单一元件交流电路所得到的结论，我们对图 3-20 所示的 R-L 串联电路的向量图进行分析。

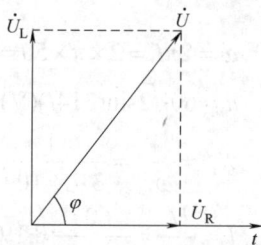

图 3-20　R-L 串联电路的向量图

假设通过电路的电流为 $\qquad i = I_m \sin \omega t$

电阻两端的电压为 $\qquad u_R = I_m R \sin \omega t = U_{Rm} \sin \omega t$

电感两端的电压为 $\qquad u_L = I_m XL \sin(\omega t + \dfrac{\pi}{2}) = U_{Lm} \sin(\omega t + \dfrac{\pi}{2})$

根据串联电路的性质，电路的总电压等于电阻电压和电感电压之和，即

$$u = u_R + u_L$$

R-L 串联电路总电压向量应该是两个分电压的向量和。即

$$\dot{U} = \dot{U}_R + \dot{U}_L$$

根据电流相同的原则，以电流方向水平向右为参考方向，电阻两端电压与电流同相位，电感两端电压超前电流 90°，运用平行四边形法则可以得出总电压。

由此可知，这三个电压构成了一个直角三角形，所以总电压的有效值可以通过勾股定理计算出来：$U = \sqrt{U_R^2 + U_L^2}$。

同时，$U_R = IR$，$U_L = IX_L$，代入上式可以得到

$$U = I\sqrt{R^2 + X_L^2}，\text{即} \sqrt{R^2 + X_L^2} = \frac{U}{I}$$

令 $Z = \dfrac{U}{I}$，即 $Z = \sqrt{R^2 + X_L^2}$，表示在 R-L 串联电路中，电压和电流的关系也符合欧姆定律，$Z$ 表示电路中对于电流的阻碍作用，称为电路的阻抗，单位也是欧姆($\Omega$)。

在 R-L 串联电路中，总电压 $U$ 总是比电流 $I$ 超前 $\varphi$ 角($0° < \varphi < 90°$)。通常，将电压超前电流的电路称为感性电路，或者说电路呈感性，称此时电路的负载为感性负载。电压与电流的相位差可以计算得出，有

$$\cos\varphi = \frac{U_R}{U} = \frac{R}{Z} \quad \text{或者} \quad \tan\varphi = \frac{U_L}{U_R} = \frac{X_L}{R}$$

在交流电路中，只有电阻是消耗能量的，所以 R-L 串联电路的有功功率为

$$P = U_R I = UI\cos\varphi = S\cos\varphi$$

而 R-L 串联电路的无功功率为

$$Q_L = U_L I = UI\sin\varphi = S\sin\varphi$$

上面两式中，$S$ 为总电压 $U$ 和电流 $I$ 的乘积，称为视在功率，它表示电源提供的总功率，即表示交流电的容量大小，其国际制单位为伏安(VA)。根据上面两式，有

$$S = \sqrt{P^2 + Q_L^2}$$

根据刚才的分析，$\dot{U}$、$\dot{U}_R$、$\dot{U}_L$ 三个电压向量构成了一个直角三角形，也是一个最基本的三角形，称为电压三角形。如图 3-21 所示，电压三角形为由 $\dot{U}$、$\dot{U}_R$、$\dot{U}_L$ 组成的三角形。其中，水平方向为电阻电压向量 $\dot{U}_R$，竖直方向为电感电压向量 $\dot{U}_L$，斜边方向为总电压向量 $\dot{U}$。

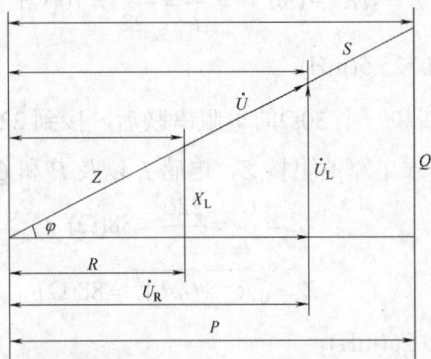

**图 3-21** R-L 串联电路的电压三角形

以电压三角形为基础，在三条边上分别除以电流 $I$，可得到阻抗三角形，即水平方向为电阻值 $R$，竖直方向为感抗值 $X_L$，斜边为阻抗值 $Z$。

若将电压三角形的三条边分别乘以电流 $I$，可得到功率三角形，即水平方向为电阻消耗的有功功率 $P$，竖直方向为电感消耗的无功功率 $Q$，斜边为视在功率 $S$。

图 3-21 是我们在分析过程中应用的一幅示意图，从图中可以看出，电压三角形、阻抗三角形和功率三角形是三个彼此相似的三角形，它们有共同的角度 $\varphi$，且三个三角形的各条边对应成比例。我们令 $\lambda = \cos\varphi$，$\lambda$ 称为功率因数，它反映出电路对于电源输送功率的利用率，即有功功率与视在功率的比值。有

$$\lambda = \cos\varphi = \frac{U_R}{U} = \frac{R}{Z} = \frac{P}{S}$$

应该注意：图 3-21 中，只有电压三角形是向量三角形，而阻抗三角形和功率三角形不能用向量表示。因而这三个三角形应该分开，如图 3-22 所示。

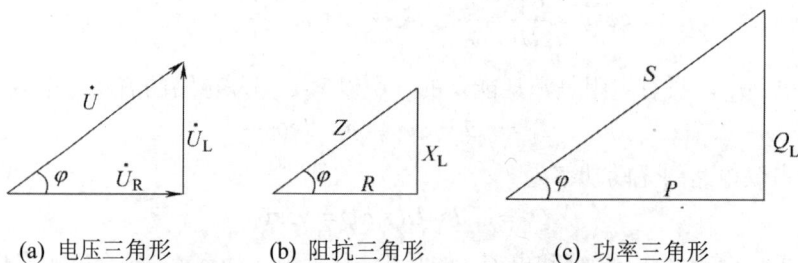

(a) 电压三角形    (b) 阻抗三角形    (c) 功率三角形

图 3-22  R-L 串联电路的电压、阻抗、功率三角形

例 3-7  一电感线圈接到 120V 的直流电源上，电流为 20A；若接到 50Hz、220V 的交流电源上，则电流为 22A，求该线圈的电阻和电感。

解  根据电感的特性，当其接在直流电源上时，阻抗为零，相当于导线，有

$$R = \frac{U}{I} = \frac{120}{20} = 6(\Omega)$$

$$Z = \sqrt{R^2 + (\omega L)^2} = \frac{U}{I} = \frac{220}{22} = 10(\Omega)$$

解得 $X_L = \omega L = 8(\Omega)$，$L = 25.5(\text{mH})$

例 3-8  一个纯电感线圈和一个 $30\Omega$ 的电阻串联后，接到 220V、50Hz 的交流电源上，这时电路中的电流为 2.5A，求电路的阻抗 $Z$、电感 $L$ 以及 $P$ 和 $Q$。

解

$$Z = \frac{U}{I} = \frac{220}{2.5} = 88(\Omega)$$

$$Z = \sqrt{R^2 + (\omega L)^2} = 88(\Omega)$$

解得 $X_L = 82.7(\Omega)$，$L = 0.26(\text{mH})$

$$S = UI = 220 \times 2.5 = 550(\text{VA})$$

$$P = UI\cos\varphi = S \times \frac{R}{Z} = 550 \times \frac{30}{88} = 187.5(\text{W})$$

$$Q = UI\sin\varphi = S \times \frac{X_L}{Z} = 550 \times \frac{82.7}{88} = 516.9(\text{Var})$$

### 2. 电阻与电容的串联电路

用一个电阻 $R$ 和一个电容 $C$ 串联在一起，接在交流电源上，可以构成 R-C 串联电路。在实际应用中，经常可以看到这种电路形式(如移相电路、过压保护电路、充放电电路等)，如图 3-23 所示。

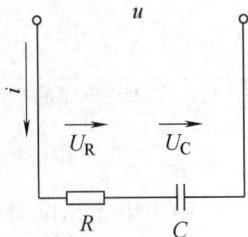

图 3-23　R-C 串联电路

这种电路的分析方法与上面讨论过的 R-L 串联电路一致。需要注意的是，电感两端的电压相位超前电流 90°，而电容两端的电压相位滞后电流 90°。因此，在实际分析 R-C 串联电路时，电压三角形的方向与 R-L 串联电路相反，应该是向下画的。而相应的阻抗三角形和功率三角形的方向也是向下的。

具体的分析过程可参照 R-L 串联电路的分析方式来进行，下面只给出 R-C 串联电路中的三个三角形，如图 3-24 所示。

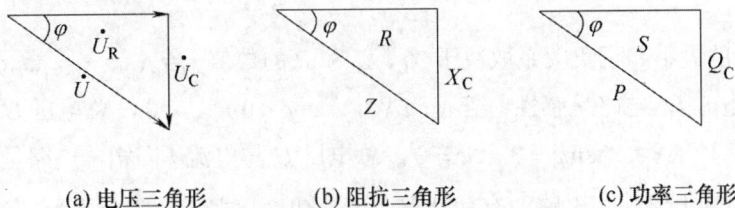

(a) 电压三角形　　　　(b) 阻抗三角形　　　　(c) 功率三角形

图 3-24　R-C 串联电路的电压、阻抗、功率三角形

### 3. 电阻与电感和电容的串联电路

图 3-25 所示是 R-L-C 串联电路，电路中包含了电阻、电感和电容三种不同的元件，是工程实际中常用的典型电路。

这里依然应用串联电路中电流同一的原则对电路进行分析。

假设通过电路的电流为 $\qquad\qquad i = I_m \sin\omega t$

此时电阻两端的电压为 $\qquad\qquad u_R = I_m R\sin\omega t = u_{Rm}\sin\omega t$

电感两端的电压为 $\qquad\qquad u_L = I_m X_L\sin(\omega t + 90°) = u_{Lm}\sin(\omega t + 90°)$

电容两端的电压为 $\qquad\qquad u_C = I_m X_C\sin(\omega t - 90°) = u_{Cm}\sin(\omega t - 90°)$

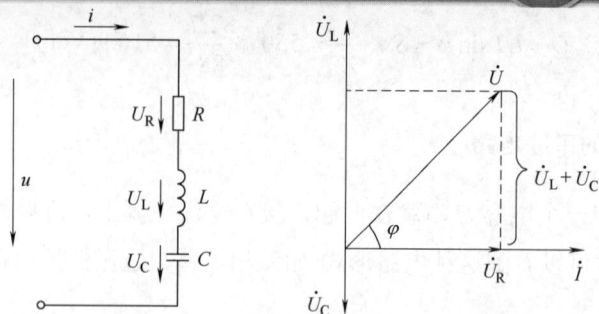

(a) R-L-C 串联电路           (b) 向量图

图 3-25    R-L-C 串联电路的相位特征

总电压 $u = u_R + u_L + u_C$，计算时，应该注意到相位间的关系。

由于电感电压相位超前电流 90°，电容电压相位滞后电流 90°，所以电感电压相位和电容电压相位是反向的。在计算时，可以先计算 $\dot{U}_L + \dot{U}_C$，再与 $\dot{U}_R$ 相加求出总电压 $U$。这三个电压构成直角三角形。

$$U = \sqrt{U_R{}^2 + (U_L - U_C)^2}$$

因为串联电路电流唯一，根据上式可以求出

$$Z = \sqrt{R^2 + (X_L - X_C)^2} = \sqrt{R^2 + X^2}$$

$Z$ 为 R-L-C 串联电路的总阻抗；$X$ 称为电抗，其数值为 $X_L - X_C$，单位为欧[姆]($\Omega$)。

在 R-L-C 串联电路中，总电压 $U$ 和总电流 $I$ 的相位差为

$$\tan\varphi = \frac{U_L - U_C}{U_R} = \frac{X_L - X_C}{R}$$

其中，$\varphi$ 角的大小和正负关系取决于 $X_L$、$X_C$ 和 $R$ 的数值。若 $X_L > X_C$，$\tan\varphi > 0$，$\varphi > 0$，总电压 $U$ 超前电流 $I$，电路呈感性；若 $X_L < X_C$，$\tan\varphi < 0$，$\varphi < 0$，总电压 $U$ 滞后电流 $I$，电路呈容性；若 $X_L = X_C$，$\tan\varphi = 0$，$\varphi = 0$，总电压 $U$ 与电流 $I$ 同相，电路呈阻性。

在 R-L-C 串联电路中，电路的有功功率、无功功率和视在功率分别为

$$P = U_R I = S\cos\varphi$$

$$Q = Q_L - Q_C = (U_L - U_C)I = S\sin\varphi$$

$$S = UI = \sqrt{P^2 + Q^2}$$

功率因数

$$\cos\varphi = \frac{R}{Z} = \frac{P}{S}$$

例 3-9   在如图 3-25(a)所示的 R-L-C 串联电路中，已知 $R=30\Omega$，$L=127\text{mH}$，$C=40\mu\text{F}$，电路两端的交流电压为 $u=311\sin(314t)$(伏特)。试求：(1)电路阻抗；(2)电流的有效值；(3)各元件两端电压的有效值；(4)电路的有功功率、无功功率、视在功率和功率因数。

**解**

(1) $$X_L = \omega L = 314 \times 0.127 = 40(\Omega)$$

$$X_C = \frac{1}{\omega C} = \frac{1}{314 \times 40 \times 10^{-6}} = 80(\Omega)$$

电路阻抗　　　　　$Z = \sqrt{R^2 + (X_L - X_C)^2} = 50(\Omega)$

(2)　电流的有效值　　$I = \dfrac{U}{Z} = \dfrac{220}{50} = 4.4(A)$

(3)　各元件两端的电压　$U_R = IR = 4.4 \times 30 = 132(V)$

　　　　　　　　　　　$U_L = IX_L = 4.4 \times 40 = 176(V)$

　　　　　　　　　　　$U_C = IX_C = 4.4 \times 80 = 352(V)$

(4)

有功功率　　　$P = I^2 R = 4.4^2 \times 30 = 580.8(W)$

无功功率　　　$Q = I^2(X_C - X_L) = 4.4^2 \times 40 = 774.4(Var)$

视在功率　　　$S = UI = 220 \times 4.4 = 968(VA)$

功率因数　　　$\cos\varphi = \dfrac{R}{Z} = \dfrac{30}{50} = 0.6$

**例 3-10**　已知 R-L-C 串联电路如图 3-26 所示。若此时 $R=30\Omega$，$X_L=60\Omega$，$X_C=90\Omega$，请根据参考电流向量标出相应的三个电压向量，并画出串联总电压的向量。

**解**　根据已知条件 $R=30\Omega$，$X_L=60\Omega$，$X_C=90\Omega$，可以得出 $R:X_L:X_C = 1:2:3$。

根据三角形的相似性关系，可得 $U_R:U_L:U_C = 1:2:3$。

以水平方向为电流参考方向作图，按照比例做出电压向量。

先将 $\dot{U}_L$ 和 $\dot{U}_C$ 相加，再同 $\dot{U}_R$ 进行向量和运算，得到最终结果，如图 3-27 所示。

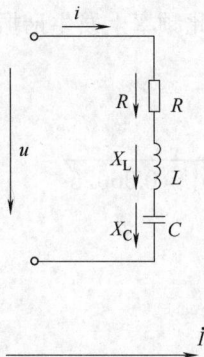

图 3-26　例 3-10 的电路图　　　　图 3-27　例 3-10 的向量图

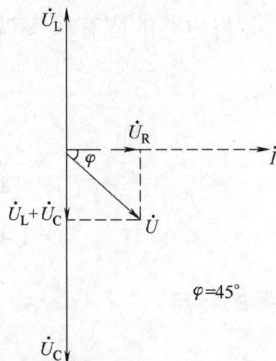

## (四) 串联谐振

在具有电感和电容的电路中，如果电压和电流同相位，电路呈阻性，此时称电路处于谐振状态。谐振电路是一种广泛应用的电路形式，我们最熟悉的收音机、电视机等的调台过程都要使用谐振电路，使得接收机的频率谐振在广播电台的发射频率上，才能良好地收听到广播节目。

### 1．谐振频率

在 R-L-C 串联电路中，当 $X_L = X_C$ 时，电流与电压同相位，电路处于谐振状态，所以谐振的条件是 $X_L = X_C$，即电路的感抗等于容抗。

由谐振条件

$$\omega L = \frac{1}{\omega C}$$

即

$$2\pi f L = \frac{1}{2\pi f C}$$

可以得到谐振频率为

$$f_0 = \frac{1}{2\pi\sqrt{LC}}$$

式中：$f_0$——谐振频率，单位是赫[兹](Hz)；

　　　$L$——线圈的电感值，单位是亨[利](H)；

　　　$C$——电容器的电容值，单位是法[拉](F)。

谐振频率 $f_0$ 仅由电路参数 $L$ 和 $C$ 决定，而与电路的电阻 $R$ 的大小无关，它反映的是电路本身的固有性质。因此，$f_0$ 也称为电路的固有频率。收音机通常是利用改变电路电容值 $C$ 的方法，来使电路谐振在广播电台的发射频率上，从而更好地收听到广播节目的。

**例 3-11**　某收音机的输入调谐电路中 $L=260\mu H$，如要收听频率为 828kHz 的北京广播电台的新闻广播，电容应调整为多大？

**解**　应该将电路的固有频率调整为 828kHz，使电路在此频率上发生谐振。

$$f_0 = \frac{1}{2\pi\sqrt{LC}} = 828(\text{kHz})$$

所以

$$C = \frac{1}{(2\pi f_0)^2 L} = \frac{1}{(2\times 3.14\times 828000)^2 \times 0.00026}$$

$$= 1.42\times 10^{-10}\,\text{F} = 142(\text{pF})$$

### 2．谐振的特点

谐振具有如下特点。

(1)　总阻抗最小。串联谐振，$X_L = X_C$，电路的总阻抗 $Z = R$ 为最小，电路呈现纯电阻的特性。

(2)　总电流最大。根据欧姆定律，总阻抗最小时，总电流必然最大。而且此时电流与电压是同相位的，有

$$I_0 = \frac{U}{Z} = \frac{U}{R}$$

(3)　电阻两端的电压等于总电压，电感和电容两端的电压等于电源电压的 $Q$ 倍。

$$U_{\mathrm{R}} = RI_0 = R\frac{U}{R} = U$$

$$U_{\mathrm{L}} = X_{\mathrm{L}}I_0 = \frac{\omega_0 L}{R}U = QU$$

$$U_{\mathrm{C}} = X_{\mathrm{C}}I_0 = \frac{1}{\omega_0 CR}U = QU$$

$$Q = \frac{\omega_0 L}{R} = \frac{1}{\omega_0 CR}$$

式中：$Q$ —— 串联谐振的品质因数，没有单位；

$\omega_0$ —— 谐振角频率，单位是弧度/秒(rad/s)；

$R$ —— 电阻值，单位是欧姆($\Omega$)；

$L$ —— 线圈的电感值，单位是亨利(H)；

$C$ —— 电容器的电容值，单位是法拉(F)。

品质因数是谐振电路的特性，反映电路的性能，其大小由电路的 $R$、$L$、$C$ 决定，而与电源无关。

一般串联谐振电路的电阻 $R$ 很小，因此 $Q$ 值很大，一般为几十到几百。串联谐振时，电感和电容两端的电压可以比电源电压高很多倍。在通信应用中，经常要接收遥远地方传来的微弱信号，利用这样的串联谐振技术，就可以获得一个相当有效的信号放大功能。

**例 3-12** 对于如图 3-28 所示的电路，在电源相同，而且 $R = X_{\mathrm{L}} = X_{\mathrm{C}}$ 的情况下，哪个电路中的灯泡最亮？哪个电路中的灯泡最暗？为什么？

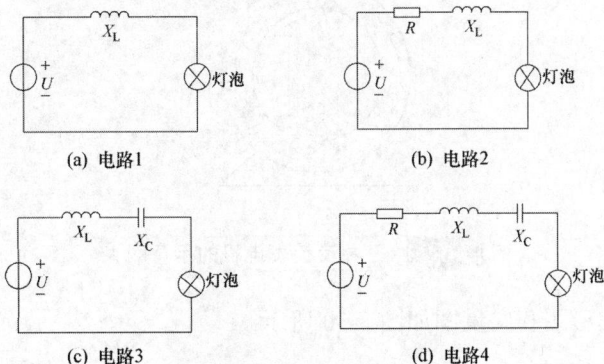

(a) 电路1　　　　　　　　(b) 电路2

(c) 电路3　　　　　　　　(d) 电路4

**图 3-28　例 3-12 的电路图**

**解** 灯泡的亮度取决于灯泡两端的电压，电压越大，灯泡越亮。串联电路按照阻抗的比例分配电压，那么此题的关键在于确定出除灯泡以外各电路中的阻抗大小。

对电路 1，有 $\qquad Z = X_{\mathrm{L}} = R$

对电路 2，有 $\qquad Z = \sqrt{R^2 + X_{\mathrm{L}}^2} = \sqrt{2}R$

对电路 3，有 $\qquad Z = \sqrt{(X_{\mathrm{L}} - X_{\mathrm{C}})^2} = 0$

对电路 4，有

$$Z = \sqrt{R^2 + (X_L - X_C)^2} = R$$

根据上述分析可得出结论，图 3-28(c)所示的电路 3 中，除了灯泡以外的阻抗为零，电源电压全部加在灯泡上，所以其灯泡最亮；图 3-28(b)所示的电路 2 中，除了灯泡以外的阻抗最大，灯泡两端的电压最低，所以其灯泡最暗。

## (五) 三相交流电

### 1. 三相交流电

上面讨论过的交流电路中，只有一个交流电压，故称为单相交流电路。在实际电力的生产、传输和分配的过程中，往往是采用三相制的方式。

现代电力工程上几乎都采用三相四线制。三相交流供电系统在发电、输电和配电方面都具有很多优点，因此在生产和生活中得到了极其广泛的应用。所谓三相制，就是由三个大小相等、频率相同、相位彼此相差 120° 的电动势组成的供电系统。每一个单相电路为三相电的一相，而单相电源实际上都是从三相交流电中获得的。

图 3-29 所示为一台三相交流发电机的示意图。其中，在定子中放置了三个相同的线圈：A→X；B→Y；C→Z。三个线圈的空间位置各相差 120°。转子装有磁极，并以角速度 $\omega$ 旋转。于是在三个线圈中便产生了三个大小相等、频率相同、相位互差 120° 的电动势。

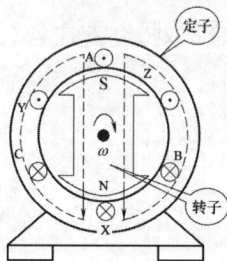

图 3-29　三相交流发电机的示意图

三相交流电的波形图和向量图如图 3-30 所示。

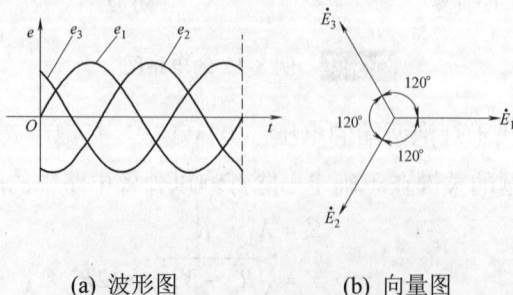

(a) 波形图　　　　　(b) 向量图

图 3-30　三相交流电的波形图和向量图

对于三相交流电路，我们以 $e_1$ 为参考正弦量，可以写出表达式

$$e_1=E_\mathrm{m}\sin\omega t$$

$$e_2=E_\mathrm{m}\sin(\omega t-120°)$$

$$e_3=E_\mathrm{m}\sin(\omega t-240°)=E_\mathrm{m}\sin(\omega t+120°)$$

三相交流电达到正的或负的最大值的先后顺序称为三相交流电的相序。习惯上，按照图 3-30 中的标示为正相序：第一相→第二相→第三相。也就是说：第一相比第二相超前 120°，第二相比第三相超前 120°，第三相比第一相超前 120°。

从波形图上可知：三相交流电在任何一瞬间的代数和为零。即

$$e_1+e_2+e_3=0$$

从向量图上可知：三相交流电的向量和为零。即

$$\dot{E}_1+\dot{E}_2+\dot{E}_3=0$$

### 2．三相四线制

三相四线制是我们平时用电的输电方式，其中，三根线传送的是三相交流电的三个相电压，称为相线(俗称火线)；另外一根线是由发电厂三相绕组末端公共点引出的，称为中线。中线通常与大地相连接(大地的电位为零)，所以中线又称为零线。

三相四线制供电方式的传输线路图如图 3-31 所示，其中 A、B、C 代表三根火线，N 代表零线。在电力工程上，还往往用黄线、绿线和红线分别代表第一相、第二相和第三相的火线，用黄绿相间色的线来表示零线，以示相序。

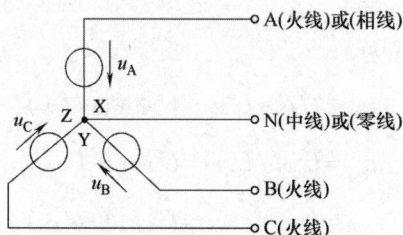

**图 3-31**　三相四线制供电方式

三相四线制可以向负载输送两种电压。

(1) 一种是火线与零线之间的电压，称为相电压，如图 3-32 所示。我们日常生活中的照明电压 220V 指的就是相电压。

由向量图可得到如下结论。

① 三个相电压是对称的。即

$$u_\mathrm{AN}=u_\mathrm{A}$$

$$u_\mathrm{BN}=u_\mathrm{B}$$

$$u_\mathrm{CN}=u_\mathrm{C}$$

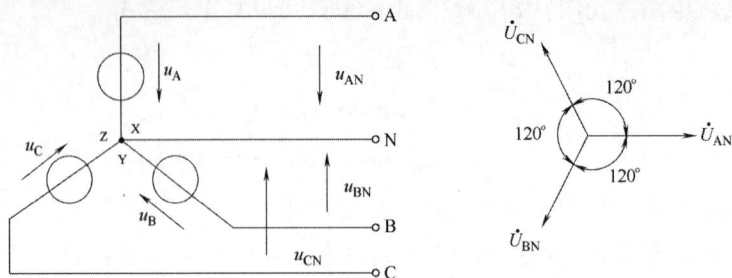

(a) 三相四线制的相电压示意图          (b) 相电压的向量图

图 3-32    相电压的示意图与向量图

②    从向量图中可以看出：三个相电压大小相等，频率相同，相位互差120°。表达式为

$$u_{AN} = U_m \sin \omega t$$

$$u_{BN} = U_m \sin(\omega t - 120°)$$

$$u_{CN} = U_m \sin(\omega t - 240°) = U_m \sin(\omega t + 120°)$$

(2)    另一种电压是线电压，它是两根火线之间的电压差。工业动力用电 380V 就是指线电压。

三相电路中，线电压的示意图和向量图如图 3-33 所示。在图中要特别注意的是相序的概念，也就是图中为线电压规定的正方向。

线电压和相电压既有区别又有联系。根据电压与电位的关系可以知道，线电压的瞬时值就是两个相电压的瞬时值的差。

线电压与相电压的关系式为

$$u_{AB} = \dot{U}_{AN} - \dot{U}_{BN} = \dot{U}_{AN} + (-\dot{U}_{BN})$$

$$u_{BC} = \dot{U}_{BN} - \dot{U}_{CN} = \dot{U}_{BN} + (-\dot{U}_{CN})$$

$$u_{CA} = \dot{U}_{CN} - \dot{U}_{AN} = \dot{U}_{CN} + (-\dot{U}_{AN})$$

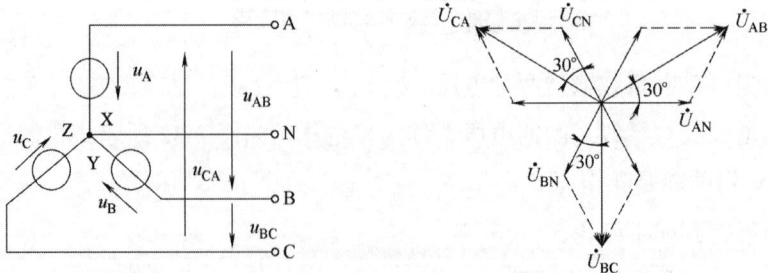

(a) 三相四线制的线电压示意图          (b) 线电压的向量图

图 3-33    线电压的示意图与向量图

经过相量运算可以得到线电压的向量图,有如下结论。

① 三个线电压也是对称的,且超前与其相对应的相电压30°相位角。

② 线电压的有效值是相电压的$\sqrt{3}$倍,即$U_1 = \sqrt{3}U_\varphi$。式中 $U_1$代表线电压,$U_\varphi$代表相电压。

在我们日常生活与工农业生产中,多数用户的电压等级为$U_1 = 380\mathrm{V}$,$U_\varphi = 220\mathrm{V}$。

**例 3-13** 已知三相电源的线电压为380V,求火线与零线之间的最大电压。

**解**
$$U_1 = \sqrt{3}U_\varphi = 380(\mathrm{V})$$
$$U_\varphi = \frac{U_1}{\sqrt{3}} = \frac{380}{\sqrt{3}} = 220(\mathrm{V})$$
$$U_{\varphi m} = \sqrt{2}U_\varphi = \sqrt{2} \times 220 = 311(\mathrm{V})$$

请注意:在三相四线制中,三个相电压和三个线电压都是三相对称的电压。线电压的有效值是相电压的$\sqrt{3}$倍,并且各线电压在相位上比它相应的相电压都超前30°。

## 二、项目实施

## (一) 使用示波器测量正弦信号

### 1. 项目实施目的

(1) 了解示波器的主要功能。

(2) 学会使用示波器。

### 2. 项目实施器材

项目实施器材包括数字万用表、数字示波器。

### 3. 项目实施原理

示波器是用于直接测量信号波形的仪器,可以测量信号的幅度、频率,比较两个信号的相位。过去的示波器以模拟示波器为主,随着科技的发展以及各学校实验室设备的更新,现在大家接触到的示波器以数字示波器为主。示波器面板的示意图如图3-34所示。

接下来,我们重点介绍示波器面板上的两个区域。

(1) 垂直控制区域。

垂直控制区域中的一系列按键及旋钮如图3-35所示。

其中,POSITION 旋钮用于调节信号的垂直显示位置,转动此旋钮时,指示通道地(GROUND)的标识会跟随波形上下移动。如果按下按钮,则通道垂直显示位置恢复到零点。

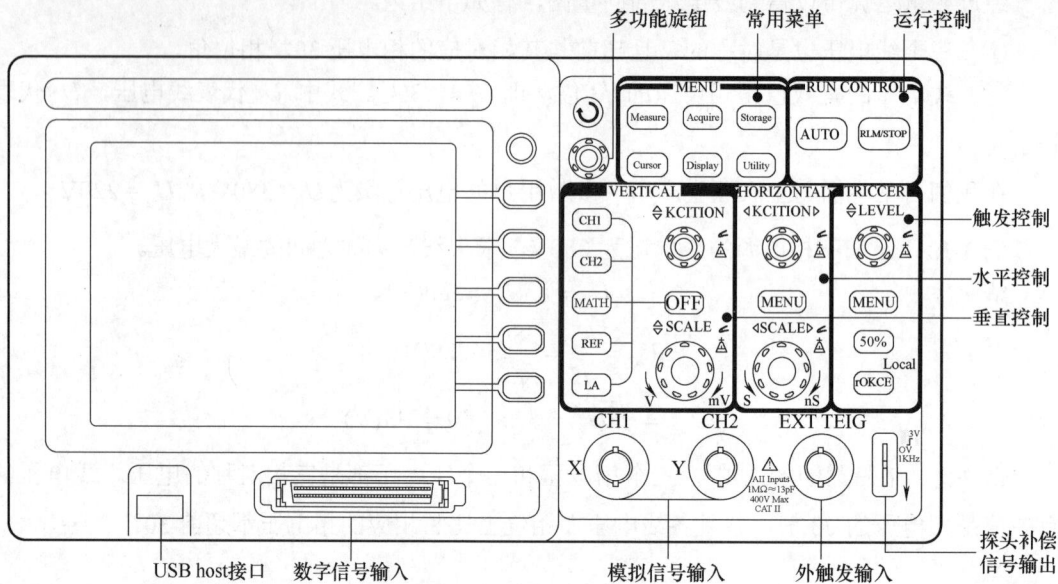

多功能旋钮　常用菜单　运行控制

触发控制
水平控制
垂直控制

USB host接口　数字信号输入　模拟信号输入　外触发输入　探头补偿信号输出

图 3-34　示波器面板的示意图

在测试正弦信号时，转动 POSITION 旋钮可以上下调节测试信号在示波器屏幕上显示的波形，以获得更好的测试效果。

另一个 SCALE 按钮用于改变"Volt/div"(伏/格)垂直位，转动此旋钮时，可以发现状态栏对应通道的位显示也会随之发生变化。

"Volt/div"(伏/格)指的是在示波器的显示屏幕上纵向每一格所代表的信号强度。比如，0.1Volt/div 代表每格 0.1V，如测试信号占满 5 格，则可以确定信号的幅度是 0.5V。转动 SCALE 旋钮可以改变 Volt/div，也就是改变被测信号在显示屏幕上所占的幅度。通常情况下，令被测信号占全部屏幕的 2/3 时，测试数据最为准确。

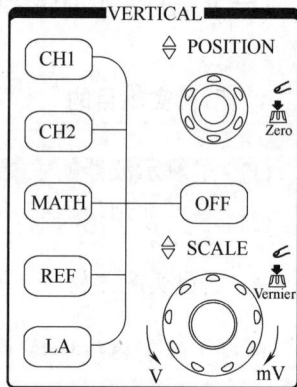

图 3-35　垂直控制面板的示意图

这种测试方法是一种最为基本的方法，在所有的模拟示波器中都是以这种方法来进行测试的。当然，在数字示波器中，可以通过示波器的功能选择，直接读出信号的幅度，这对于初学者来说当然是更简单的。

(2) 水平控制区域。

水平控制区域中的一系列按键及旋钮如图 3-36 所示。

水平 SCALE 旋钮用于改变水平位设置。当转动此按钮改变"s/div"(秒/格)水平位时，可以发现状态栏对应通道的位也会发生相应的变化。水平扫描速度从 5ns 一直到 50s，以 1-2-5 的形式步进。

"s/div"(秒/格)指的是在示波器的显示屏幕上横向每一格所代表的时间。比如，1ms/div 代表横向每格所对应的时间是 1ms，如果一个正弦信号的波形在一个周期刚好经过两个格子，则该信号的周期为 2ms，相应的信号频率就是 500Hz。

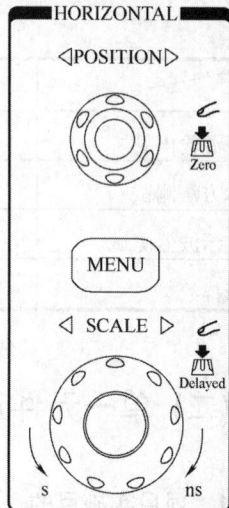

图 3-36　水平控制面板的示意图

### 4．项目实施内容

(1) 如图 3-37 所示，实际测量正弦波信号时，若 Volt/div(伏/格)指示 0.1V，s/div(秒/格)指示 5ms，那么该信号的最大值为 0.1V×2=0.2V，周期为 5ms×4=20ms，频率为 50Hz。若此时 Volt/div(伏/格)指示 10mV，s/div(秒/格)指示 1ms，试计算该信号的最大值=_____，周期=_____，频率=_____。

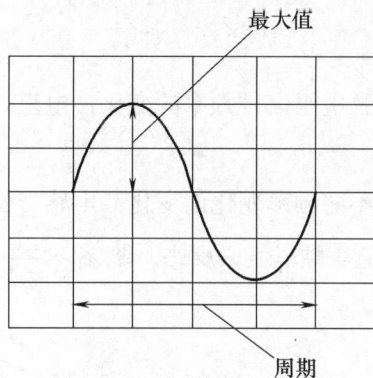

图 3-37　测量波形示意图

(2) 通过信号源分别输出正弦波信号、方波信号、三角波信号，通过示波器对信号进行观察和测量。同时，改变信号源的信号输出幅度和频率，再通过示波器观察信号的变化。在整个过程中，分别用基本方法测试信号的幅度和频率，并与数字示波器测试的结果进行比对，找出出现误差的原因。将结果填入表 3-1 中。

表 3-1　测试结果

| | 正 弦 波 | 方 波 | 三 角 波 |
|---|---|---|---|
| 信号源输出 | | | |
| 基本方法测试 | | | |
| 数字示波器测试 | | | |
| 波形描绘 | | | |

## (二) 单一元件正弦交流电路测试

### 1. 项目实施目的

(1) 认识电阻、电感、电容元件在交流电路中的电抗特性。

(2) 熟练使用测试仪表。

### 2. 项目实施器材

项目实施器材包括数字万用表、信号源、数字示波器，以及电阻、电容、电感元件。

### 3. 项目实施原理

正弦交流电路中，随着正弦电压信号频率的变化，电阻、电容、电感元件所反映出的阻碍电流通过的能力各有不同。

其中，电阻产生的阻抗值不随频率变化而变化；电感产生的感抗值与频率值成正比，即 $X_L = \omega L$；电容产生的容抗值与频率值成反比，即 $X_C = \dfrac{1}{\omega C}$，如图 3-38 所示。

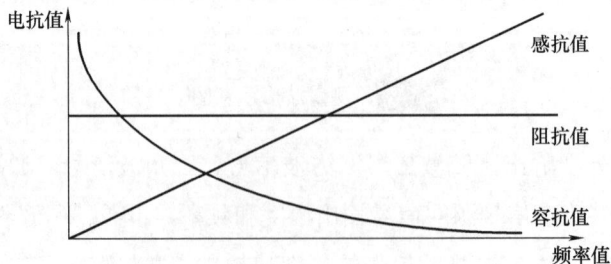

图 3-38　电阻、电容、电感元件的电抗特性

### 4. 项目实施内容

实验电路的方框图如图 3-39 所示。

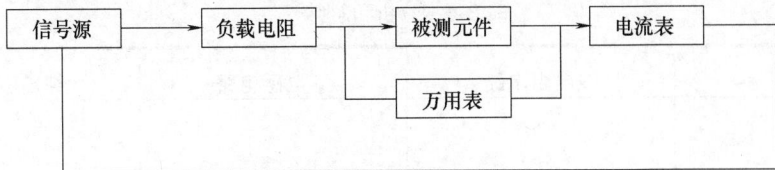

图 3-39 实验电路的方框图

实施步骤如下。

(1) 按图 3-39 连接电路,选择 20mH 电感进行测试。

(2) 调整信号源,使其输出频率为 50Hz 的正弦波,再调整信号源输出幅度,在万用表指示为 3.0V 时记录电流表读数。

(3) 按表 3-2 中的频率值要求依次调整信号源输出频率,并调整信号源输出幅度,始终保持万用表指示为 3.0V,测试并在表 3-2 中记录电流表读数。根据欧姆定律计算电抗值。

表 3-2 实验数据记录(20mH 电感)

| 频率(Hz) | 50 | 100 | 150 | 200 | 300 | 400 | 500 |
|---|---|---|---|---|---|---|---|
| 电压(V) | 3.0 | 3.0 | 3.0 | 3.0 | 3.0 | 3.0 | 3.0 |
| 电流(mA) | | | | | | | |
| 感抗(Ω) | | | | | | | |

(4) 选用 10μF 电容,按表 3-3 中的频率值要求重新完成上述测试和计算,将结果填入表 3-3 中。

表 3-3 实验数据记录(10μF 电容)

| 频率(Hz) | 50 | 100 | 150 | 200 | 300 | 400 | 500 |
|---|---|---|---|---|---|---|---|
| 电压(V) | 3.0 | 3.0 | 3.0 | 3.0 | 3.0 | 3.0 | 3.0 |
| 电流(mA) | | | | | | | |
| 容抗(Ω) | | | | | | | |

### 5. 归纳与总结

通过学习理论与进行项目实践,填写表 3-4。

表 3-4　分析和总结

| | 纯电阻电路 | 纯电感电路 | 纯电容电路 |
|---|---|---|---|
| 电路图 | | | |
| 电压电流的表达式 | | | |
| 电压电流的向量图 | | | |
| 有效值的关系 | | | |
| 电抗与频率的关系 | | | |
| 功率 | | | |

# (三) R-C 串联正弦交流电路测试

## 1. 项目实施目的

(1) 了解 RC 元件串联在交流电路中的特性。

(2) 熟练使用测试仪表。

## 2. 项目实施器材

项目实施器材包括数字万用表、信号源、电阻(1kΩ)、电容(2.2μF、10μF)和连接导线。

## 3. 项目实施原理

电阻和电容元件串联电路是纯电阻电路和纯电容电路的叠加。构成 R-C 串联电路以后，电阻两端电压和电容两端电压之间的关系不是简单的代数和或差的关系，其各量之间的大小和方向满足向量关系。电阻两端的电压和电容两端的电压以及把电阻和电容看作一个整体时的总电压之间满足电压三角形的关系，即 $U^2 = U_R^2 + U_C^2$。

R-C 串联电路中各电压的相位关系是：电阻两端的电压总是超前电容两端的电压 90°，总电压总是超前电容两端电压一个大于零、小于 90° 的电位角度。

### 4．项目实施内容

实验电路方框图如图 3-40 所示。

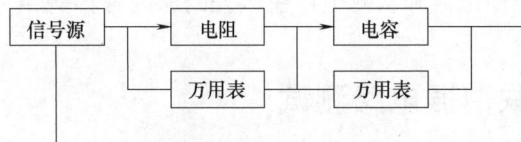

图 3-40　实验电路框图

实施步骤如下。

(1)　按图 3-40 连接电路，选择 1kΩ 电阻和 2.2μF 电容进行测试。

(2)　调整信号源输出频率为 50Hz 正弦波，调整信号源输出有效值为 5.0V 时，在表 3-5 中分别记录 $U_R$ 和 $U_C$ 读数。

(3)　将电容调整为 10μF 后，再进行测试，将结果填入表 3-5 中。

(4)　调整信号源输出频率为 500Hz 正弦波，重复以上测试内容，将结果填入表 3-6 中。

表 3-5　实验数据记录(信号源 50Hz)

| 测量项目 | 2.2μF 电容测试 | 10μF 电容测试 |
|---|---|---|
| 电阻两端的电压 $U_R$(V) | | |
| 电容两端的电压 $U_C$(V) | | |
| $U_R + U_C$ 的代数和(V) | | |
| $U = \sqrt{U_R^2 + U_C^2}$ (理论值)(V) | | |
| 总电压 $U$(实测值)(V) | | |

表 3-6　实验数据记录(信号源 500Hz)

| 测量项目 | 2.2μF 电容测试 | 10μF 电容测试 |
|---|---|---|
| 电阻两端的电压 $U_R$(V) | | |
| 电容两端的电压 $U_C$(V) | | |
| $U_R + U_C$ 的代数和(V) | | |
| $U = \sqrt{U_R^2 + U_C^2}$ (理论值)(V) | | |
| 总电压 $U$(实测值)(V) | | |

(5) 试分别绘制在两种不同的信号源频率下，电容器容量分别为 2.2μF 和 10μF 时的电压三角形并进行比较。

### 5．分析与思考

(1) 总结 R-C 串联电路的特点。

(2) 分析造成总电压理论值和实测值产生误差的原因有哪些。

## (四) R-L-C 串联谐振电路测试

### 1．项目实施目的

(1) 掌握正弦交流串联谐振电路的基本状态。

(2) 掌握正弦交流电路的基本分析方法。

(3) 学会利用电流谐振曲线寻找谐振点。

(4) 熟练使用测试仪表。

### 2．项目实施器材

项目实施器材包括数字万用表，信号源，100Ω电阻，40mH 电感，1μF 电容和连接导线。

### 3．项目实施原理

谐振是正弦电路在特定条件下所产生的一种特殊物理现象，谐振现象在无线电和电工技术中得到广泛应用，对电路中谐振现象的研究有重要的实际意义。

含有电阻、电感和电容的串联电路如图 3-41 所示。在特定条件下出现端口电压、电流同相位的现象时，称电路发生了谐振。谐振发生时，电路将成为纯电阻电路。

发生串联谐振的条件是：$X_L = X_C$。

由此可见，发生谐振的条件只与电路的参数有关。

谐振角频率

$$\omega_0 = \frac{1}{\sqrt{LC}}$$

谐振频率

$$f_0 = \frac{1}{2\pi\sqrt{LC}}$$

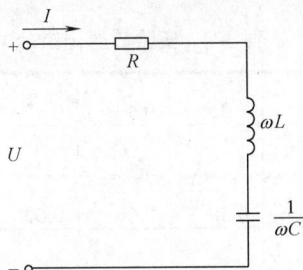

图 3-41 R-L-C 串联电路

$\omega_0$ 由电路本身的参数决定，一个 R-L-C 串联电路只能有一个对应的 $\omega_0$，当外加频率等于谐振频率时，电路发生谐振。

阻抗谐振特性曲线如图 3-42 所示。

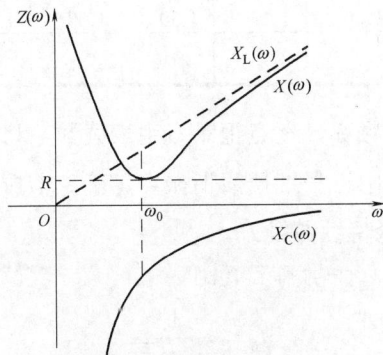

图 3-42 阻抗谐振特性曲线

发生谐振时，输入端的阻抗为纯电阻，电路中的阻抗值最小，电流达到最大值，相应电阻上的电压达到最大值。本实验通过寻找电阻上电压的最大值，确定谐振点。

### 4．项目实施内容

实验电路的方框图如图 3-43 所示。

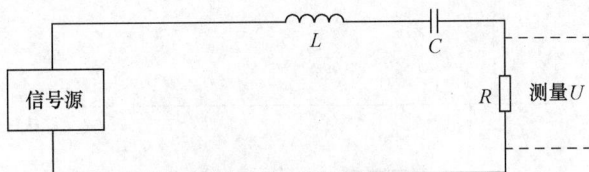

图 3-43 串联谐振电路

实施步骤如下。

(1) 调整信号源输出正弦波，令频率为 0.1kHz，电压有效值为 4.0V。

(2) 连接电路，测量电阻两端的电压，在表 3-7 中记录万用表读数。

表 3-7　实验数据记录

| 频率(kHz) | 0.10 | 0.20 | 0.30 | 0.35 | 0.40 | 0.42 | 0.44 | 0.46 | 0.48 | 0.50 |
|---|---|---|---|---|---|---|---|---|---|---|
| 电压(V) | | | | | | | | | | |
| 频率(kHz) | 0.52 | 0.54 | 0.56 | 0.58 | 0.60 | 0.62 | 0.64 | 0.66 | 0.68 | 0.70 |
| 电压(V) | | | | | | | | | | |
| 频率(kHz) | 0.72 | 0.74 | 0.76 | 0.78 | 0.80 | 0.82 | 0.84 | 0.86 | 0.88 | 0.90 |
| 电压(V) | | | | | | | | | | |
| 频率(kHz) | 0.92 | 0.94 | 0.96 | 0.98 | 1.00 | 1.05 | 1.10 | 1.15 | 1.20 | 1.25 |
| 电压(V) | | | | | | | | | | |
| 频率(kHz) | 1.30 | 1.35 | 1.40 | 1.45 | 1.50 | 1.60 | 1.70 | 1.80 | 1.90 | 2.00 |
| 电压(V) | | | | | | | | | | |

(3) 依次改变信号源输出频率，逐点记录万用表读数，将数据填入表 3-7 中。

(4) 在最大值对应的频率附近仔细搜索谐振点，确定谐振频率。

(5) 在图 3-44 中画出谐振特性曲线。

(6) 计算理论谐振频率和品质因数。其中

$$f_0 = \frac{1}{2\pi\sqrt{LC}}$$

$$Q = \frac{\omega_0 L}{R} = \frac{1}{R}\sqrt{\frac{L}{C}}$$

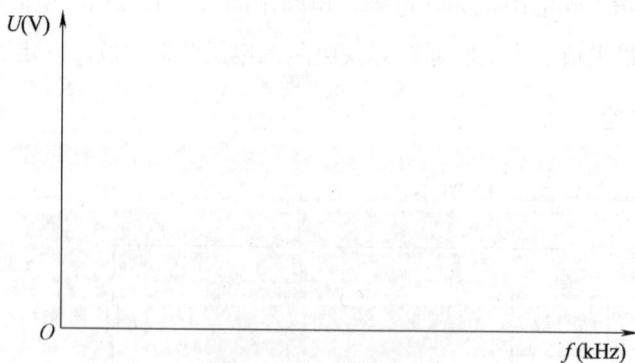

图 3-44　谐振特性曲线

5. 分析与思考

(1) 总结 R-L-C 串联谐振电路的特点。

(2) 分析造成谐振频率理论值和实测值产生误差的原因有哪些。

## 小结

本章首先介绍了正弦交流电的基本特征和向量表示法，然后从单一参数电路出发，并以 R-L-C 串联电路为典型电路，讨论了交流电路中电流、电压之间的关系。同时简单地介绍了谐振和三相交流电路的基本概念和应用。

本章要求掌握正弦交流电的三要素，会用向量正确表示正弦量。熟练掌握单一元件伏安关系的向量形式，会用向量法分析 R-L-C 串联电路，能正确判断电路性质。

## 思考题及习题

1. 正弦交流电在 0.2s 时间内变化了 8 周，它的周期和频率分别是多少？

2. 我国民用交流电的频率和有效值是多少？

3. 正弦交流电 $i = 5\sin(100t-60°)$ 的三要素是什么？

4. 已知正弦交流电 $i = 5\sin(100t-60°)$，写出任意一个与其正交、同相和反相的正弦交流电表达式。

5. 已知 $u_1-5\sin(314t+30°)$，$u_2-3\sin(314t-30°)$，试画出这两个电压的波形图，并指出哪个超前，哪个滞后。

6. 某电容可以承受 250V 的电压，若把它直接接到 220V、50Hz 的正弦交流电上，是否安全，为什么？

7. 若有三个正弦交流电压的有效值都是 380V，初相位是 0°、120°、-120°，角频率是 314rad/s，试画出这三个电压的波形图和向量图。

8. 判断以下式子是否正确。

(1) $i = 10A$　　　　(2) $I = 10\sin(\omega t)A$　　　(3) $U = 10\sin(\omega t + 30°)V$

(4) $u = 10\sin 30°V$　　(5) $I_m = 5A$

9. 在纯电阻电路中，判断下列各式的正误。

(1) $i = \dfrac{U}{R}$　　(2) $I = \dfrac{U}{R}$　　(3) $i = \dfrac{u}{R}$

10. 在纯电感电路中，判断下列各式的正误。

(1) $i = \dfrac{u}{X_L}$　　(2) $i = \dfrac{u}{\omega L}$　　(3) $I = \dfrac{U}{L}$　　(4) $I = \dfrac{U}{\omega L}$　　(5) $I = \omega LU$

11. 在纯电容电路中，判断下列各式的正误。

(1) $i = \dfrac{u}{X_C}$　　(2) $i = \dfrac{u}{\omega C}$　　(3) $I = \dfrac{U}{C}$　　(4) $I = \dfrac{U}{\omega C}$　　(5) $I = \omega CU$

12. 在阻值为 14Ω的纯电阻电路中，加上 $u = 14\sin(200t - 37°)$ 伏特，试写出电路中的电流瞬时表达式，并计算电流的有效值。

13. 把一个 $L=51\text{mH}$ 的电感接到 $u = 5\sqrt{2}\sin(157t + 30°)$ 伏特的电源上，试求电流表达式，作出电压、电流的向量图，求出无功功率。

14. 把 30pF 的电容接到 $u = 106\sqrt{2}\sin(628t - 30°)$ 伏特的电源上，试求电流表达式，作出电压、电流的向量图，求出无功功率。

15. 在 R-L-C 串联电路中判断下列各式是否正确，将错误的改正。

(1) $u = u_R + u_L + u_C$　　(2) $U = U_R + U_L + U_C$　　(3) $\dot{U} = \dot{U}_R + \dot{U}_L + \dot{U}_C$

(4) $U = \sqrt{U_R{}^2 + U_L{}^2 + U_C{}^2}$　　(5) $Z = \sqrt{R^2 + X_L{}^2 + X_C{}^2}$

16. 在 R-L-C 串联电路中，已知 $R=2Ω$，$L=160\text{mH}$，$C=66\mu\text{F}$，加在电路两端的电压为 220V、50Hz。试求：(1)电路阻抗；(2)电流的有效值；(3)各元件两端电压的有效值；(4)电路的有功功率、无功功率、视在功率和功率因数。

17. 将某个电感线圈接到 180V 的直流电源上时，电流为 30A；将其接到 220V、50Hz 的交流电源上时，则电流为 22A。求该线圈的电阻值和电感值。

18. 串联谐振电路中，已知电感值 $L=500\mu\text{H}$，电容值 $C=2000\text{pF}$，试求电路的谐振频率。

19. 某收音机电感值 $L=300\mu\text{H}$，电阻 $R=10Ω$，为了接收到中央人民广播电台 560kHz 的节目，试问应该如何调整电容值。

# 项目四　整流、滤波、稳压电路

## 【知识要求】

- 了解二极管的结构和伏安特性。
- 掌握单相半波、桥式整流电路的工作原理及电路特点。
- 了解滤波电路的作用，能进行简单滤波器的电路设计。
- 掌握稳压管稳压电路的形式、工作原理及电路特点。
- 掌握直流稳压电源的组成。

## 【能力要求】

- 掌握二极管的简单应用及测试。
- 掌握整流滤波电路的测试与分析。
- 能进行直流稳压电源的安装与测试。

# 一、相关知识

## (一) 认识二极管

半导体元器件的基本结构、工作原理、特性和参数是学习电子技术和分析电子电路的基础,二极管是电子电路中使用最广泛的器件之一,广泛应用于整流、检波和开关电路中。

### 1. 二极管的结构

二极管由半导体材料制成。半导体是指导电能力介于导体与绝缘体之间的一种物质,具有热敏性、光敏性、掺杂性等特殊性能。常用的半导体有硅(Si)、锗(Ge)、硒(Se)等。半导体与金属导体不同,它有两种运载电荷的粒子:一种是带负电荷的自由电子,另一种是带正电荷的空穴,这两种粒子统称为载流子。在外电场作用下,载流子定向移动形成电流,如图 4-1 所示。

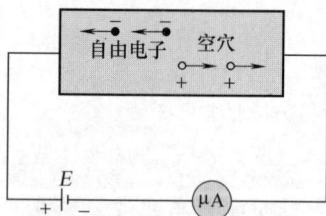

**图 4-1　半导体的两种载流子**

不加杂质的纯净半导体称为本征半导体,如本征硅和本征锗。在本征半导体中,两种载流子的数量是相等的,载流子的浓度很低,导电能力差,绝缘性不强,不宜作导电材料,也不宜作绝缘材料。

为了提高半导体的导电性能,可在本征半导体中掺入微量杂质元素(如硼或磷),就形成了杂质半导体。杂质半导体中,载流子数量大大增多,导电性能增强。杂质半导体根据掺杂的物质不同,可分为两种:一种是 P 型半导体(又称为空穴型半导体),其内部空穴为多数载流子,电子为少数载流子;另一种是 N 型半导体(又称为电子型半导体),其内部电子为多数载流子,空穴为少数载流子。

通过现代工艺,在一块本征半导体的一边形成 P 型半导体,另一边形成 N 型半导体,于是这两种半导体的交界处就形成了一个特殊薄层,称为 PN 结。它是各种半导体器件的核心,如图 4-2 所示。

图 4-2　PN 结

PN 结具有单向导电性。当给 PN 结加正偏电压时(即 P 区接高电位，N 区接低电位)，PN 结正向电阻很小，处于导通状态；当给 PN 结加反偏电压时(即 P 区接低电位，N 区接高电位)，PN 结反向电阻很大，处于截止状态。

将 PN 结加上电极引出线和管壳，就构成了二极管。二极管的外形及内部结构如图 4-3(a)、(b)所示，它有两个电极，由 P 区引出的电极是正极(又称阳极)，由 N 区引出的是负极(又称阴极)，分别用"+"和"-"来表示。二极管的图形符号如图 4-3(c)所示，文字符号为 VD。

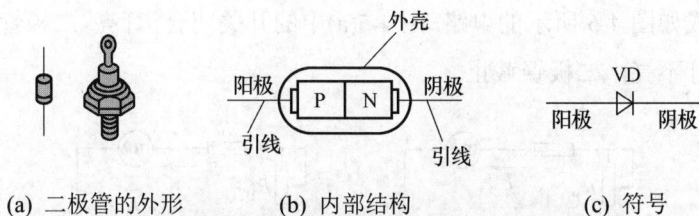

(a) 二极管的外形　　(b) 内部结构　　(c) 符号

图 4-3　二极管的外形、内部结构和符号

二极管、三极管等半导体器件的工作特性都是以 PN 结的单向导电性为基础的。

## 2．二极管的伏安特性

二极管两端的电压和流过它的电流之间的关系称为二极管的伏安特性，如图 4-4 所示。

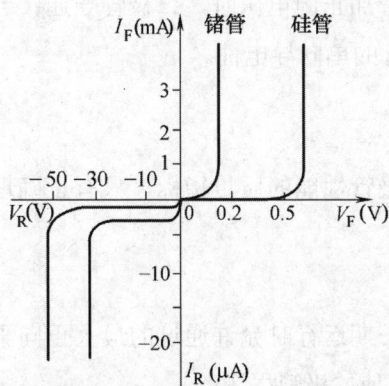

图 4-4　二极管的伏安特性曲线

由图 4-4 可知，当外加正向电压很小时，二极管呈现的电阻较大，正向电流几乎为零，此段称为死区。当正向电压超过某一数值(即死区电压，也称门槛电压)后，电流才随电压上

升而变大，此时二极管呈现的电阻很小，二极管导通。通常，硅管的死区电压约为 0.5V，锗管的死区电压约为 0.1V。导通时，二极管两端电压基本恒定，硅管正向压降约为 0.7V，锗管约为 0.3V。

当二极管加反向电压时，在一定的范围内，反向电流很小，而且其大小与反向电压的高低无关，此电流称为反向饱和电流。但当反向电压大于某一数值时，反向电流急剧增大，这种现象称为反向击穿。发生击穿时所加的电压称为反向击穿电压。反向击穿分为电击穿和热击穿。当反向电流与反向电压的乘积(即 PN 结的耗散功率)不超过允许值时，PN 结不会烧坏，反向电压撤去后，二极管仍能正常工作，这种击穿就是电击穿。如果反向电流过大，导致 PN 结过热而烧坏，这就是热击穿。

### 3．二极管的单向导电性

将二极管接成如图 4-5 所示的电路。图 4-5(a)中的开关闭合，灯亮，二极管导通；图 4-5(b)中的开关闭合，灯不亮，二极管截止。

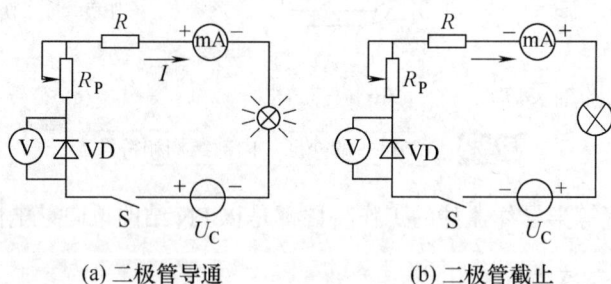

(a) 二极管导通　　　　　　　　(b) 二极管截止

图 4-5　半导体二极管单向导电性实验

以上实验说明：当二极管加正向电压时，二极管导通；当二极管加反向电压时，二极管截止，这一特性称为二极管的单向导电性。

### 4．二极管的主要参数

二极管的参数是描述二极管性能的质量指标，只有正确理解这些参数的意义，才能合理、正确地使用二极管。

(1) 最大整流电流 $I_{FM}$。

最大整流电流是二极管长期运行时允许通过的最大正向平均电流。如果工作时电流超过此值，将造成 PN 结过热而使二极管损坏。

(2) 最高反向工作电压 $U_{RM}$。

最高反向工作电压是二极管允许承受的最大反向工作电压，超过此值二极管就有被反向击穿的危险。一般此值是反向击穿电压的 1/2 或 1/3。

(3) 反向电流 $I_R$。

反向电流是指二极管在常温下承受最高反向工作电压 $U_{RM}$ 时的反向漏电流。这个电流的大小反映了二极管单向导电性能的好坏。反向电流越小，则二极管单向导电性能越好，且受温度的影响小。硅管的反向电流比锗管小几十到几百倍，一般在几微安以下。

二极管的参数是正确使用二极管的依据，一般半导体器件手册中都会给出不同型号管子的参数。在使用时，应特别注意不要超过最大整流电流和最高反向工作电压，否则管子容易损坏。

### 5. 常用二极管及应用

二极管的类型有很多种，按制作材料的不同，可以分为锗二极管和硅二极管；按制作工艺的不同，可以分为面接触型二极管和点接触型二极管；按用途的不同，又可分为整流二极管、稳压二极管、光电二极管、变容二极管等。其中，稳压二极管、发光二极管和光电二极管的图形符号如图 4-6 所示。

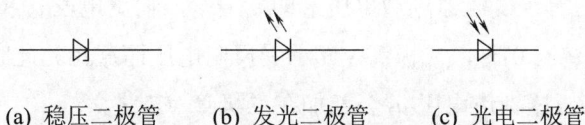

(a) 稳压二极管　(b) 发光二极管　(c) 光电二极管

**图 4-6　几种特殊二极管的图形符号**

稳压二极管是一种用特殊工艺制造的硅二极管，它利用反向电击穿时两端电压保持稳定的特性来稳定电路两端的电压，广泛应用在汽车交流发电机电子调节器和电子点火器中。

发光二极管(LED)是一种功耗很低的发光元件，能把电能转变成光能，常用的有红、橙、黄、绿四种颜色。它与其他发光元件的区别在于有极性，极性不对将不能工作。汽车组合仪表盘上一般将发光二极管用作指示灯和报警灯。

光电二极管又称光敏二极管，它能将光信号转变为电信号。其结构与普通二极管的结构基本相同，只是在它的 PN 结处，通过管壳上的一个玻璃窗口能接收外部的光照。光电二极管的 PN 结在反向偏置状态下运行，其反向电流随光照强度的增加而上升。光电二极管在汽车点火系统和微机控制系统的传感器(如防抱死制动系统采用的减速度传感器)以及发动机转速表的转速传感器中应用较多。

## (二) 整流电路

整流指的是将交流电变成直流电的过程。整流电路是指完成整流功能的电路，即利用具有单向导电性能的整流元件如二极管等，将交流电转换成单向脉动直流电的电路。

### 1. 单相半波整流电路

(1) 工作原理。

单相半波整流电路由整流变压器 T、整流二极管 VD 及负载 $R_L$ 组成，如图 4-7 所示。

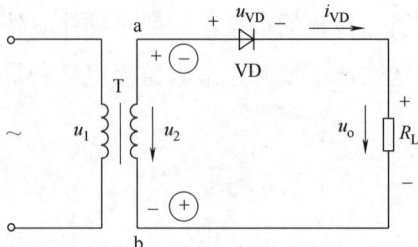

图 4-7　单相半波整流电路

在输入信号的一个周期内，当 $u_2$ 为正半周($u_2 > 0$)时，二极管 VD 承受正向电压而导通，此时有电流流过负载，并且和二极管上的电流相等，即 $i_o = i_{VD}$。忽略二极管的电压降，则负载两端的输出电压等于变压器副边电压，即 $u_o = u_2$，输出电压 $u_o$ 的波形与 $u_2$ 相同。

当 $u_2$ 为负半周($u_2 < 0$)时，二极管 VD 承受反向电压而截止。此时负载上无电流流过，输出电压 $u_o = 0$，变压器副边电压 $u_2$ 全部加在二极管 VD 上。

当输入电压进入下一个周期时，整流电路将重复上述过程。

二极管的单向导电性使得双向的正弦波变成了单向的正弦波的半个周期。这种电路仅获得输入电压 $u_2$ 的半个波，故称半波整流。

单相半波整流电路中，电压与电流的波形如图 4-8 所示。

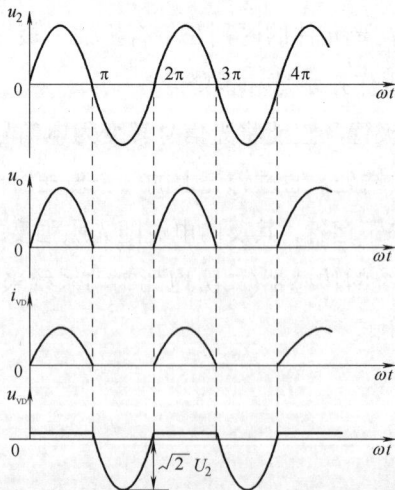

图 4-8　单相半波整流电路中电压与电流的波形

由输出电压 $u_o$ 的波形图可见，它的大小是波动的，但方向不变，称为脉动直流电。

单相半波整流电路的主要技术指标如下。

① 输出电压平均值 $U_{\text{o}}$。

在图 4-8 所示的波形中，负载上得到的整流电压是单方向的，但其大小是变化的，是一个单向脉动的电压，由此可求出其平均电压值为

$$U_{\text{o}} = \frac{1}{2\pi}\int_0^\pi \sqrt{2}U_2 \sin\omega t\,\mathrm{d}(\omega t) = \frac{\sqrt{2}U_2}{\pi} = 0.45U_2$$

② 流过二极管的平均电流 $I_{\text{VD}}$。

由于流过负载的电流就等于流过二极管的电流，所以

$$I_{\text{VD}} = I_{\text{o}} = \frac{U_{\text{o}}}{R_{\text{L}}} = 0.45\frac{U_2}{R_{\text{L}}}$$

③ 二极管承受的最高反向电压 $U_{\text{RM}}$。

在二极管不导通期间，承受反向电压的最大值就是变压器次级电压 $u_2$ 的最大值，即

$$U_{\text{RM}} = \sqrt{2}U_2$$

(2) 电路特点。

单相半波整流电路结构简单，使用元件少，但输出电压脉动大，效率低，所以只能用在对直流电路的波形要求不高的场合。电路中的二极管应满足：额定电压 $U_{\text{RM}}$ 不低于 $\sqrt{2}U_2$，额定电流 $I_{\text{FM}}$ 不低于负载电流 $I_{\text{o}}$。

### 2. 单相桥式整流电路

(1) 工作原理。

单相桥式整流电路由整流变压器 T、整流二极管 $VD_1 \sim VD_4$ 及负载 $R_{\text{L}}$ 组成，如图 4-9 所示。

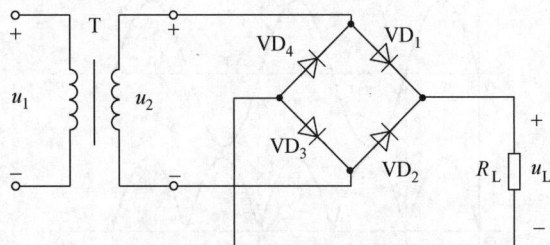

图 4-9 单相桥式整流电路

如图 4-10 所示，在输入信号的一个周期内，当 $u_2$ 为正半周($u_2 > 0$)时，二极管 $VD_1$ 和 $VD_3$ 正向导通，$VD_2$ 和 $VD_4$ 反向截止。电流 $i_1$ 的通路为 A→$VD_1$→$R_{\text{L}}$→$VD_3$→B，这时负载电阻 $R_{\text{L}}$ 上得到一个正弦半波电压。

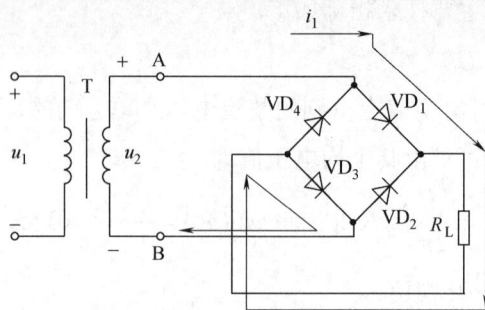

图 4-10 $u_2$ 为正半周时的电流方向

如图 4-11 所示,当 $u_2$ 为负半周($u_2 < 0$)时,二极管 $VD_2$ 和 $VD_4$ 正向导通,$VD_1$ 和 $VD_3$ 反向截止,电流 $i_2$ 的通路为 $B \rightarrow VD_2 \rightarrow R_L \rightarrow VD_4 \rightarrow A$,同样,在负载电阻上得到一个正弦半波电压。

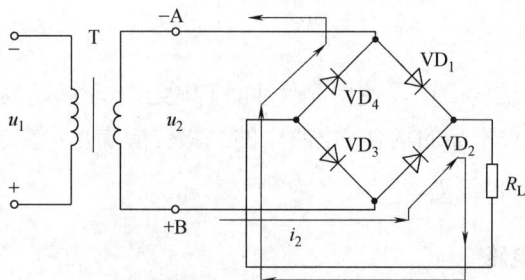

图 4-11 $u_2$ 为负半周时的电流方向

单相桥式整流电路中电压与电流的波形如图 4-12 所示。

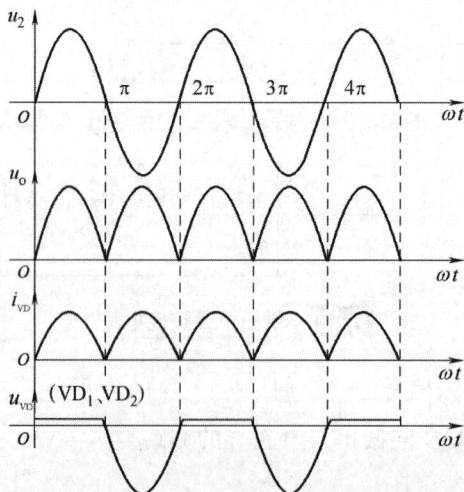

图 4-12 单相桥式整流电路中电压与电流的波形

单相桥式整流电路的简化画法如图 4-13 所示。

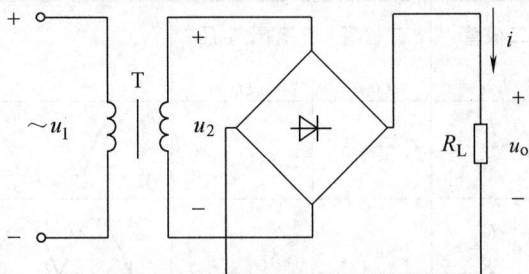

图 4-13 单相桥式整流电路的简化画法

单相桥式整流电路的主要技术指标如下。

① 输出电压平均值 $U_o$。

由以上分析可知，桥式整流电路的输出电压平均值比半波整流时增加一倍，即

$$U_o = 2 \times 0.45U_2 = 0.9U_2$$

② 直流电流 $I_o$。

桥式整流电路通过负载电阻的直流电流也增加一倍，即

$$I_o = \frac{U_o}{R_L} = 0.9\frac{U_2}{R_L}$$

③ 流过二极管的平均电流 $i_{VD}$。

因为每两个二极管串联轮换导通半个周期，因此，每个二极管中流过的平均电流只有负载电流的一半，即

$$i_{VD} = \frac{1}{2}I_o = 0.45\frac{U_o}{R_L}$$

④ 二极管承受的最高反向电压 $U_{RM}$。

当 $VD_1$ 和 $VD_3$ 导通时，如果忽略二极管的正向压降，此时，$VD_2$ 和 $VD_4$ 的阴极接近于 A 点，阳极接近于 B 点，二极管由于承受反压而截止，其最高反压为 $u_2$ 的峰值，即

$$U_{RM} = \sqrt{2}U_2$$

(2) 电路特点。

单相桥式整流电路的输出电压脉动小，效率高，但电路复杂，使用的元件多，适用于对直流电路的波形要求较高的场合。电路中的二极管应满足：额定电压 $U_{RM}$ 不低于 $\sqrt{2}U_2$，额定电流 $I_{FM}$ 不低于负载电流 $\frac{1}{2}I_o$。

### 3. 整流电路性能比较

半波和桥式整流电路的性能比较如表 4-1 所示。

表 4-1　半波和桥式整流电路的性能比较

| 整流方式 | 变压器次级电压 | 二极管 $I_{FM}$ | 二极管 $U_{RM}$ | 输出电压 $U_o$ | 输出波形 |
|---|---|---|---|---|---|
| 半波 | $U_2$ | $0.45\dfrac{U_2}{R_L}$ | $\sqrt{2}U_2$ | $0.45U_2$ | |
| 桥式 | $U_2$ | $0.45\dfrac{U_2}{R_L}$ | $\sqrt{2}U_2$ | $0.9U_2$ | |

在相同的次级电压下,桥式整流与半波整流对二极管的参数要求是一样的,但桥式整流可以获得电压更高、脉动成分更低的输出电压,且变压器利用率高,所以应用更广泛。

## (三) 滤波电路

整流电路可以将交流电转换为直流电,但输出电压的脉动较大。尽管在某些应用中,如电镀、蓄电池充电等,可直接使用脉动直流电源,但许多电子设备则需要平稳的直流电源。因此,在这种电源中,整流电路后面还需加滤波电路将交流成分滤除,以得到比较平滑的输出电压。

滤波通常是利用电容或电感的能量存储功能来实现的。常用的滤波电路有电容滤波、电感滤波和复式滤波等。

### 1. 电容滤波

所谓电容滤波,是指在整流电路与负载间并联一个电容器 $C$。

经过整流得到的脉动直流电具有直流和交流成分,而电容器具有"隔直流,通交流"的特性,这样,交流成分可以通过电容器 $C$ 流动,而直流成分只能通过负载 $R_L$ 流动,从而可在负载 $R_L$ 上得到平滑的直流电压。

(1) 单相半波整流电容滤波电路。

单相半波整流电容滤波电路如图 4-14 所示。

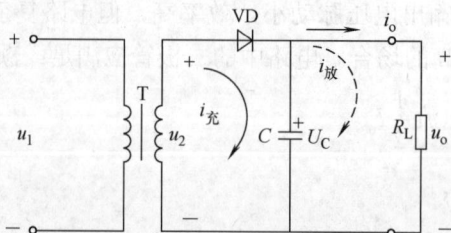

图 4-14　单相半波整流电容滤波电路

工作原理如下。

$u_2 > U_C$ 时：电源向电容器 $C$ 充电。

在 $u_2$ 的正半周，二极管 VD 导通，忽略二极管正向压降，则 $u_o = u_2$，这个电压一方面给电容充电，另一方面产生负载电流 $i_o$，电容 $C$ 上的电压与 $u_2$ 同步增长。

$u_2 < U_C$ 时：电容器 $C$ 通过电阻 $R_L$ 放电。

当 $u_2$ 达到峰值后，开始下降，二极管 VD 截止，电容 $C$ 以指数规律经 $R_L$ 放电，$U_C$ 下降。

充放电过程如图 4-15 所示。当放电到 b 点时，$u_2$ 经负半周后又开始上升，此时 $u_2 > U_C$，电容器再次被充电到峰值。电容 $C$ 再次经 $R_L$ 放电。电路通过这种周期性充放电，达到滤波的效果。

输入输出波形如图 4-16 所示。

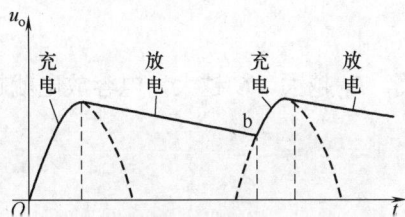

图 4-15 充放电过程

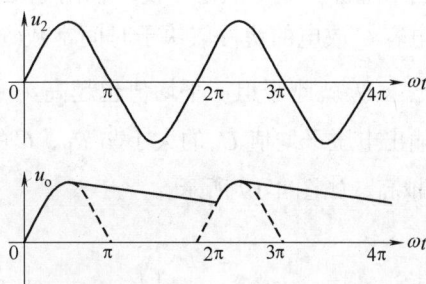

图 4-16 电容滤波的输入输出波形

(2) 单相桥式整流电容滤波电路。

单相桥式整流电容滤波电路如图 4-17 所示。

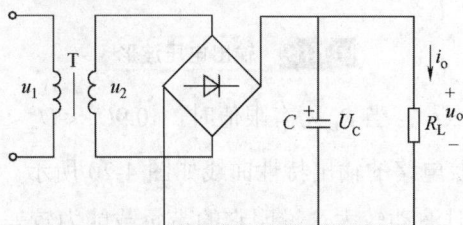

图 4-17 单相桥式整流电容滤波电路

工作原理如下。

$u_2 > U_C$ 时：电源向电容器 $C$ 充电。

在 $u_2$ 的正半周，二极管 $VD_1$、$VD_3$ 导通，忽略二极管正向压降，则 $u_o = u_2$，这个电压一方面给电容充电，另一方面产生负载电流 $i_o$，电容 $C$ 上的电压与 $u_2$ 同步增长。

$u_2 < U_C$ 时：电容器 $C$ 通过电阻 $R_L$ 放电。

当 $u_2$ 达到峰值后，开始下降，二极管 $VD_1$、$VD_3$ 截止，电容 $C$ 以指数规律经 $R_L$ 放电，$U_C$ 下降。

充放电过程如图 4-18 所示。当放电到 b 点时，$u_2$ 在负半周又开始上升，二极管 $VD_2$、$VD_4$ 导通。当 $u_2 > U_C$ 时，电容再次被充电到峰值。$U_C$ 降到 c 点以后，电容 $C$ 再次经 $R_L$ 放电。电路通过这种周期性充放电，达到滤波的效果。

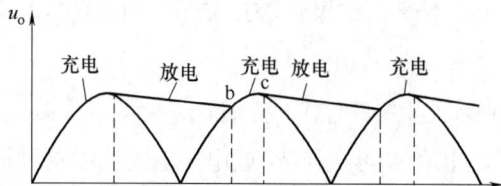

图 4-18    充放电过程

由于电容不断充放电，使得输出电压的脉动性减小，而且输出电压的平均值有所提高。

电容 $C$ 放电的快慢取决于时间常数($\tau = R_L C$)的大小。时间常数越大，电容 $C$ 放电越慢，输出电压 $U_o$ 就越平坦，平均值也越高。

输出电压平均值 $U_o$ 的大小与 $R_L$、$C$ 的大小有关，$R_L$ 越大，$C$ 越大，电容放电就越慢，$U_o$ 就越高，如图 4-19 所示。

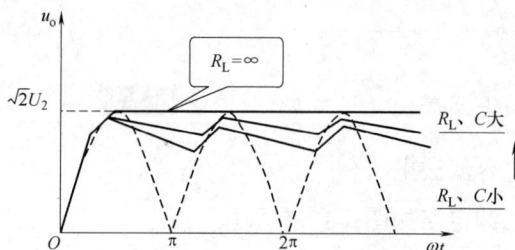

图 4-19    输出电压波形

当 $R_L = \infty$ 时，$U_o = \sqrt{2} U_2$；当 $R_L$ 为有限值时，$0.9 U_2 < U_o < \sqrt{2} U_2$。

单相桥式整流电容滤波电路的输出特性曲线如图 4-20 所示。从图中可见，电容滤波电路的输出电压在负载变化时波动较大，说明它的带负载能力较差，只适用于负载较轻且变化不大的场合。

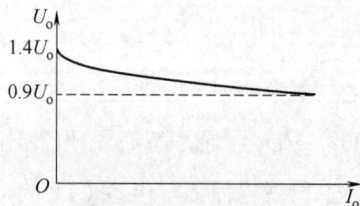

图 4-20    输出特性曲线

在已知负载电阻的情况下，可估算出电容 $C$ 值。

常用如下经验公式估算电容滤波时的输出电压平均值。

半波整流时 $\qquad\qquad\qquad\qquad U_o = U_2$

全波整流时 $\qquad\qquad\qquad\qquad U_o = 1.2U_2$

为获得良好的滤波效果，一般取 $\tau = R_L C \geqslant (5\sim10)T$

其中 $T$ 为电源电压的周期。

二极管整流电路中的滤波电容通常为几百微法到几千微法，需要采用电解电容器。注意：电解电容器有正、负极性，使用时正极必须接高电位端，如果接反，会造成电解电容器的损坏。

### 2．电感滤波

电感滤波是指在整流电路与负载间串入一电感 $L$。

经过整流得到的脉动直流电具有直流和交流成分，而电感具有"阻交流，通直流"的特性，这样，交流成分不能通过电感 $L$，而直流成分可通过电感 $L$ 流动，从而可在负载 $R_L$ 上得到平滑的直流电压。

单相桥式整流电感滤波电路如图 4-21 所示。

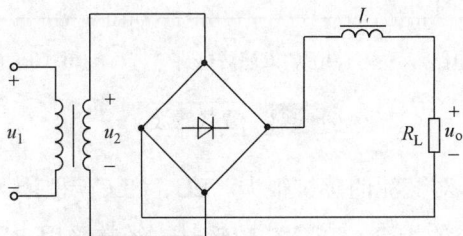

图 4-21 单相桥式整流电感滤波电路

工作原理如下。

整流后的输出电压的直流分量被电感 $L$ 短路$(X_L = 0)$，电感 $L$ 的电阻一般远小于负载 $R_L$，电压大部分降在 $R_L$ 上。

只要 $L$ 足够大，使 $X_L \gg R_L$，则交流分量几乎全部落在电感 $L$ 上，而负载 $R_L$ 上的交流压降很小。

电感越大$(X_L = \omega L \gg R_L)$，滤波效果越好，在输出端可以得到比较平滑的直流电压。

电感滤波电路输出电压平均值一般小于全波整流电路输出电压的平均值，如果忽略电感线圈的铜阻，则输出电压平均值

$$U_o = 0.9U_2$$

虽然电感滤波电路对整流二极管没有电流冲击，但为了达到较好的滤波效果，需使 $L$

值较大。而较大 $L$ 值的铁芯电感,存在体积大、笨重、易产生电磁干扰等缺点。

电感滤波适用于负载电流较大且经常变化的场合。

电感滤波输出波形如图 4-22 所示,波形较平滑。

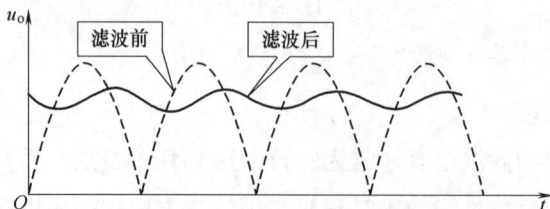

图 4-22　电感滤波输出波形

### 3. 复式滤波

为进一步改善滤波特性,减小输出电压的脉动程度,可将上述滤波电路组合起来使用,如图 4-23 所示。

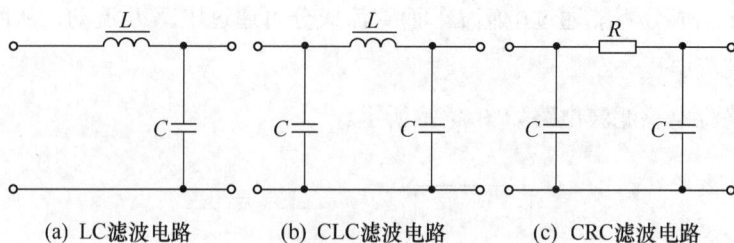

(a) LC滤波电路　　　(b) CLC滤波电路　　　(c) CRC滤波电路

图 4-23　复式滤波

$C$ 对交流的容抗小, $L$ 对交流的感抗很大。LC、CLC(π型)滤波电路适用于负载电流较大,要求输出电压脉动较小的场合。在负载较轻时,经常采用电阻替代笨重的电感,构成 CRC(π型)滤波电路,同样可以获得脉动很小的输出电压。但电阻对交、直流均有压降和功率损耗,故只适用于负载电流较小的场合。

(1) 桥式整流 LC 滤波电路。

桥式整流电感型 LC 滤波电路如图 4-24 所示。

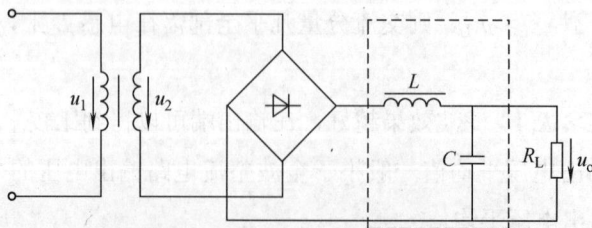

图 4-24　桥式整流电感型 LC 滤波电路

其工作原理为：由于整流输出电压中的交流成分绝大部分落在电感上，电容 $C$ 又对交流接近于短路，故输出电压中交流成分很少，几乎是一个平滑的直流电压。由于整流后先经电感 $L$ 滤波，总特性与电感滤波电路相近，故称为电感型 LC 滤波电路；若将电容 $C$ 平移到电感 $L$ 之前，则为电容型 LC 滤波电路。

(2) 桥式整流 π 型滤波电路。

桥式整流 CLC(π型)滤波电路如图 4-25 所示。

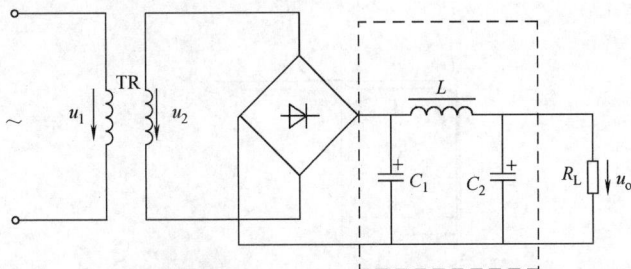

图 4-25 桥式整流 CLC(π型)滤波电路

其工作原理为：整流输出电压先经电容 $C_1$ 滤除了交流成分后，再经电感 $L$ 和滤波电容 $C_2$ 滤波，负载 $R_L$ 上的交流成分极少，因此输出的几乎是平直的直流电压。但由于铁芯电感体积大、笨重、成本高、使用不便，因此，在负载电流不太大而要求输出脉动很小的场合，可将铁芯电感换成电阻，即为 CRC(π型)滤波电路。电阻 $R$ 对交流和直流成分均产生压降，故会使输出电压下降，但只要 $R_L \gg 1/(\omega C_2)$，那么电容 $C_1$ 滤波后的输出电压的绝大多数就会降在电阻 $R_L$ 上。$R_L$ 及 $C_2$ 越大，滤波效果越好。

## (四) 稳压管的特性

### 1. 稳压管

硅稳压管也是一种面结合型的硅二极管，其图形符号如图 4-26 所示。

图 4-26 稳压管的图形符号

它的外形与小功率的整流二极管相同，内部也有一个 PN 结，其正向特性与普通硅二极管一样。但由于硅稳压管的掺杂重，它的击穿电压值一般比普通二极管低得多，因而使它具有特殊的反向特性。

## 2. 稳压原理

图 4-27 所示为硅稳压管的特性曲线。由于其反向特性陡直,较大的电流变化只会引起较小的电压变化,因此常利用稳压管的反向击穿特性来实现稳压的效果。

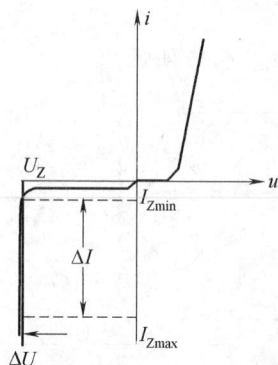

图 4-27　硅稳压管的特性曲线

整流二极管是不能工作在反向击穿区的,否则二极管会损坏而失去其单向导电性。硅稳压管则不同,它恰恰是工作在反向击穿区的。由伏安特性曲线上可以看出,当加在稳压管上的反向电压较低时,反向漏电流很小;当反向电压增高到击穿电压时,硅稳压管即被击穿,反向电流迅速增加。但只要在外电路上采取限流措施,使反向击穿电流与击穿电压的乘积不超过稳压管允许的功耗,稳压管就不会损坏。当外加电压撤除后,稳压管的 PN 结仍可恢复其单向导电性,即稳压管的击穿是可逆的。

稳压管的主要参数如下。

(1) 稳定电压 $U_Z$。

$U_Z$ 是指稳压管在电路中正常工作时两端的反向击穿电压。由于制造工艺不易控制,同一型号稳压管的稳定电压也有些差别。例如 2CW54 型硅稳压管的稳定电压在 5.5~6.5V 之间。就是说,把这种型号的某个稳压管接在电路中,它可能稳定在 5.5V,换上另一只同型号的,又可能稳定在 6V。使用时可根据需要进行测试挑选。对每一个稳压管而言,它只有一个确定的稳压值。当然,这个稳压值还会随它所通过电流的大小而稍有微小的变化。

(2) 稳定电流 $I_Z$。

$I_Z$ 是指当稳压管两端的电压等于稳定电压时,稳压管中通过的反向电流。例如 2CW54 型硅稳压管的 $I_Z$ 为 10mA。通常要求稳压管的工作电流要大于或等于 $I_Z$,从而使电路有较好的稳压效果。

(3) 最大稳定电流 $I_{ZM}$。

$I_{ZM}$ 是指稳压管最大允许的工作电流,若超过此电流,稳压管可能因过热而损坏。

(4) 最大耗散功率 $P_{ZM}$。

$P_{ZM}$ 是指稳压管不致因过热而损坏的最大耗散功率，即

$$P_{ZM} \approx U_Z I_{ZM}$$

(5) 动态电阻 $r_Z$。

$r_Z$ 是反映稳压性能好坏的一个参数。它等于稳压管两端电压的变化量与对应的电流变化量之比，即

$$r_Z = \frac{\Delta U_Z}{\Delta I_Z}$$

动态电阻越小，说明反向特性曲线越陡，稳压管的稳压性能越好。

## (五) 直流稳压电源

### 1. 直流稳压电源的组成

直流稳压电源的组成方框图如图 4-28 所示。

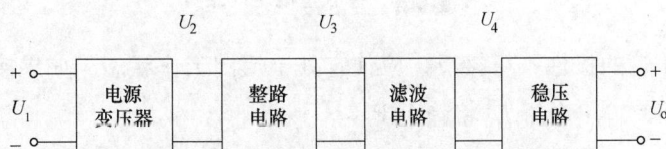

图 4-28 直流稳压电源的组成方框图

各部分的作用如下。

(1) 变压器：将 AC 220V/50Hz 的交流电变换为直流电源所需的次级电压。

(2) 整流电路：将正弦波电压转换成单一方向的脉动电压。

(3) 滤波电路：滤掉交流分量，保留直流分量，使电压平滑。

(4) 稳压电路：使输出电压稳定，不随负载变化或电网电压波动而变化。

各部分的输出波形如图 4-29 所示。

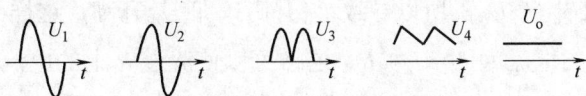

图 4-29 各部分的输出波形

通过前述的整流和滤波电路，虽然能把交流输入电压转变为比较平滑的直流输出电压，但交流电网电压的波动和负载的变化仍然会造成输出直流电压的不稳定。而在许多电子设备(如精密测量仪器、自动控制以及电子计算装置等)中却要求使用输出电压很稳定的直流电源供电，否则将造成测量、计算的误差，引起自动控制的误动作，无法正常工作。为此，

在整流和滤波电路的后面通常加有稳压电路,从而构成直流稳压电源,以保证在交流电网电压波动或负载在一定范围内变化时,输出的直流电压能基本上自动保持恒定。

**2. 稳压管稳压电路**

目前,中小功率设备中广泛使用的稳压电源通常采用并联型稳压电路、串联型稳压电路、集成稳压电路及开关型稳压电路。

(1) 并联型稳压电路。

硅稳压管组成的并联型稳压电路如图 4-30 所示,经整流滤波后得到的直流电压作为稳压电路的输入电压 $U_i$,限流电阻 $R$ 和稳压管 VS 组成稳压电路,输出电压 $U_o=U_Z$。

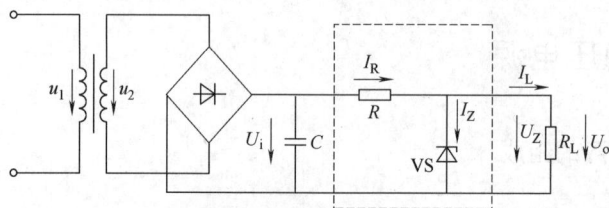

图 4-30　并联型稳压电路

注意:硅稳压管的极性不可接反,应使它处于反向工作状态。如果接错,硅稳压管正向导通而造成短路,输出电压 $U_o$ 将趋近于零。

在这种电路中,不论是电网电压波动还是负载电阻 $R_L$ 的变化,稳压管稳压电路都能起到稳压作用,因为 $U_Z$ 基本恒定,而 $U_o=U_Z$。

下面从两个方面来分析其稳压原理。

① 设 $R_L$ 不变,电网电压升高使 $U_i$ 升高,导致 $U_o$ 升高,而 $U_o=U_Z$。根据稳压管的特性,当 $U_Z$ 升高一点时,$I_Z$ 将会显著增加,这样必然使电阻 $R$ 上的压降增大,吸收了 $U_i$ 的增加部分,从而保持 $U_o$ 不变。反之亦然。即

$$U_i\uparrow\ \xrightarrow{U_o=U_i-U_R}\ U_o\uparrow=U_Z\uparrow\to I_Z\uparrow\ \xrightarrow{I_R=I_L+I_Z}\ I_R\uparrow\to U_R\uparrow$$

② 设电网电压不变,当负载电阻 $R_L$ 阻值增大时,$I_L$ 减小,限流电阻 $R$ 上的压降 $U_R$ 将会减小。由于 $U_o=U_Z=U_i-U_R$,所以导致 $U_o$ 升高,即 $U_Z$ 升高,这样必然使 $I_Z$ 显著增加。由于流过限流电阻 $R$ 的电流为 $I_R=I_Z+I_L$,这样可以使流过 $R$ 上的电流基本不变,导致压降 $U_R$ 基本不变,则 $U_o$ 也就保持不变。反之亦然。即

$$R_L\uparrow\to I_L\downarrow\ \xrightarrow{I_R=I_L+I_Z}\ I_R\downarrow\to U_R\downarrow\ \xrightarrow{U_Z=U_i-U_R}\ U_Z(U_o)\uparrow\to I_Z\uparrow$$

在实际使用中,这两个过程是同时存在的,而两种调整也同样存在。因而无论电网电压波动还是负载变化,都能起到稳压作用。这一调整作用和限流电阻上电压降的补偿作用,可以使 $U_o$ 保持稳定。这种电路称为并联型稳压电路,它仅适用于负载电流较小的场合。

稳压电路参数的确定过程如下。

稳压管参数一般取

$$U_Z = U_o \qquad I_{Zmax} = (1.5 \sim 3)I_{omax}$$
$$U_i = (2 \sim 3)U_o$$

限流电阻的计算：稳压电路要输出稳定电压，必须保证稳压管正常工作，因此必须根据电网电压和负载电阻 $R_L$ 的变化范围，正确地选择限流电阻 $R$ 的大小。

当输入电压最小，负载电流最大时，流过稳压二极管的电流最小。此时 $I_Z$ 不应小于 $I_{Zmin}$，由此可计算出稳压电阻的最大值。即

$$R_{max} = \frac{U_{imin} - U_Z}{I_{Zmin} + I_{omax}}$$

当输入电压最大，负载电流最小时，流过稳压二极管的电流最大。此时 $I_Z$ 不应超过 $I_{Zmax}$，由此也可计算出稳压电阻的最小值。即

$$R_{min} = \frac{U_{imax} - U_Z}{I_{Zmax} + I_{omin}}$$

所以，限流电阻 $R$ 的取值范围为

$$\frac{U_{imax} - U_Z}{I_{Zmax} + I_{omin}} < R < \frac{U_{imin} - U_Z}{I_{Zmin} + I_{omax}}$$

并联型稳压电路的缺点是：带负载能力差，且输出电压不可调。相应的改进措施如下。

① 提高带负载能力——在输出端加一射极输出器。

② 使输出电压可调——在射极输出器前加一带有负反馈的放大器。

(2) 串联型稳压电路。

并联型稳压电路可以使输出电压稳定，但稳压值不能随意调节，而且输出电流很小。对于并联型稳压电路，有 $I_{omax} = (1/3 \sim 2/3)I_{Zmax}$，而 $I_{Zmax}$ 一般只有 $20 \sim 40\text{mA}$。因此，为了加大输出电流，使输出电压可调节，常用串联型稳压电路，其框图如图 4-31 所示。

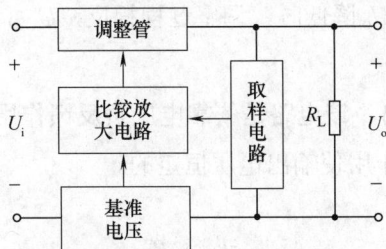

图 4-31　串联型稳压电路的框图

串联型稳压电路由四部分组成：基准电压、调整管、取样电路、比较放大电路。下面分别介绍分立元件的串联型稳压电路和集成运算放大器的串联型稳压电路。

① 分立元件的串联型稳压电路如图 4-32 所示。

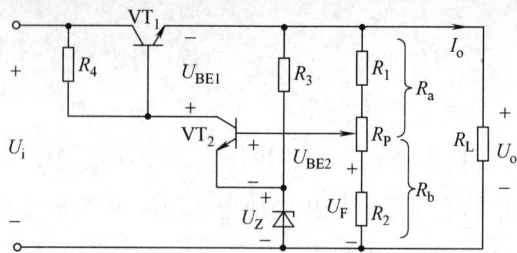

图 4-32　分立元件的串联型稳压电路

图 4-32 中，各组成部分的作用如下。

- 取样电路：由 $R_1$、$R_P$、$R_2$ 组成的分压电路构成，它将输出电压 $U_o$ 分出一部分作为取样电压 $U_F$，送到比较放大环节。
- 基准电压：由稳压二极管 VS 和电阻 $R_3$ 构成的稳压电路组成，它为电路提供一个稳定的基准电压 $U_Z$，作为调整、比较的标准。
- 比较放大电路：由 $VT_2$ 和 $R_4$ 构成的直流放大器组成，其作用是将取样电压 $U_F$ 与基准电压 $U_Z$ 之差放大后去控制调整管 $VT_1$。
- 调整管：由工作在线性放大区的功率管 $VT_1$ 组成，$VT_1$ 的基极电流 $I_{B1}$ 受比较放大电路输出的控制，它的改变又可使集电极电流 $I_{C1}$ 和集、射电压 $U_{CE1}$ 改变，从而达到自动调整稳定输出电压的目的。

该电路的工作原理为：当输入电压 $U_i$ 或输出电流 $I_o$ 变化引起输出电压 $U_o$ 增加时，取样电压 $U_F$ 相应增大，使 $VT_2$ 管的基极电流 $I_{B2}$ 和集电极电流 $I_{C2}$ 随之增加，$VT_2$ 管的集电极电位 $U_{C2}$ 下降，因此 $VT_1$ 管的基极电流 $I_{B1}$ 下降，使得 $I_{C1}$ 下降，$U_{CE1}$ 增加，$U_o$ 下降，从而使 $U_o$ 保持基本稳定。即

$$U_o \uparrow \rightarrow U_F \uparrow \rightarrow I_{B2} \uparrow \rightarrow I_{C2} \uparrow \rightarrow U_{C2} \downarrow \rightarrow I_{B1} \downarrow \rightarrow U_{CE1} \uparrow$$
$$U_o \downarrow \longleftarrow$$

同理，当 $U_i$ 或 $I_o$ 变化使 $U_o$ 降低时，调整过程相反，$U_{CE1}$ 将减小，从而使 $U_o$ 保持基本不变。

从上述调整过程可以看出，该电路是依靠电压负反馈作用来稳定输出电压的。稳压的实质是通过 $U_{CE1}$ 的自动调节作用使输出电压恒定的。

电路的输出电压为

$$U_o = \frac{R_a + R_b}{R_b} U_Z$$

用电位器 $R_P$ 可以调节输出电压 $U_o$ 的大小，但 $U_o$ 必需大于等于 $U_Z$。

② 集成运算放大器的串联型稳压电路如图 4-33 所示。

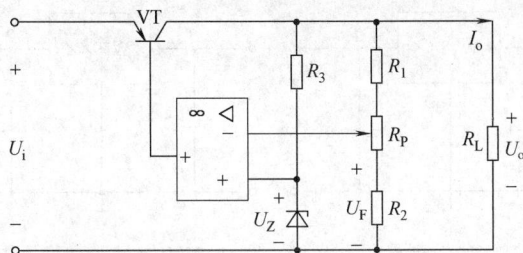

图 4-33  集成运算放大器的串联型稳压电路

其电路工作原理及输出电压的计算与前述分立元件的串联型稳压电路完全相同，唯一不同的是电路的放大环节采用集成运算放大器而不是晶体三极管。

集成稳压电路是将稳压电路的主要元件甚至全部元件制作在一块硅基片上的集成电路，因而具有体积小、使用方便、工作可靠等特点。

集成稳压器的种类很多，作为小功率的直流稳压电源，应用最为普遍的是三端式串联型集成稳压器。三端式是指稳压器仅有输入端、输出端和公共端 3 个接线端子，如 W78×× 和 W79×× 系列稳压器。W7800 系列产品为输出正电压的固定三端集成稳压器。W7900 系列产品为输出负电压的三端固定集成稳压器。

W78×× 系列产品的输出正电压有 5V、6V、8V、9V、10V、12V、15V、18V、24V 等多种，若要获得负输出电压，选 W79×× 系列即可。例如 W7805 输出+5V 电压，W7905 则输出-5V 电压。这类三端稳压器在加装散热器的情况下，输出电流可达 1.5～2.2A，最高输入电压为 35V，最小输入、输出电压差为 2～3V，输出电压变化率为 0.1%～0.2%。

三端固定式集成稳压器的外形及管脚排列如图 4-34 所示。其中，1 脚为公共端，2 脚为输出端，3 脚为输入端。

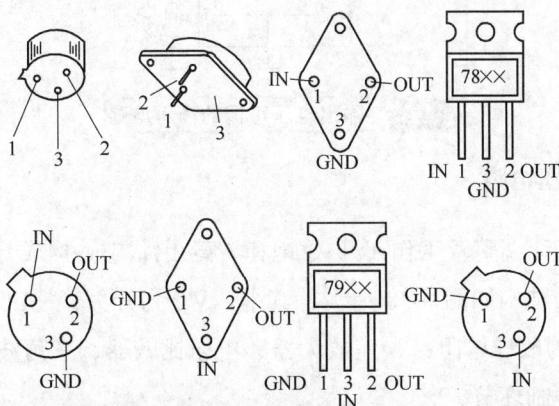

图 4-34  三端固定式集成稳压器的外形及管脚排列

其基本的使用电路如图 4-35 所示。

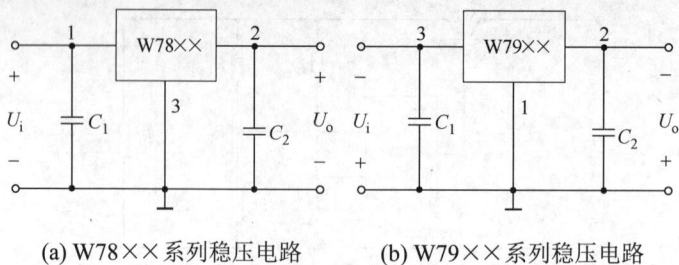

(a) W78×× 系列稳压电路　　　　(b) W79×× 系列稳压电路

图 4-35　基本电路

其典型应用如下。

能同时输出正、负电压的稳压电路，如图 4-36 所示。

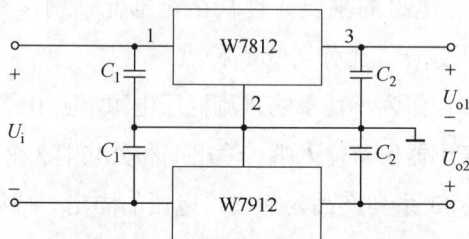

图 4-36　输出正、负电压的稳压电路

输出电压可调的稳压电路，如图 4-37 所示。

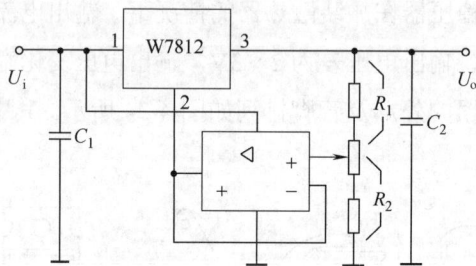

图 4-37　输出电压可调的稳压电路

### 3. 集成开关式稳压电路

为了提高效率，可让调整管工作在开关(饱和、截止)状态，构成开关式稳压电路。脉宽调制式开关稳压电路的结构如图 4-38 所示。其中，VT 为开关管；LC 是滤波环节；VD 为续流二极管，$R_1$、$R_2$ 为取样电阻；误差放大器、电压比较器、三角波发生器和基准电源组成开关管的脉宽调制控制环节。

当 $u_s$ 为高电平时，VT 饱和。$u_E \approx U_i$。电感 $L$ 储存能量。二极管 VD 反向截止。

当 $u_s$ 为低电平时，VT 截止。$i_E \approx 0$。$L$ 产生反电势，并通过 $R_L$、VD 构成的回路释放能量。由于反电势的存在，VD 处于导通状态。$u_E \approx 0$。

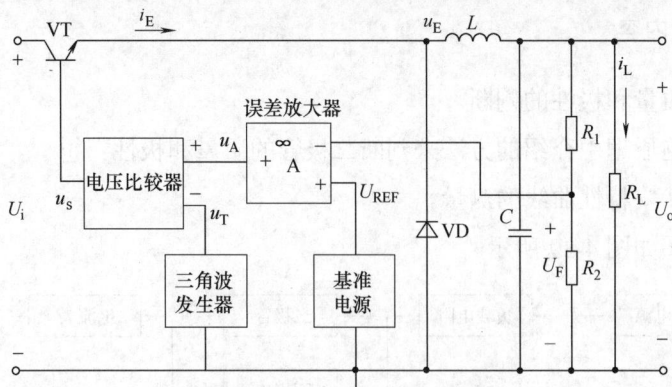

图 4-38　集成开关式稳压电路

## 二、项目实施

### (一) 二极管测试

#### 1．项目实施目的

(1) 认识二极管的特征和判别二极管的极性。

(2) 测量二极管的正向伏安特性曲线。

#### 2．项目实施器材

本项目实施器材包括：二极管 1N4004 和 1N4007 若干(好的和坏的)、连接电阻和导线、数字万用表、电流表，以及可调式直流电源。

#### 3．项目实施原理

(1) 二极管质量的判断。

利用数字万用表的二极管挡位测量二极管。若将红表笔接二极管正极，黑表笔接二极管负极，则二极管处于正偏，阻值一般在 400~800Ω左右，万用表有一定数值显示。若将红表笔接二极管负极，黑表笔接二极管正极，则二极管处于反偏，万用表高位显示为"1"或很大的数值时，说明二极管是好的。在测量时，若两次的数值均很小，则二极管内部短路；若两次测得的数值均很大或高位为"1"，则二极管内部开路。

(2) 测量二极管的正向伏安特性曲线。

二极管的正向伏安特性显示为非线性电阻的伏安特性。利用万用表测量二极管两端的电压和流过二极管的电流，再利用欧姆定律，可以测得二极管的非线性电阻特性。

### 4．项目实施内容

(1) 二极管质量和极性的判断。

按照项目实施原理中介绍的方法来判断二极管的质量和极性。

(2) 二极管伏安特性曲线的测量。

实验电路框图如图 4-39 所示。

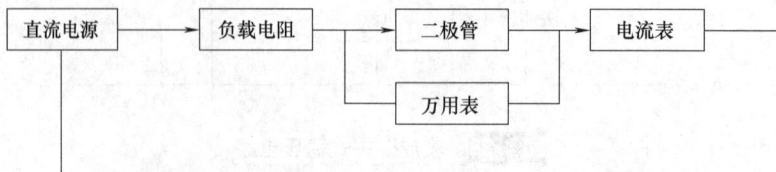

图 4-39 测量二极管伏安特性曲线的实验电路框图

具体实施步骤如下。

① 按图 4-39 连接电路，选择已判断正确的二极管 1N4004 进行测试。

② 调整直流电源，使得万用表指示为 0.35V，将此时的电流表读数记录于表 4-2 中。

表 4-2 实验数据记录

| 二极管正向电压(V) | 0.35 | 0.40 | 0.45 | 0.50 | 0.51 | 0.52 | 0.53 | 0.54 |
|---|---|---|---|---|---|---|---|---|
| 1N4004 电流(mA) | | | | | | | | |
| 1N4007 电流(mA) | | | | | | | | |
| 二极管正向电压(V) | 0.55 | 0.56 | 0.57 | 0.58 | 0.59 | 0.60 | 0.61 | 0.62 |
| 1N4004 电流(mA) | | | | | | | | |
| 1N4007 电流(mA) | | | | | | | | |
| 二极管正向电压(V) | 0.63 | 0.64 | 0.65 | 0.66 | 0.67 | 0.68 | 0.69 | 0.70 |
| 1N4004 电流(mA) | | | | | | | | |
| 1N4007 电流(mA) | | | | | | | | |

③ 调整外加直流电源电压，按表 4-2 的要求依次调节万用表至各所需数据，并在表 4-2 中记录电流表的读数。

④ 选用二极管 1N4007 重新完成测试。

⑤ 在图 4-40 中描绘两只二极管的伏安特性曲线。

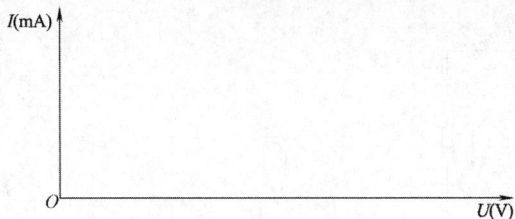

图 4-40 二极管的伏安特性曲线

### 5. 分析与思考

说明二极管的正确使用方法。

## (二) 整流滤波电路

### 1. 项目实施目的

(1) 认识整流电路的特性。

(2) 掌握滤波电路中各参数变化对于输出的影响。

(3) 掌握测量整流滤波输出信号的波形和电压有效值的方法。

### 2. 项目实施器材

本项目实施器材包括：交流信号源、数字示波器、数字万用表、二极管 1N4004 四只、电阻(5.1kΩ)、电容(1μF、2.2μF、10μF)和连接导线。

### 3. 项目实施原理

整流电路和滤波电路的原理详见本项目中的介绍。

### 4. 项目实施内容

(1) 半波整流电路实验。

半波整流电路实验的具体步骤如下。

① 按图 4-41 所示搭接实验电路。

② 在表 4-3 中描绘电路输出波形。

③ 测量电路输出的电压值，记录于表 4-3 中。

(2) 桥式整流电路实验。

桥式整流电路实验的具体步骤如下。

① 按图 4-42 所示搭接实验电路。

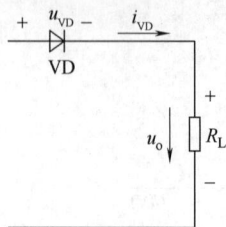

图 4-41　半波整流实验电路

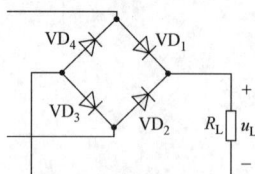

图 4-42　桥式整流实验电路

表 4-3　测量数据及波形图

| 实验内容 | 波形描绘 |
|---|---|
| 信号源　50Hz，20V 峰-峰值<br>电压有效值： | |
| 单相半波整流电路<br>电压输出值： | |
| 桥式整流电路<br>电压输出值： | |
| 桥式整流滤波电路，$R_L$=5.1kΩ | |

| 电容(μF) | 时间常数 | 输出电压值 |
|---|---|---|
| $C_1$=1 | | |
| $C_2$=2.2 | | |
| $C_3$=10 | | |

② 在表 4-3 中描绘电路输出波形。

③ 测量电路输出的电压值，记录于表 4-3 中。

(3) 滤波电路实验。

滤波电路实验的具体步骤如下。

① 按图 4-43 所示搭接实验电路。

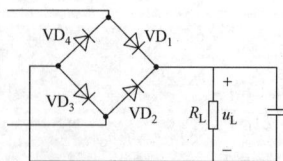

图 4-43　滤波实验电路

② 根据表 4-3 所示的要求，调整电路中的电容参数。电容 C 放电的快慢取决于时间常数($\tau = R_L C$)的大小。时间常数越大，电容 C 放电越慢，输出电压 $U_o$ 就越平坦，平均值也越高。项目中安排三个不同电容进行滤波实验，可以对输出信号波形进行比对。

③ 测量各参数下实验电路的输出电压值，填入表 4-3 中。

④ 在表 4-3 中描绘电路输出波形。

## 小结

本章首先介绍了二极管的基本结构和单向导电性，然后介绍了整流滤波和稳压电路的基本结构和应用。通过整流，可获得脉动的直流电，滤波电路的任务是尽可能抑制脉动直流电中的交流成分，使负载获得平滑的直流电，而通过稳压，能获得所期望的稳定的直流电压。

本章要求掌握整流滤波和稳压电路的基本结构，能正确分析和判断电路的基本应用原则。

## 思考题及习题

1. 什么是半导体？N型半导体和P型半导体中的多数载流子各是什么？

2. 什么是PN结？试述PN结的单向导电性。

3. 图4-44所示电路中，当开关S闭合后，$H_1$、$H_2$两个指示灯中哪一个可能发光？

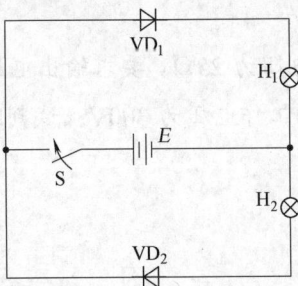

图 4-44　习题 3 的电路图

4. 图4-45所示电路中的二极管为理想二极管，试判断它们是否导通，并求出 $u_o$。

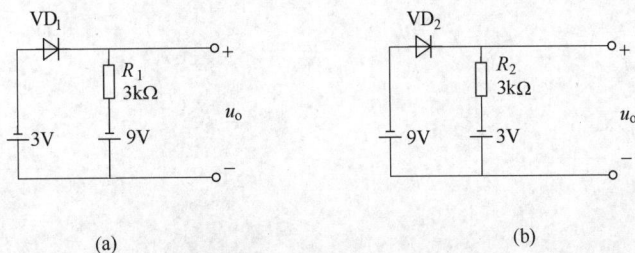

图 4-45　习题 4 的电路图

5. 已知硅二极管的开启电压为0.5V，饱和导通电压为0.7V，反向击穿电压为50V。试画出其特性曲线。

6. 怎样用万用表判别二极管的正负极和性能好坏?

7. 单相半波整流电路的变压器次级电压为18V,负载电阻为20Ω。

试求: (1)整流输出电压; (2)通过整流二极管的电流和整流二极管承受的最高反向电压。

8. 图4-46所示的电路要求接成单相桥式整流电路,问交流电源、负载应分别接在哪两个端子上?

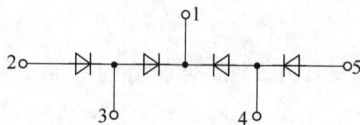

图 4-46　习题 8 的电路图

9. 在单相桥式整流电路中,若有一个二极管短路或反接,电路又会出现什么现象?

10. 有一个电阻性负载,需要电压110V、电流3A的直流电源供电,现采用单相桥式整流电路,试求电源变压器副绕组的电压有效值,并选择整流二极管的型号。

11. 试设计一台输出电压为24V,输出电流为1A的直流电源,电路形式可采用半波整流或桥式整流,试确定两种电路形式的变压器副边绕组的电压有效值,并选定相应的整流二极管。

12. 桥式整流电路中,负载电阻为25Ω,要求输出电压为100V。现有二极管2CZ12C,其最大整流电流为3A,最高反向工作电压为300V。试判断该电路中是否可以用2CZ12C作为整流二极管。

# 项目五　基本放大电路

## 【知识要求】

- ◉ 掌握三极管的结构和特性。
- ◉ 掌握单管共发射极放大电路的组成和特性。
- ◉ 掌握放大电路的测试方法。
- ◉ 掌握集成运算放大器的基本应用。

## 【能力要求】

- ◉ 掌握三极管、单管放大电路、集成运算放大电路的测试方法。
- ◉ 熟练使用各种测试仪表。

## 一、相关知识

### (一) 认识三极管

#### 1. 三极管的外形、结构和类型

常见三极管的外形如图 5-1 所示。三极管是由两个 PN 结构成的一种半导体器件，按 PN 结的组合方式分为 NPN 型和 PNP 型，它们的内部结构与符号如图 5-2 所示。由图可知，三极管内部有三个区：发射区、基区和集电区，由三个区相应引出的三个电极为：发射极 e，基极 b 和集电极 c；发射区与基区之间形成的 PN 结称为发射结，集电区与基区形成的 PN 结称为集电结。

图 5-1　常见三极管的外形

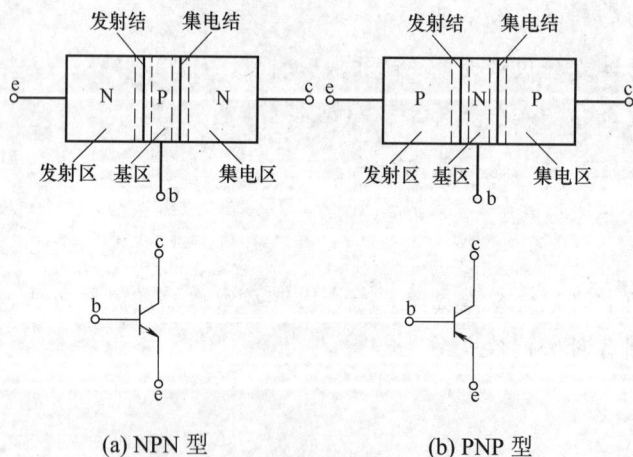

图 5-2　三极管的内部结构与符号

(a) NPN 型　　　　(b) PNP 型

为使三极管具有电流放大作用，在制造过程中必须满足实现放大的内部结构条件，包括以下三点。

(1) 发射区掺杂浓度高，以利于发射载流子。

(2) 基区很薄且掺杂浓度低，以利于载流子通过。

(3) 集电区的面积大且掺杂浓度低，以利于收集载流子。

由此可见，三极管并非两个 PN 结的简单组合。在放大电路中，不可将发射极和集电极

颠倒使用。

　　三极管的类型较多，除了按内部结构分为 NPN 型管和 PNP 型管以外，按功率不同，可分为小功率管、中功率管和大功率管；按用途不同，又可分为放大管和开关管等；按制造材料不同，还可分为硅管和锗管。

　　目前 NPN 型管多数为硅管，PNP 型管多数为锗管。由于硅三极管的温度特性较好，应用最为广泛，在汽车电子调节器、点火器、燃油喷射控制器等中都大量采用，故我们在这里仅对硅 NPN 型三极管及其构成的放大电路进行分析，这些结论对 PNP 型三极管同样适用。

### 2．三极管的电流放大作用

　　NPN 型三极管的实验电路如图 5-3 所示，图中，$I_B$ 为基极电流，$I_C$ 为集电极电流，$I_E$ 为发射极电流，它们的方向如图中箭头所示。$U_{BE}$ 为发射结的正偏电压，$U_{CE}$ 为集电极与发射极之间的电压。调节实验电路的电位器 $R_P$ 可以改变 $U_{BE}$ 并产生相应的基极电流 $I_B$，而 $I_B$ 的变化又将引起 $I_C$ 和 $I_E$ 的变化。每产生一个 $I_B$ 值，就有一组 $I_C$ 和 $I_E$ 值与之对应，该实验所得数据如表 5-1 所示。

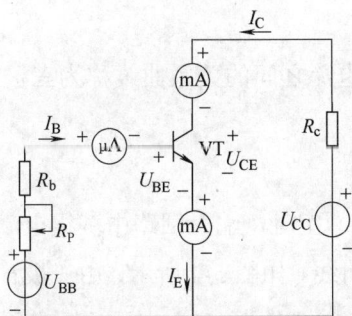

图 5-3　三极管电流分配实验电路

表 5-1　三极管三个电极上的电流分配

| | 1 | 2 | 3 | 4 | 5 | 6 |
|---|---|---|---|---|---|---|
| $I_B$(mA) | 0 | 0.02 | 0.04 | 0.06 | 0.08 | 0 |
| $I_C$(mA) | 0.01 | 1.60 | 3.20 | 4.78 | 5.82 | 0.01 |
| $I_E$(mA) | 0.01 | 1.62 | 3.24 | 4.84 | 5.90 | 0.01 |

　　(1)　分析表 5-1 中的数据可得到以下结论。

　　①　三极管各极的电流分配关系为：$I_E = I_B + I_C$，即发射极电流等于基极电流与集电极电流之和。因为 $I_E \gg I_B$，所以：$I_E \approx I_C$。

　　②　在一定范围内，基极电流 $I_B$ 增大时，集电极电流 $I_C$ 也相应增大，通常把 $I_C$ 与 $I_B$ 的比值称为直流电流放大系数，用 $\overline{\beta}$ 表示，它反映了三极管的电流放大能力。即 $\overline{\beta} \approx \dfrac{I_C}{I_B}$。

③ 在一定范围内，当基极电流 $I_B$ 有微小变化时，就能引起集电极电流 $I_C$ 的较大变化，这就是三极管的电流放大作用。集电极电流的变化量 $\Delta I_C$ 与相应的基极电流变化量 $\Delta I_B$ 的比值称为三极管的交流电流放大系数，用 $\beta$ 表示：$\beta = \dfrac{\Delta I_C}{\Delta I_B}$。

从表 5-1 中的数据可得，$I_B$ 从 0.02mA 增大到 0.04 mA 时，$I_C$ 从 1.60mA 增大到 3.20mA，则 $\beta = \dfrac{\Delta I_C}{\Delta I_B} = \dfrac{3.20-1.60}{0.04-0.02} = 80$，说明此时三极管 $I_C$ 的变化量为 $I_B$ 的变化量的 80 倍。

一般情况下，$\overline{\beta} \approx \beta$。

(2) 从以上结果可得出以下结论。

① 三极管的电流放大作用就是基极电流 $I_B$ 的微小变化控制了集电极电流 $I_C$ 较大的变化。

② 三极管放大电流时，被放大的 $I_C$ 是由电源 $U_{CC}$ 提供的，并不是三极管自身生成的，放大的实质是小信号对大信号的控制作用。

③ $\beta$ 的数值越大，三极管的电流放大作用就越大。

### 3. 三极管的特性

三极管各个电极上电压和电流之间的关系曲线称为三极管的特性曲线，包括输入特性曲线和输出特性曲线。

(1) 输入特性曲线。

当集电极-发射极电压 $U_{CE}$ 一定时，输入回路中基极电流 $I_B$ 与基极-发射极电压 $U_{BE}$ 之间的关系曲线被称为输入特性曲线。如图 5-4 所示，由三极管的输入特性曲线可看出：三极管的输入特性曲线是非线性的，输入电压 $U_{BE}$ 小于死区电压时，三极管不导通，基极电流为零。对于硅管，其死区电压约为 0.5V，锗管约为 0.2V。当 $U_{BE}$ 大于死区电压后，三极管开始导通，且 $I_B$ 随 $U_{BE}$ 增加而增加。当三极管正常放大时，工作在较陡直线的区段，发射结压降变化不大，此时 $U_{BE}$ 近似为一个常数，称为导通压降。通常硅管约为 0.7V，锗管约为 0.3V。

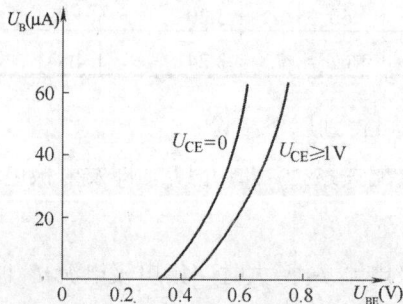

图 5-4 NPN 管共发射极输入特性曲线

(2) 输出特性曲线。

当基极电流 $I_B$ 一定时,输出回路中的集电极电流 $I_C$ 与集电极-发射极电压 $U_{CE}$ 之间的关系曲线称为输出特性曲线,如图 5-5 所示。

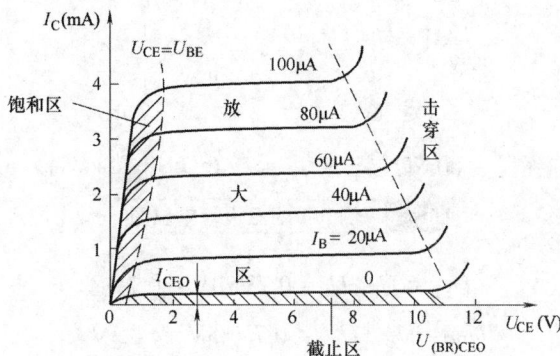

图 5-5 NPN 管共发射极输出特性曲线

输出特性曲线分为三个区域:截止区、饱和区和放大区。

① 截止区。$I_B = 0$ 曲线以下的区域称为截止区,此区域内,三极管处于截止状态,相当于一个断开的开关。三极管处于截止状态的条件是三极管发射结反偏或零偏,集电结反偏。

② 饱和区。在 $U_{CE}$ 较小时,特性曲线上升段拐点连接线左侧区域为饱和区。此区域内,三极管处于饱和状态,$I_C$ 不随 $I_B$ 的变化而变化,且 $U_{CE}$ 数值较小,相当于一个接通的开关。三极管饱和时的 $U_{CE}$ 称为饱和压降,硅管约为 0.3V,锗管约为 0.1V。三极管处于饱和状态的条件是三极管发射结和集电结均处于正偏。

③ 放大区。截止区和饱和区之间的区域为放大区。此区域内,$I_C$ 受 $I_B$ 的控制而变化,$\Delta I_C = \beta \Delta I_B$,此时三极管具有电流放大作用。三极管处于放大状态的条件是三极管发射结正偏,集电结反偏。

综上所述,三极管工作在放大状态时,具有电流放大作用;三极管工作在截止和饱和状态时,具有开关作用。

如表 5-2 所示,三极管的工作状态可以根据三极管各级的电位来判断。

表 5-2 三极管的三种工作状态表

| 状 态 | 外加偏置 | NPN | PNP |
|---|---|---|---|
| 放大状态 | 发射结正偏 | $U_{BE} > 0V$ | $U_{BE} < 0V$ |
| | 集电结反偏 | $U_{BC} < 0V$ | $U_{BC} > 0V$ |
| 饱和状态 | 发射结正偏 | $U_{BE} > 0V$ | $U_{BE} < 0V$ |
| | 集电结正偏 | $U_{BC} > 0V$ | $U_{BC} < 0V$ |
| 截止状态 | 发射结零偏或反偏 | $U_{BE} < 0V$ | $U_{BE} > 0V$ |
| | 集电结反偏 | $U_{BC} < 0V$ | $U_{BC} > 0V$ |

**例 5-1**　根据图 5-6 中三极管各极的电位，判断三极管处于何种工作状态(设图中 NPN 型管均为硅管，PNP 型管均为锗管)。

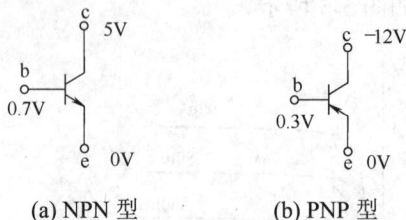

(a) NPN 型　　　　　(b) PNP 型

图 5-6　例 5-1 的三极管电位图

**解**　图 5-6(a)中
$$U_{BE} = U_B - U_E = 0.7V - 0V = 0.7V$$
$$U_{BC} = U_B - U_C = 0.7V - 5V = -4.3V$$

即 NPN 型三极管的发射结正偏，集电结反偏，该管处于放大状态。

图 5-6(b)中
$$U_{BE} = U_B - U_E = 0.3V - 0V = 0.3V$$
$$U_{BC} = U_B - U_C = 0.7 - (-12V) = 12.7V$$

即 PNP 型三极管的发射结和集电结均反偏，该管处于截止状态。

### 4．三极管的主要参数

三极管的参数用来表征管子性能的优劣和适用范围，它是合理选用三极管的依据。

(1)　电流放大系数 $\beta$ 和 $\overline{\beta}$。

$\beta$ 和 $\overline{\beta}$ 分别是三极管接成共发射极电路时的交流放大系数和直流放大系数。对同一个三极管而言，在同等工作条件下，$\overline{\beta} \approx \beta$。电流放大系数是表征三极管放大能力的参数。如果 $\beta$ 太小，电流放大能力差；如果 $\beta$ 太大，电流放大作用虽然大，但性能往往不稳定。常用三极管的 $\beta$ 值一般在 10～200 之间。

(2)　集电极-发射极反向截止电流 $I_{CEO}$。

$I_{CEO}$ 是指基极开路时，集电极与发射极之间的反向电流，也称穿透电流。$I_{CEO}$ 受温度影响极大，是衡量三极管热稳定性的重要参数，其值越小，三极管的性能越稳定。硅管的 $I_{CEO}$ 比锗管小得多，所以硅管的热稳定性比锗管好。

(3)　集电极最大允许电流 $I_{CM}$。

集电极电流 $I_C$ 过大时，三极管的电流放大系数 $\beta$ 将明显下降，$I_{CM}$ 为 $\beta$ 下降到规定允许值(一般为额定值的 1/2～2/3)时的集电极电流。当 $I_C$ 超过这个值时，三极管的放大性能将下降或将损坏管子。

(4)　集电极-发射极击穿电压 $U_{(BR)CEO}$。

$U_{(BR)CEO}$ 是指基极开路时，加在集电极和发射极之间的最大允许电压。三极管工作时，如果 $U_{CE} > U_{(BR)CEO}$，管子易被击穿。

(5) 集电极最大允许耗散功率 $P_{CM}$。

集电极最大允许耗散功率 $P_{CM}$ 是指三极管因受热而引起的参数变化不超过允许值时集电极消耗的最大功率。即 $I_C$ 与 $U_{CE}$ 的乘积不能超过 $P_{CM}$，否则三极管会因过热而损坏。

## (二) 单管共射放大电路

在电子技术应用中，往往需要对微弱的小信号进行放大处理，以便有效地进行观测和控制。如收音机和电视机，从天线接收到的声音和图像信号很弱，只有通过放大电路放大后，才能推动扬声器和显示器工作。同样，在汽车电子控制领域中，亦可实现对检测到的信号进行放大处理。三极管放大电路的基本要求为：①三极管工作在放大区；②输入信号能输入，输出信号能输出；③信号不失真地放大，满足放大电路的性能指标要求。

三极管有三个电极，对小信号实现放大作用时，在电路中有三种不同的连接方式，即共射极接法、共集电极接法和共基极接法。这三种接法分别以发射极、集电极、基极作为输入回路和输出回路的公共端，而构成不同的放大电路，如图 5-7 所示(以 NPN 管为例)。

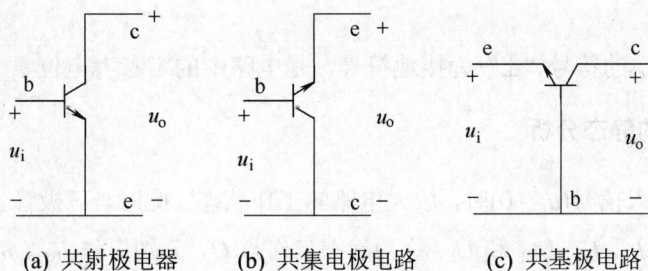

(a) 共射极电器　　(b) 共集电极电路　　(c) 共基极电路

图 5-7　放大电路中三极管的三种连接方法

这里将介绍最常用的单管共射放大电路。

### 1. 电路的组成及各元件作用

如图 5-8 所示，这是一个以典型的 NPN 型三极管为核心的基本放大电路。该电路输入信号 $u_i$ 通过电容器 $C_1$ 从三极管的基极和发射极输入，负载电阻 $R_L$ 通过电容 $C_2$ 从集电极和发射极得到输出信号。因为发射极是输入和输出的公用端点，所以称为共射极放大电路。

电路中各元件的作用如下。

(1) 三极管 VT：是放大器的核心，起电流放大作用。

(2) 电源 $U_{CC}$：使三极管发射结正偏，集电结反偏，确保三极管工作在放大状态，同时为整个电路提供能源。$U_{CC}$ 一般取几伏至几十伏。

(3) 集电极负载 $R_C$：将集电极电流的变化量变换成集电极电压的变化量，以实现电压放大。$R_C$ 的值一般取几千欧至几十千欧。

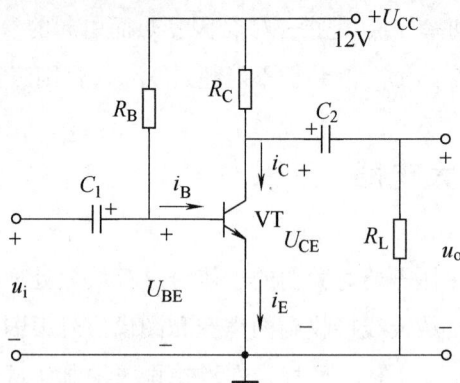

图 5-8　单管共射放大电路

(4) 基极偏置电阻 $R_B$：为三极管提供合适的基极偏置电流，使电路获得合适的工作点。

(5) 耦合电容 $C_1$、$C_2$：作用是隔直流、通交流，即隔离放大器的直流，使电路静态工作点不受信号源与负载的影响，并将输入的交流信号引入放大器，将输出的交流信号输送到负载上。$C_1$、$C_2$ 通常是大容量电容，一般是几微法至几十微法，在电路连接时要注意它们的极性。

另外，图 5-8 中的符号"⊥"为接地符号，是电路中的零参考电位。

**2. 放大电路的静态分析**

静态是指无输入信号($u_i = 0$)时，放大电路的工作状态。此时，三极管各电极的直流电流及极间的直流电压 $I_B$、$I_C$、$U_{BE}$ 和 $U_{CE}$ 称为静态工作点 $Q$，分别记作 $I_{BQ}$、$I_{CQ}$、$U_{BEQ}$ 和 $U_{CEQ}$，如图 5-9 所示。

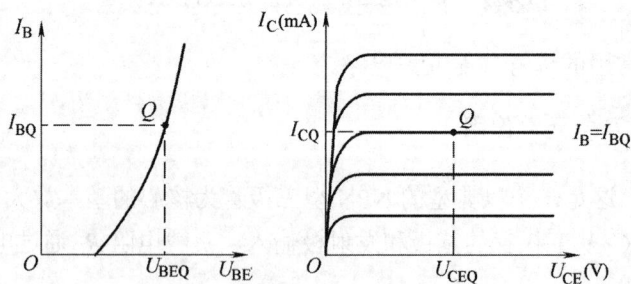

图 5-9　基本放大电路的静态工作点

(1) 静态工作点的估算。

对小信号放大电路的静态工作点，可以采用它的直流通路来计算。所谓直流通路，是指当输入信号 $u_i = 0$ 时，在直流电源 $U_{CC}$ 的作用下，直流电流所流过的路径。在画直流通路时，电路中的电容视为开路，电感视为短路。图 5-8 所对应的直流通路如图 5-10 所示。由图

5-10 可知，基极电流 $I_{BQ} = \dfrac{U_{CC} - U_{BEQ}}{R_B}$。一般，硅管 $U_{BE}$ 取 0.7V，锗管 $U_{BE}$ 取 0.2V，由于 $U_{CC} \gg U_{BEQ}$，因此 $I_{BQ} \approx \dfrac{U_{CC}}{R_B}$。

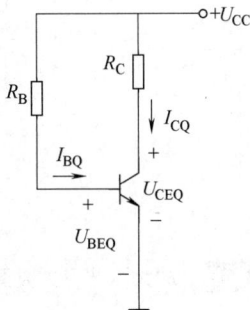

图 5-10 直流通路

集电极电流 $\qquad\qquad\qquad\qquad\qquad I_{CQ} \approx \beta I_{BQ}$

集电极-发射极间的电压 $\qquad\qquad U_{CEQ} = U_{CC} - I_{CQ}R_C$

当 $U_{CC}$ 和 $R_B$ 选定后，$I_{BQ}$ 即为固定值，故该电路又称为固定偏置电路。

**例 5-2** 图 5-8 所示电路中，已知 $U_{CC}=12V$，$R_C=3.9k\Omega$，$R_B=300k\Omega$，$\beta=40$，试求放大电路的静态工作点。

**解** $\qquad\qquad I_{BQ} = \dfrac{U_{CC} - U_{BEQ}}{R_B} \approx \dfrac{U_{CC}}{R_B} = \dfrac{12(V)}{300(k\Omega)} = 40(\mu A)$

$$I_{CQ} = \beta I_{BQ} = 40 \times 40(\mu A) = 1.6(mA)$$

$$U_{CEQ} = U_{CC} - I_{CQ}R_C = 12V - 1.6(mA) \times 3.9(k\Omega) = 5.76(V)$$

(2) 静态工作点对输出信号的影响(静态工作点的作用)。

一个放大电路的静态工作点设置是否合适，是它能否正常工作的重要条件。如果静态工作点设置不合适，会使输出信号与输入信号的波形不一致，产生非线性失真。如果静态工作点 $Q$ 设置过低，在输入信号的负半周，三极管进入截止区，导致输出波形产生了失真，称为截止失真，如图 5-11(a)所示。如果静态工作点设置过高，在输入信号的正半周，三极管进入饱和区，导致输出波形产生了失真，称为饱和失真，如图 5-11(b)所示。由此可知，$Q$ 点选择不当会引起失真。

如果放大器设置了合适的静态工作点，当加上输入信号 $u_i$ 时，则输入电压 $u_i$ 与静态电压 $U_{BEQ}$ 叠加在一起再加到基极上，使发射结始终处于导通状态，在输入电压整个周期内都有一个随输入信号电压而变化的基极电流，从而使放大电路能不失真地把输入信号放大。因此，放大电路必须设置合适的静态工作点，才能保证不产生非线性失真。一般静态工作点应选在交流负载线的中部。

(a) 截止失真　　　　　　　　　　　　　　(b) 饱和失真

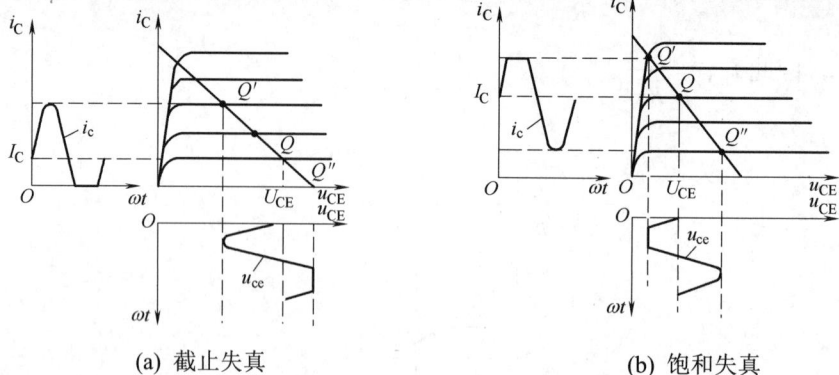

图 5-11　放大器波形失真图

静态工作点的设置对输出信号波形的影响可归纳为表 5-3。

表 5-3　放大器波形失真情况表

| | | 截止失真 | 饱和失真 |
|---|---|---|---|
| 波形 | NPN 管 | $u_o$ 正半周削顶 | $u_o$ 负半周削顶 |
| 原因 | $Q$ 点 | 过低 | 过高 |
| | $R_B$ | 偏大 | 偏小 |
| 调整方法 | | 减小 $R_B$ 使 $Q$ 点抬高 | 增大 $R_B$ 使 $Q$ 点降低 |

### 3. 放大电路的动态分析

当放大电路有输入信号($u_i \neq 0$)时的工作状态称为动态。

如图 5-12 所示,放大电路的动态工作情况是:在输入端加上交流信号 $u_i$ 时,该电压通过耦合电容 $C_1$ 加到三极管发射结上,因此发射结的电压为静态值 $U_{BEQ}$ 叠加上交流电压 $u_i$,即 $u_{BE} = U_{BEQ} + u_i$。

发射结的电压 $u_{BE}$ 的变化引起基极电流相应的变化,即 $i_B = I_{BQ} + i_b$。

基极电流 $i_B$ 的变化引起集电极电流相应的变化,即 $i_C = I_{CQ} + i_c$。

集电极电流的变化引起集电极电压相应的变化,即 $u_{CE} = U_{CC} - i_c R_C = U_{CEQ} - i_c R_C$。

集电极的信号经过耦合电容 $C_2$ 后隔离了直流成分,故在放大器的输出端可获得放大后的输出电压:$u_o = -i_c R_C$。

由此分析可知,当输入信号 $u_i$ 增大时,$u_{BE}$ 增大,$i_B$ 和 $i_C$ 也随之增大,$u_{CE}$ 减小,即 $u_{CE}$ 的变化与 $i_C$ 的变化相反,所以输出电压 $u_o$ 与 $u_i$ 反向。电路中相应的电压、电流波形如图 5-12 所示。

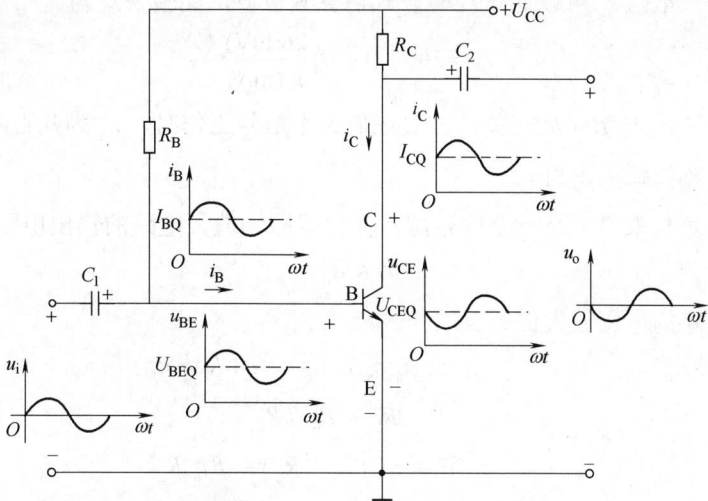

图 5-12　放大电路的动态工作情况

综上所述：共射极放大电路具有放大和反向作用；放大电路中同时存在直流分量和交流分量；要使放大电路不失真地放大信号，必须建立合适的静态工作点。

**4．输入电阻、输出电阻和放大倍数的估算**

对于小信号放大电路，输入电阻、输出电阻和放大倍数可以采用估算法进行分析。在放大电路的动态工作中，我们主要研究电路中的交流信号，所以需要画出放大电路的交流通路。

所谓交流通路，是指在信号源 $u_i$ 的作用下，交流电流所流过的路径。画交流通路时，电路中的耦合电容视为短路；由于直流电源 $U_{CC}$ 的内阻很小，对交流变化量几乎不起作用，故也视作短路。图 5-13 是图 5-8 所示放大电路的交流通路。

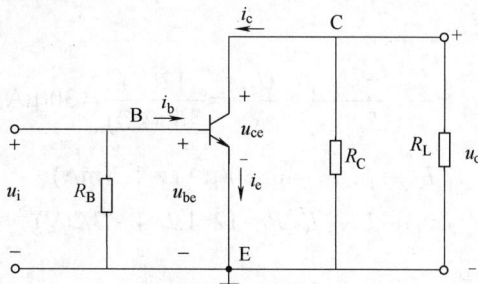

图 5-13　交流通路

(1) 放大电路的输入电阻 $r_i$。

由图 5-13 可知：输入电阻 $r_i$ 为 $R_B$ 与 $r_{be}$ 的并联值，即 $r_i = R_B \mathbin{/\mkern-5mu/} r_{be}$。一般 $R_B \gg r_{be}$，故 $r_i \approx r_{be}$，即单级放大电路的输入电阻 $r_i$ 近似等于三极管输入电阻 $r_{be}$。

三极管的输入电阻 $r_{be}$ 可以通过经验公式估算其数值，经验公式为

$$r_{be} = 300 + (1+\beta)\frac{26(\text{mV})}{I_E(\text{mA})}$$

由上式可知，$r_{be}$ 与 $\beta$、$I_E$ 有关。一般在低频小信号工作时，$r_{be}$ 为几百欧到几千欧。

(2) 放大电路的输出电阻 $r_o$。

放大电路对负载来说，是一个信号源，其内阻即为放大电路的输出电阻 $r_o$。

$$r_o \approx R_C$$

(3) 放大电路的电压放大倍数 $A_u$。

因为 $\qquad\qquad u_i = i_b r_{be}$ , $u_o = -i_c(R_C /\!/ R_L)$

令 $\qquad\qquad R_L' = R_C /\!/ R_L$

则 $\qquad\qquad u_o = -i_c(R_C /\!/ R_L) = -\beta i_b R_L'$

故电压放大倍数为 $\qquad\qquad A_u = \dfrac{u_o}{u_i} = \dfrac{-\beta R'_L}{r_{be}}$

式中：$\beta$ —— 三极管电流放大系数；

$\qquad r_{be}$ —— 三极管输入电阻；

$\qquad R_C$ —— 集电极负载电阻；

$\qquad R_L$ —— 负载电阻。

式中的负号表示输出电压与输入电压反向。

如果放大电路未接负载电阻 $R_L$，则 $R_L' = R_C$，不带负载的放大电路的电压放大倍数为

$$A_u' = \frac{\beta R_C}{r_{be}}$$

**例 5-3** 对于如图 5-8 所示的电路，已知 $U_{CC}=12\text{V}$，$R_B=400\text{k}\Omega$，$R_C=4\text{k}\Omega$，$R_L=4\text{k}\Omega$，$\beta=40$。试求：(1)放大电路静态工作点；(2)电压放大倍数 $A_u$，输入电阻 $r_i$，输出电阻 $r_o$。

**解**

① 静态工作点的计算

$$I_{BQ} = \frac{U_{CC}-U_{BEQ}}{R_B} \approx \frac{U_{CC}}{R_B} = \frac{12(\text{V})}{400(\text{k}\Omega)} = 30(\mu\text{A})$$

$$I_{CQ} = \beta I_{BQ} = 40 \times 30(\mu\text{A}) = 1.2(\text{mA})$$

$$U_{CEQ} = U_{CC} - I_{CQ}R_C = 12 - 1.2 \times 4 = 7.2(\text{V})$$

② 三极管的输入电阻

$$r_{be} = 300 + (1+\beta)\frac{26(\text{mV})}{I_E(\text{mA})} = 300 + (1+40) \times \frac{26}{1.23} = 1167(\Omega) \approx 1.2(\text{k}\Omega)$$

放大电路的电压放大倍数

$$A_u = \frac{-\beta R'_L}{r_{be}} = \frac{-\beta R_C /\!/ R_L}{r_{be}} = \frac{-40 \times (4(\text{k}\Omega) /\!/ 4(\text{k}\Omega))}{1.2(\text{k}\Omega)} = -67(\text{倍})$$

| 放大电路的输入电阻 | $r_i \approx r_{be} = 1.2(\text{k}\Omega)$ |
| 放大电路的输出电阻 | $r_o \approx R_C = 4(\text{k}\Omega)$ |

## (三) 集成运算放大电路

运算放大器实质上是一个高增益的多级直接耦合放大器。利用集成工艺，将运算放大器的所有元件集成制作在同一块硅片上，然后再封装在管壳内，就构成集成运算放大器(简称为集成运放)。集成运放的通用性强、可靠性高、体积小、重量轻、功耗小、性能优越、外部接线很少，调试极为方便。在汽车上，采用集成运放的控制部件越来越多，如天津夏利和日本丰田轿车的交流发电机调节器等。

### 1. 集成运算放大器的结构、外形及符号

集成运放由输入级、中间级、输出级和偏置电路四部分组成，如图5-14所示。

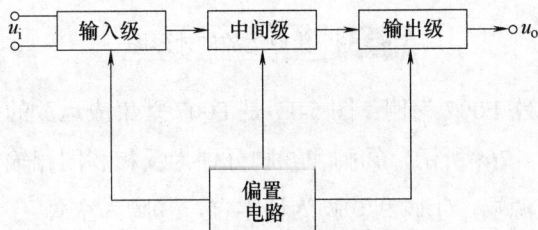

图 5-14　集成运放的原理框图

(1) 输入级：输入级是运算放大器的关键部分，一般采用差动放大电路。它有极高的输入阻抗，能有效放大有用(差模)信号，抑制干扰(共模)信号。

(2) 中间级：运算放大器的放大倍数主要是由中间级提供的，中间级一般由共射极放大电路构成，放大倍数可达几万倍甚至几十万倍以上。

(3) 输出级：为减小输出电阻，提高电路推动负载的能力，输出级一般由互补对称式电路组成。

(4) 偏置电路：偏置电路一般由恒流源组成，用来为各级放大电路提供合适的偏置电流，使之具有合适的静态工作点。

集成运放的符号如图5-15所示。它有两个输入端，一个输出端，标"+"的为同向输入端，当输入信号由此端输入时，输出信号 $u_o$ 与输入信号 $u_+$ 的相位相同；标"−"的为反向输入端，当输入信号由此端输入时，输出信号 $u_o$ 与输入信号 $u_-$ 的相位相反。

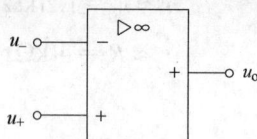

图 5-15　集成运放的符号

实际集成运放的引脚除了两个输入端、一个输出端以外，还有电源端、调零端等其他附加引出端，它们在集成运放的符号上并未标出，使用时，应注意集成运放的引脚功能及接线方式。

常见集成运放电路的封装外形有圆壳式、双列直插式等，如图 5-16 所示。

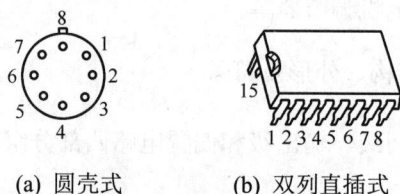

(a) 圆壳式　　　(b) 双列直插式

图 5-16　集成运放的外形图

下面以集成运放电路 F007 为例。图 5-17 是 F007 型集成运放的外形、管脚排列和符号图。如图 5-17(b)和图 5-17(c)所示，②脚和③脚分别为反相和同相输入端，⑥脚为输出端，⑦脚和④脚为正、负电源端，①脚和⑤脚为调零端，⑧脚为空脚。

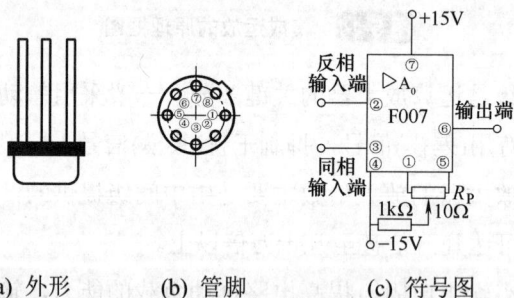

(a) 外形　　　(b) 管脚　　　(c) 符号图

图 5-17　F007 型集成运算放大器的外形、管脚和符号图

集成运放内部电路结构复杂，一般来说，对集成运放的内部电路不用做深入的了解，可把它看作具有一定功能的整体。应用和选择时，除要掌握它的外部特性和各引脚功能外，还要了解它的性能参数，以便应用集成运放器件组成具有不同功能的各种电路。

**2．集成运算放大器的主要参数**

(1)　开环电压放大倍数 $A_{uo}$。

集成运放在开环时(无外加反馈时)的输出电压与输入差模信号电压之比称为开环电压

放大倍数。它是决定运算放大器运算精度的重要因素，$A_{uo}$ 值越高，运算精度就越高，一般 $A_{uo}$ 约为 $10^4 \sim 10^7$。

(2) 开环差模输入电阻 $r_{id}$。

开环差模输入电阻 $r_{id}$ 是集成运放开环时，输入电压变化量与由它引起的输入电流的变化量之比，即从输入端看进去的动态电阻。$r_{id}$ 越大，集成运放的性能越好，它一般在几百千欧至几兆欧。

(3) 开环差模输出电阻 $r_{od}$。

开环差模输出电阻 $r_{od}$ 是集成运放开环时，输出电压变化量与输出电流变化量之比。其值越小，说明运放的带负载能力越强，一般为几百欧。

(4) 输入失调电压 $U_{IO}$。

当输入电压为零时，输出电压并不为零。规定在室温及标准电源电压下，为了使输出电压为零，需在集成运放输入端额外附加的补偿电压称为输入失调电压 $U_{IO}$。$U_{IO}$ 越小越好，一般为几毫伏。

(5) 输入失调电流 $I_{IO}$。

当输入电压为零时，为了使输出电压为零，需在集成运放输入端加的补偿电流称为输入失调电流 $I_{IO}$。$I_{IO}$ 越小越好，一般为 $1nA \sim 0.1 \mu A$。

(6) 输入偏置电流 $I_{IB}$。

输入偏置电流 $I_{IB}$ 是当输出电压为零时，流入运放两输入端的静态基极电流的平均值。该值越小，信号源内阻变化时引起输出电压的变化就越小。因此，$I_{IB}$ 越小越好，一般为 $1nA \sim 100 \mu A$。

(7) 共模抑制比 $K_{CMR}$。

$K_{CMR}$ 是差模电压放大倍数与共模电压放大倍数之比，它是衡量运放抑制干扰信号能力大小的参数。$K_{CMR}$ 值越大，抑制干扰能力越强。一般运放的 $K_{CMR}$ 达几十万以上。

除上述主要参数外，还有输入失调电压温漂、输入失调电流温漂、最大共模输入电压和静态功耗等，这些参数可以根据集成运放的型号，从有关资料中查阅得到。

### 3. 理想集成运算放大器

在分析集成运放构成的应用电路时，将集成运放看成理想运算放大器(简称理想运放)，可以使分析大大简化。理想运算放大器应当满足以下各项条件：

- 输入信号为零时，输出信号也为零。
- 开环电压放大倍数 $A_{uo} \to \infty$。
- 差模输入电阻 $r_{id} \to \infty$。
- 开环输出电阻 $r_o \to 0$。

尽管理想运放并不存在，但由于实际集成运放的技术指标比较理想，在分析具体的集成运放应用电路时，可将集成运放按照理想运放对待。

理想运放工作在线性区时，具有以下两个特性。

(1) 同向输入端和反向输入端电位相等。

当运算放大器工作在线形区时，$u_+ - u_- = \dfrac{u_o}{A_{uo}}$，由于 $A_{uo} \to \infty$，而输出电压 $u_o$ 总为有限值，则 $u_+ - u_- = \dfrac{u_o}{A_{uo}} = 0$，即 $u_+ = u_-$。两个输入端电位相等，它们之间好像短路，但又不是真正的短路，这种现象称为"虚短"。

(2) 同向输入端和反向输入端的输入端电流为零。

由于集成运放的开环差模输入电阻 $r_{id} \to \infty$，因此其两个输入端的电流都为零，即 $i_+ = i_- = 0$。这就是说，集成运放工作在线性区时，其两个输入端电流均为零，好像输入端与运算放大器内部断开一样，这种现象称为"虚断"。

### 4．基本运算电路

(1) 反相比例运算电路。

反相比例运算电路如图 5-18 所示。输入信号 $u_i$ 经输入端电阻 $R_1$ 加至运算放大器的反相输入端，同相输入端经平衡电阻 $R_2(R_2 = R_1 /\!/ R_f)$ 接地，反馈电阻 $R_f$ 将输出电压 $u_o$ 反馈至反相输入端。

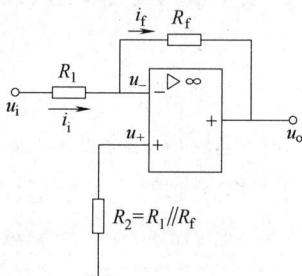

图 5-18　反相比例运算电路

根据理想集成运放虚断和虚短的特性，$i_+ = i_- = 0$，$u_+ = u_-$，可知，$i_i = i_f$，$u_- = u_+ = 0$。因运算放大器两个输入端的电位均为零，但它们并没有真正直接接地，故称为"虚地"。

又因为

$$i_i = \frac{u_i - u_-}{R_1} = \frac{u_i}{R_1}$$

$$i_f = \frac{u_- - u_o}{R_f} = -\frac{u_o}{R_f}$$

整理得

$$\frac{u_i}{R_1} = -\frac{u_o}{R_f}$$

运算放大器的放大倍数

$$A_{uf} = \frac{u_o}{u_i} = -\frac{R_f}{R_1}$$

上式说明，反相比例运算电路的输出电压 $u_o$ 与输入电压 $u_i$ 相位相反，且成比例关系，故又称为反相比例放大器。

若 $R_1 = R_f$，则 $u_o = -u_i$，即输出信号与输入信号幅度相等，方向相反，此时的电路称为反相器，如图 5-19 所示。

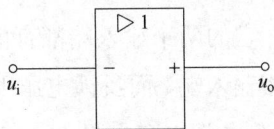

图 5-19　反相器

(2) 同相比例运算电路。

同相比例运算电路如图 5-20 所示。输入信号 $u_i$ 经 $R_2$ 加至运算放大器的同相输入端，输出电压经反馈电阻 $R_f$ 及 $R_1$ 组成的分压电路，取 $R_1$ 上的分压作为反馈信号加到运算放大器的反相输入端。$R_2$ 为平衡电阻($R_2 = R_1 /\!/ R_f$)。

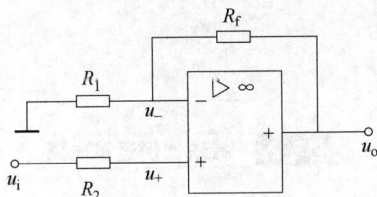

图 5-20　同相比例运算电路

根据理想集成运放的特性，$i_- = 0$，则 $i_1 = i_f$，

即

$$\frac{0 - u_-}{R_1} = \frac{u_- - u_0}{R_f}$$

因为 $i_+ = 0$，可知 $u_i = u_+ = u_-$，将 $u_i = u_-$ 代入上式，得到运算放大器的放大倍数为

$$A_{uf} = \frac{u_o}{u_i} = 1 + \frac{R_f}{R_1}$$

上式说明，同相比例运算电路的输出电压 $u_o$ 与输入电压 $u_i$ 相位相同，且成比例关系，故又称为同相比例放大器。其比例关系与运算放大器本身的参数无关，由外部电路参数决定。

当同相比例运算电路中 $R_1$ 断开或 $R_f = 0$ 时，则有 $u_o = u_i$，输出电压与输入电压大小相等，相位相同，此电路称为电压跟随器，如图 5-21 所示。电压跟随器跟随性能好，常用作变换器或缓冲器，在电子电路中应用极广。

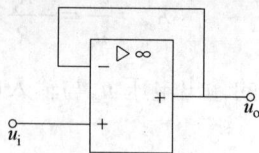

图 5-21　电压跟随器

(3) 减法比例运算电路。

图 5-22 为减法比例运算电路，它的两个输入端都有信号输入。输入信号 $u_{i1}$ 通过 $R_1$ 接至反相输入端，$u_{i2}$ 通过 $R_2$ 接至同相输入端，而反馈电压则由输出端通过反馈电阻 $R_f$ 反馈到反相输入端。在同向输入端与"地"之间接有电阻 $R_3$，为了使运算放大器两个输入端的输入电阻对称，通常使 $R_1 = R_2$，$R_3 = R_f$。

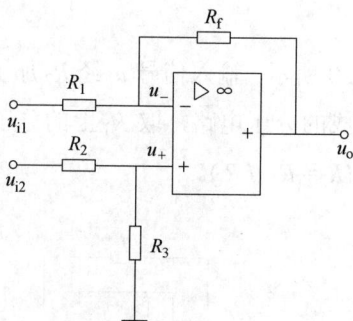

图 5-22　减法比例运算电路

根据理想集成运放的特性，$i_- = 0$，则 $i_1 = i_f$，即

$$\frac{u_{i1} - u_-}{R_1} = \frac{u_- - u_o}{R_f}$$

$$u_- = \frac{u_{i1} R_f + u_o R_1}{R_1 + R_f}$$

$$u_+ = u_{i2} \frac{R_3}{R_2 + R_3}$$

因为 $u_+ = u_-$，$R_1 = R_2$，$R_f = R_3$，所以运算放大器的输出电压

$$u_o = \frac{R_f}{R_1}(u_{i2} - u_{i1})$$

可见，该电路的输出电压 $u_o$ 与两个输入电压的差值$(u_{i2} - u_{i1})$成正比，故称为减法比例运算电路。当 $R_1 = R_2 = R_3 = R_f$ 时，有 $u_o = u_{i2} - u_{i1}$。

(4) 加法比例运算电路。

反相输入放大器中再增加几个支路便构成加法比例运算电路，如图 5-23 所示，输入信号 $u_{i1}$、$u_{i2}$、$u_{i3}$ 分别通过相应支路的电阻 $R_1$、$R_2$、$R_3$ 加到反向输入端。反馈信号通过反馈电阻加到反向输入端，同向输入端与"地"之间接有电阻 $R_4$。为了使运算放大器两个输入端的输入电阻对称，通常使 $R_4 = R_1 /\!/ R_2 /\!/ R_3 /\!/ R_f$ 。

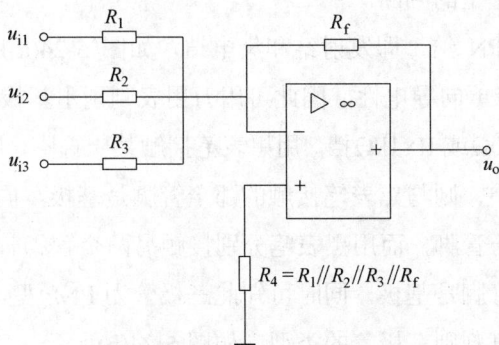

图 5-23　加法比例运算电路

由理想运放特性可知

$$i_f = i_1 + i_2 + i_3$$

$$i_1 = \frac{u_{i1}}{R_1} \qquad i_2 = \frac{u_{i2}}{R_2} \qquad i_3 = \frac{u_{i3}}{R_3} \qquad i_f = \frac{u_{if}}{R_f}$$

由此可得

$$u_o = -R_f \left( \frac{u_{i1}}{R_1} + \frac{u_{i2}}{R_2} + \frac{u_{i3}}{R_3} \right)$$

当 $R_1 = R_2 = R_3 = R$ 时，运算放大器的输出电压

$$u_o = -\frac{R_f}{R} (u_{i1} + u_{i2} + u_{i3})$$

可见，该电路的输出电压与输入电压之和成正比，所以称为加法比例运算电路。

当 $R = R_f$ 时，则 $u_o = -(u_{i1} + u_{i2} + u_{i3})$ ，这时电路实现了各输入信号电压的反相相加，称为加法器。

## 二、项目实施

## (一) 三极的管基本测试

### 1. 项目实施目的

(1)　认识常用三极管的外形特征。

(2)　掌握用万用表判断三极管的管脚、种类及质量的方法。

### 2. 项目实施器材

本项目实施器材包括：万用表一只，三极管若干只(好的和坏的)，电阻(100kΩ)一只。

### 3．项目实施原理

(1) 三极管基极和管型的判断。

三极管内部有两个 PN 结，即发射结和集电结，如图 5-24(a)所示。与二极管相似，三极管内的 PN 结同样具有单向导电性，因此可用万用表判别出基极 b 和管型。

将万用表拨至 R×100Ω或 R×1kΩ挡，用黑表笔接触某一管脚，用红表笔分别接触另两个管脚，如表头读数都很小，则与黑表笔接触的那一管脚是基极，同时可知此三极管为 NPN 型。若用红表笔接触某一管脚，而用黑表笔分别接触另两个管脚时，表头读数同样都很小，则与红表笔接触的那一管脚是基极，同时可知此三极管为 PNP 型。用上述方法，既可判定晶体三极管的基极，又可判别三极管的类型，如图 5-24(b)所示。

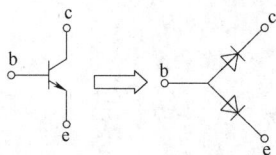

(a) NPN 型三极管内部的 PN 结    (b) 用万用表判别基极

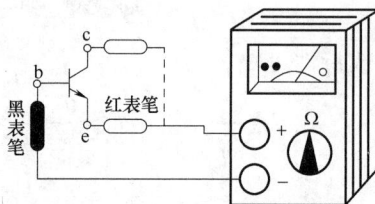

图 5-24    用万用表判别三极管的基极和管型

(2) 集电极和发射极的判别。

确定基极和管型后，先假设另外两只管脚中的一只为集电极 c，在基极 b 和集电极 c 之间接入一个约 100kΩ的电阻，或用手捏住 b 极和 c 极代替 100kΩ的电阻。对 NPN 型管，将黑表笔接 c 极，红表笔接 e 极，读出测量阻值，如图 5-25 所示，然后对调假定的 c、e 两极，重复以上步骤。比较两次读数，其中读数较小的一次假设是正确的，即黑表笔接的是集电极 c，红表笔接的是发射极 e。若需判别 PNP 型管，只需把红、黑表笔的极性对调一下，测试方法与 NPN 型完全相同。

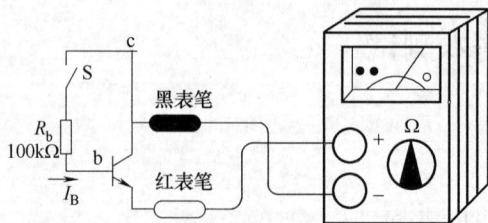

图 5-25    用万用表判别三极管的集电极和发射极

(3) 估测穿透电流 $I_{CEO}$。

将万用表拨至 R×1kΩ挡，测 NPN 型管时，将黑表笔接集电极，红表笔接发射极(测 PNP

型管时红、黑表笔对调)，所测阻值大的管子，$I_{CEO}$ 小。对于小功率管，当测得的阻值在几十千欧以上时，表示 $I_{CEO}$ 不太大，该三极管可以使用。若阻值无穷大，表示三极管内部开路；若阻值为零，表示三极管内部短路。出现断路或短路，都表示管子已损坏。对于大功率管，由于 $I_{CEO}$ 通常比较大，所以阻值很小，有的只有数十欧。

(4) 估测直流电流放大系数 $\beta$。

对 $\beta$ 的估测方法与判别 c、e 极的方法相似。若两次读数相差越大，表示三极管的 $\beta$ 值越大。

在掌握上述一些测试方法后，即可得知三极管的 PN 结是否损坏，是开路还是短路。这是判断管子是否良好时经常采用的简便方法。需要注意的是，在用万用表测量三极管时，应该使用 R×100Ω 或 R×1kΩ 的电阻挡。若使用 R×10kΩ 挡，因万用表内部电池电压较高，则有可能将 PN 结击穿；若使用 R×1Ω 挡，则因万用表的等效电阻较小，会造成过大的电流流过 PN 结，有可能烧坏三极管。

### 4．项目实施内容

(1) 用万用表判断三极管的电极和三极管的种类。

(2) 粗略判断三极管的放大能力。

应该明确的是，三极管 $\beta$ 值的高低只反映了三极管的放大能力，并不说明三极管的质量优劣。即三极管的放大能力较小时，不能认为其是劣质品。

(3) 三极管质量的判断。

① 测定三极管的穿透电流。

② 三极管损坏的判断。当三极管的某个 PN 结损坏或三极管无放大能力时，可确定为损坏。

按照实验记录要求，将以上测量结果记入表 5-4 中。

表 5-4　测量数据记录

| 被测管编号 | b-c 极间阻值(Ω) | b-e 极间阻值(Ω) | 种　类 | 放大能力 | 穿透电流 | 质　量 |
|---|---|---|---|---|---|---|
| 1 | | | | | | |
| 2 | | | | | | |
| 3 | | | | | | |
| 4 | | | | | | |
| 5 | | | | | | |
| 6 | | | | | | |

**5．分析与思考**

说明识别 PNP 型三极管的方法。

# (二) 单管放大电路静态工作点与失真现象分析

## 1．项目实施目的

(1) 掌握放大电路的结构和原理。

(2) 掌握饱和失真和截止失真产生的原因和解决办法。

(3) 了解不同输入信号下静态工作点与失真现象的关系。

(4) 熟练使用测试仪表。

## 2．项目实施器材

本项目实施器材包括：直流电源、单管放大电路测试板、交流信号源、数字示波器及数字万用表。

## 3．项目实施原理

(1) 截止失真。

电路如图 5-26(a)所示，截止失真发生在 b-e 结组成的输入回路中，因为发射结处于反向偏置或正向偏置电压小于 PN 结死区电压时，发射结不导通，即 $I_B = 0$，如图 5-26(b)所示。消除放大器截止失真的办法是增加静态电流 $I_B$。通常采用的措施有两种：减小基极偏置电阻；提高电源电压 $E_C$。

(2) 饱和失真。

饱和失真是因三极管的动态工作范围进入了饱和区所致，如图 5-26(c)所示。造成饱和失真的原因主要有以下三点。

① 静态工作点 $I_B$ 太大，使 $I_C$ 偏大，解决的办法是增大 $R_B$。

② 静态工作点 $U_{CE}$ 偏小，因为 $U_{CE} = E_C - I_C R_C$，可适当减小 $R_C$ 以消除失真。

③ 电源电压偏低和 $\beta$ 值过大也可能造成饱和失真。

静态工作点与波形失真如图 5-27 所示。

(3) 双向失真。

双向失真是指既有截止失真又有饱和失真的现象。出现双向失真的原因有两个：一是输入信号幅度过大，使动态点上至饱和区，下至截止区；二是电源电压偏低，三极管的动态范围小于交流信号的幅值变化范围。

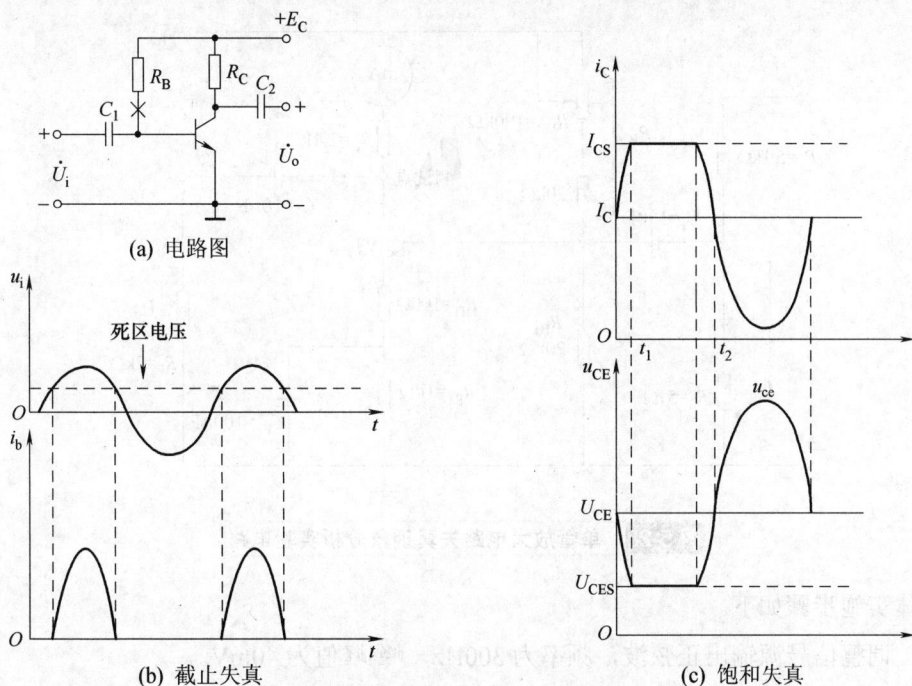

(a) 电路图

(b) 截止失真

(c) 饱和失真

图 5-26 电路图、截止失真与饱和失真

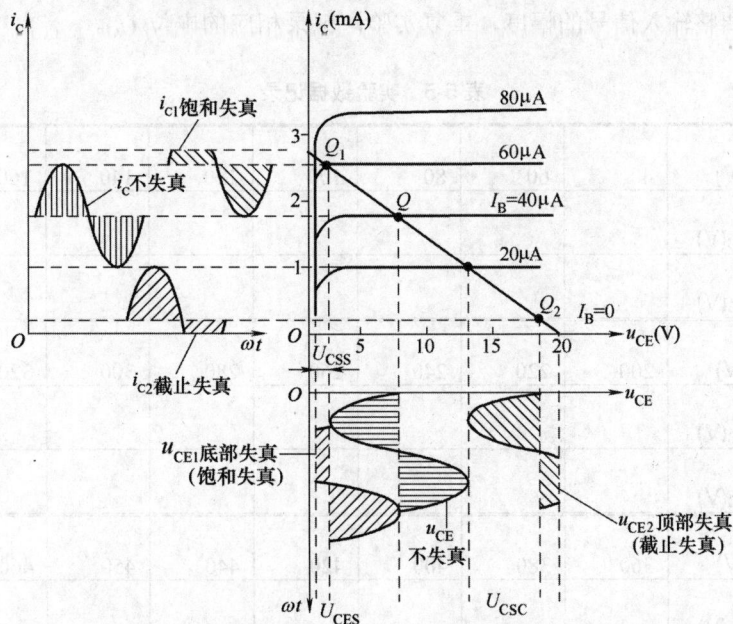

图 5-27 静态工作点与波形失真

## 4. 项目实施内容

实验电路如图 5-28 所示。

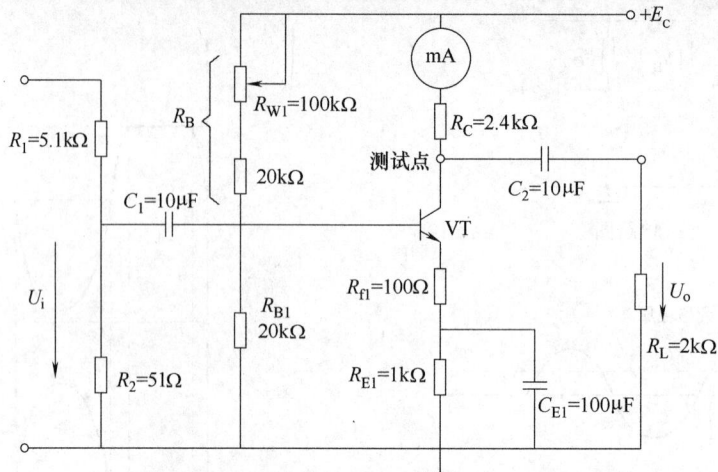

图 5-28　单管放大电路失真现象分析实验电路

具体实施步骤如下。

(1)　调整信号源输出正弦波，频率为 300Hz，峰-峰值为 40mV。

(2)　测量放大电路的输出状态，调整 $R_B$ 变阻器，使放大波形分别出现饱和失真和截止失真，在表 5-5 中记录失真点集电极测试点的电位 $U_C$。

(3)　依次调整输入信号的幅度，重复实验，记录相应的电位 $U_C$。

表 5-5　实验数据记录

| 输入信号(mV) | 40 | 60 | 80 | 100 | 120 | 140 | 160 | 180 |
|---|---|---|---|---|---|---|---|---|
| 饱和失真点 $U_C$(V) | | | | | | | | |
| 截止失真点 $U_C$(V) | | | | | | | | |
| 输入信号(mV) | 200 | 220 | 240 | 260 | 280 | 300 | 320 | 340 |
| 饱和失真点 $U_C$(V) | | | | | | | | |
| 截止失真点 $U_C$(V) | | | | | | | | |
| 输入信号(mV) | 360 | 380 | 400 | 420 | 440 | 450 | 460 | 470 |
| 饱和失真点 $U_C$(V) | | | | | | | | |
| 截止失真点 $U_C$(V) | | | | | | | | |

(4)　在图 5-29 中绘制特性曲线。

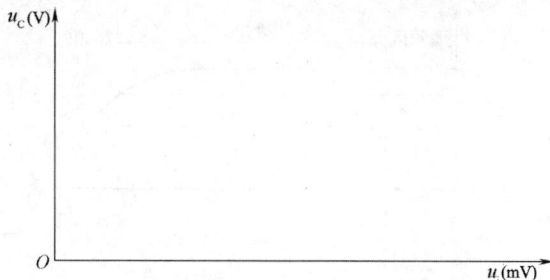

图 5-29　放大波形及失真

## 5. 分析与思考

如何判定双向失真点？

# (三) 单管放大电路幅频特性分析

## 1. 项目实施目的

(1) 掌握放大电路的结构和原理。

(2) 测量放大电路的幅频特性曲线。

(3) 熟练使用测试仪表。

## 2. 项目实施器材

本项目实施器材包括：直流电源、单管放大电路测试板、交流信号源、数字示波器及数字万用表。

## 3. 项目实施原理

由于放大器中有电容、电感等电抗元件，且三极管自身的 $\beta$ 值也随着频率而变化，而输入到放大器的信号往往都不是单一频率的信号，所以同一个放大器的输出信号会随着输入信号频率的变化而产生相应的幅度和相位变化。

图 5-30 所示为单管共射放大器的频率特性曲线，其中图 5-30(a)所示为幅频特性曲线，图 5-30(b)所示为相频特性曲线。

由图 5-30 可知，在中频某一段频率范围内，电压放大倍数与频率无关，这一段频率范围称作中频区。但随着频率的升高或降低，电压放大倍数都要减小。为了衡量放大器的频率响应，规定在放大倍数下降到中频放大倍数的 0.707 倍时所对应的两个频率 $f_H$ 和 $f_L$ 分别称为上限截止频率和下限截止频率，而把 $f_H$ 和 $f_L$ 之间的频率范围称作放大器的通频带，即

$$BW = f_H - f_L$$

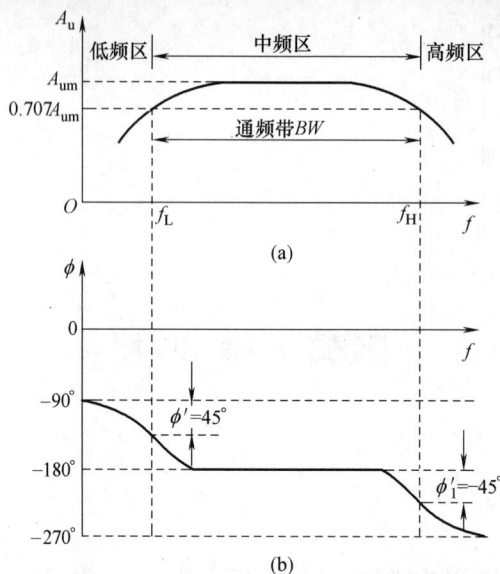

图 5-30　单管共射放大器的频率特性曲线

### 4．项目实施内容

实验电路如图 5-31 所示。

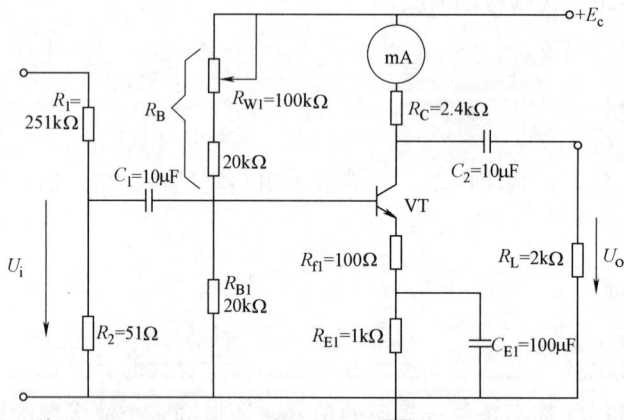

图 5-31　单管放大电路幅频特性分析实验电路

具体实施步骤如下。

（1）调整信号源使之输出正弦波，频率为 300Hz，峰–峰值为 40mV，测量放大器输出信号 $U_o$。

（2）保持输入信号频率为 300Hz，依次增加输入信号的幅度，在表 5-6 中记录相应的放大输出电压；若放大输出波形出现失真，不再记录。

（3）计算各点相应的电压放大倍数 $A_u = \dfrac{U_o}{U_i}$，填入表 5-6 中。

表 5-6　实验数据记录(固定频率 300Hz)

| 输入信号(mV) | 40 | 60 | 80 | 100 | 120 | 140 | 160 | 180 | 200 |
|---|---|---|---|---|---|---|---|---|---|
| 放大输出(mV) | | | | | | | | | |
| 放大倍数 | | | | | | | | | |
| 输入信号(mV) | 220 | 240 | 260 | 280 | 300 | 320 | 340 | 360 | 380 |
| 放大输出(mV) | | | | | | | | | |
| 放大倍数 | | | | | | | | | |
| 输入信号(mV) | 400 | 420 | 440 | 450 | 460 | 470 | 480 | 490 | 500 |
| 放大输出(mV) | | | | | | | | | |
| 放大倍数 | | | | | | | | | |

(4)　调整信号源，使之输出正弦波，频率为 20Hz，峰-峰值为 100mV，测量放大器输出信号 $U_o$。

(5)　保持输入信号峰-峰值为 100mV，依次调整输入信号的频率，在表 5-7 中记录相应的放大输出电压；若放大输出波形出现失真，不再记录。

(6)　计算各点相应的电压放大倍数 $A_u = \dfrac{U_o}{U_i}$，填入表 5-7 中。

表 5-7　实验数据记录(固定幅度 100mV)

| 输入信号(kHz) | 0.02 | 0.03 | 0.05 | 0.1 | 0.2 | 0.5 | 1.0 | 1.5 | 2.0 |
|---|---|---|---|---|---|---|---|---|---|
| 放大输出(mV) | | | | | | | | | |
| 放大倍数 | | | | | | | | | |
| 输入信号(kHz) | 2.5 | 3.0 | 3.5 | 4.0 | 4.5 | 5.0 | 5.5 | 6.0 | 6.5 |
| 放大输出(mV) | | | | | | | | | |
| 放大倍数 | | | | | | | | | |
| 输入信号(kHz) | 7.0 | 8.0 | 9.0 | 10.0 | 11.0 | 12.0 | 13.0 | 14.0 | 15.0 |
| 放大输出(mV) | | | | | | | | | |
| 放大倍数 | | | | | | | | | |

(7)　在图 5-32 中绘制相应的特性曲线。

放大
倍数

$O$            $u_i$(mV)

(a) 固定频率300Hz时的特性曲线

放大
倍数

$O$            $f$(kHz)

(b) 固定幅度100mV时的特性曲线

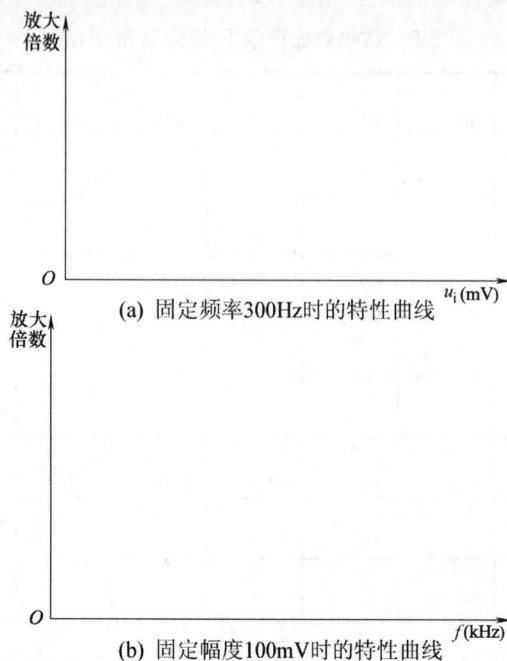

图 5-32　特性曲线的绘制

### 5．分析与思考

静态工作点的设置对于放大器的幅频特性是否会有影响？

## (四) 集成运算放大电路的应用

### 1．项目实施目的

(1)　掌握集成运放的结构和原理。

(2)　自行设计实现由集成运算放大器组成的-10 倍放大电路功能。

(3)　自行设计实现由集成运算放大器组成的 10 倍放大电路功能。

### 2．项目实施器材

本项目实施器材包括：直流电源、集成运放μA741、变阻器(10kΩ、100kΩ)、连接导线等。

### 3．项目实施原理

(1)　单路集成运算放大器μA741。

μA741 是第一块集成运放电路，由美国仙童(Fairchild)公司发明，在 20 世纪 60 年代后期广泛流行。直到今天，μA741 仍然是各类教材讲解运算放大器原理的典型案例。μA741 是一个八管脚集成运放，其管脚功能如图 5-33 所示，图 5-34 所示为其电路图形符号。

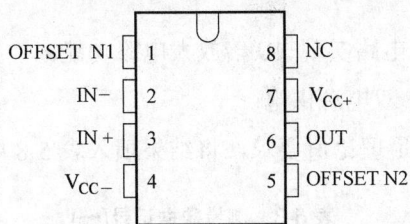

图 5-33　μA741 各管脚的功能

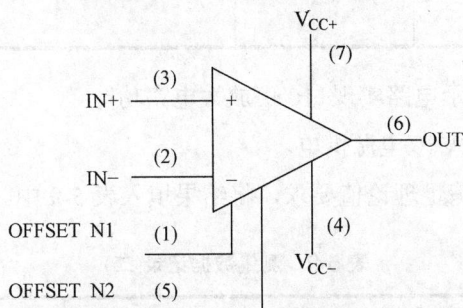

图 5-34　μA741 的电路图形符号

(2)　比例运算电路。

由集成运放组成的反相比例运算电路和同相比例运算电路如图 5-35 所示。

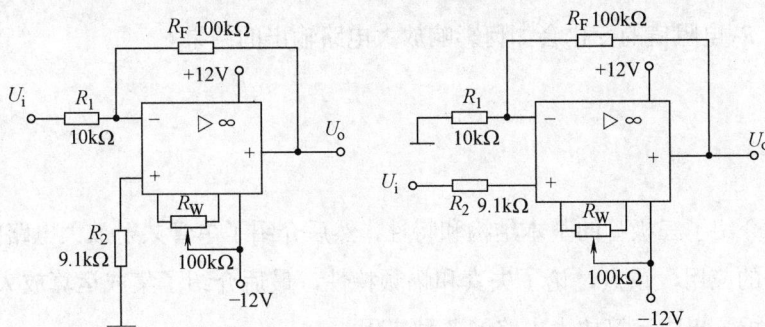

(a)　反相比例运算电路　　　　　　　(b)　同相比例运算电路

图 5-35　比例运算电路

图 5-35(a)所示的反相比例运算电路的输出电压为

$$U_o = -\frac{R_F}{R_1} U_i$$

图 5-35(b)所示的同相比例运算电路的输出电压为

$$U_o = \left(1 + \frac{R_F}{R_1}\right) U_i$$

### 4．项目实施内容

(1) 按照图 5-35(a)所示电路实现−10 倍放大电路功能。

(2) 集成运放采用±12V 双电源供电。

(3) 测量各电阻是否满足理论值要求，将结果填入表 5-8 中。

表 5-8　测量数据记录(一)

| 输入信号 | 输出信号 | 放大倍数 | $R_1$ 电阻值 | $R_F$ 电阻值 | $R_2$ 电阻值 |
|---|---|---|---|---|---|
|  |  |  |  |  |  |

(4) 按照图 5-35(b)所示电路实现+10 倍放大电路功能。

(5) 集成运放采用±12V 双电源供电。

(6) 测量各电阻是否满足理论值要求，将结果填入表 5-9 中。

表 5-9　测量数据记录(二)

| 输入信号 | 输出信号 | 放大倍数 | $R_1$ 电阻值 | $R_F$ 电阻值 | $R_2$ 电阻值 |
|---|---|---|---|---|---|
|  |  |  |  |  |  |

### 5．分析与思考

平衡电阻 $R_2$ 电阻值的变化会如何影响放大电路输出的结果？

## 小结

本章首先介绍了三极管的基本结构和特性，然后介绍了单管共射放大电路的基本结构，针对放大电路的应用，重点讨论了失真和幅频特性，最后介绍了集成运算放大器件的结构和组成，并分析了集成运算放大电路的各种应用。

本章要求掌握单管放大电路的基本结构，能正确分析和计算放大电路；掌握集成运算放大器构成的各种实用电路。

## 思考题及习题

1．根据晶体三极管的不同工作状态，可以将其划分为三个工作区，分别是 _____、_____ 和 _____。

2．三极管三个电极电流 $I_B$、$I_C$ 和 $I_E$ 的关系是 _____。

3. 某正常放大的晶体三极管，如果基极电流 $I_B$ 从 12μA 增大到 22μA 的时候，集电极电流 $I_C$ 从 1mA 变为 2mA，则放大倍数 $\beta$ 约为_____。

4. 放大电路的非线性失真主要有两种，分别是_____和_____。

5. 理想运算放大器的分析原则是_____和_____。

6. 集成运算放大器的理想化条件之一是：开环放大倍数_____。

7. 晶体三极管正常放大的条件是：发射结_____，集电结_____。

8. 已知在如图 5-36 所示的电路中，$U_{CC}$=12V，$R_B$=300kΩ，$R_C$=$R_L$=3kΩ，$\beta$=50。

(1) 画出直流通路，求静态工作点。

(2) 画出交流通路，求输入电阻 $r_i$ 和输出电阻 $r_o$。

(3) 求在 $R_L$ 接入和断开两种情况下电路的电压放大倍数。

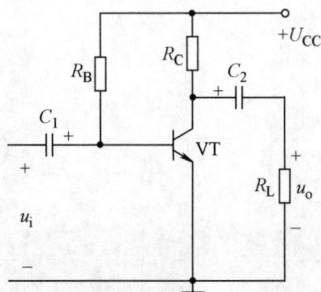

图 5-36 习题 8 的电路图

9. 某测量系统的模型可以用图 5-37 来表示，若要求输出信号与输入信号之间的关系满足 $u_o = -(4u_{i1} + 2u_{i2} + u_{i3})$，假设 $R_F$= 80kΩ，试选择电路中输入端各电阻 $R_{11}$、$R_{12}$、$R_{13}$ 和平衡电阻 $R_2$ 的阻值。

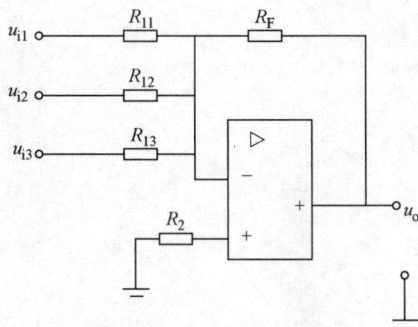

图 5-37 习题 9 的电路图

# 项目六 变压器与电机

## 【知识要求】

- ◎ 了解变压器的用途和结构。
- ◎ 掌握单相变压器的工作原理。
- ◎ 了解直流电机的构造与工作原理。
- ◎ 掌握汽车用直流电机的结构特点和具体应用。
- ◎ 了解交流发电机的工作原理及工作特性。

## 【能力要求】

- ◎ 掌握变压器的检查与测试方法。
- ◎ 掌握直流电机的测试与试验方法。
- ◎ 具备计算变压器，计算直、交流发电机及电动机的重要参数的能力。

## 一、相关知识

### (一) 变压器的用途和结构

#### 1. 变压器

变压器是利用电磁感应原理,把一种电压等级(大小)的交流电能变换成相同频率的另一种电压等级(大小)的交流电能的一种静止电气设备。

#### 2. 变压器的用途

变压器有如下用途。

(1) 电压变换。在输、配电系统中,可以利用变压器进行电压等级的升高或降低,用以得到所需等级的电压。升压后的高电压利于电能的传输,可以减少电能在传输过程中的损耗;降压后的电压便于绝缘,利于电气设备的使用与维护。

(2) 电流变换。在需要不同电流等级的场合下,可以利用变压器实现电流变换,电流互感器就是利用电流变换的原理工作的。

(3) 阻抗变换。当电路中的负载大小不匹配时,可以通过专门设计的具有某一电压变比的变压器进行阻抗变换,实现负载之间的阻抗匹配。

#### 3. 变压器的分类

变压器有如下几种分类方式。

(1) 按用途可分为:电力变压器、仪器用变压器和特种变压器等。

(2) 按绕组数目可分为:双绕组变压器、三绕组变压器、多绕组变压器和自耦变压器等。

(3) 按磁路系统可分为:芯式变压器和壳式变压器等。

(4) 按相数可分为:单相变压器、三相变压器和多相变压器等。

#### 4. 变压器的结构

(1) 变压器的基本结构。

变压器的基本结构可分为 4 部分。

① 铁芯,该部分构成变压器的磁路。

② 绕组,该部分构成变压器的电路。

③ 绝缘结构。

④ 油箱等其他部分(电力变压器)。

其中,变压器最主要的部件是铁芯和绕组,铁芯和绕组装在一起称为器身。

(2) 电力变压器的结构。

油浸式电力变压器的器身放在油箱里，其结构如图 6-1 所示。

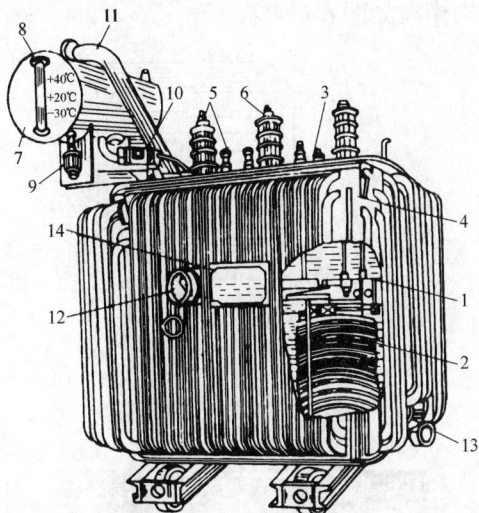

图 6-1 电力变压器的结构

1—铁芯；2—绕组及绝缘；3—分接开关；4—油箱；5—高压套管；6—低压套管；7—储油柜；
8—油位计；9—呼吸器；10—气体继电器；11—安全气道；12—信号式温度计；13—放油阀门；14—铭牌

(3) 芯式变压器的结构。

芯式变压器的器身结构模型如图 6-2 所示。

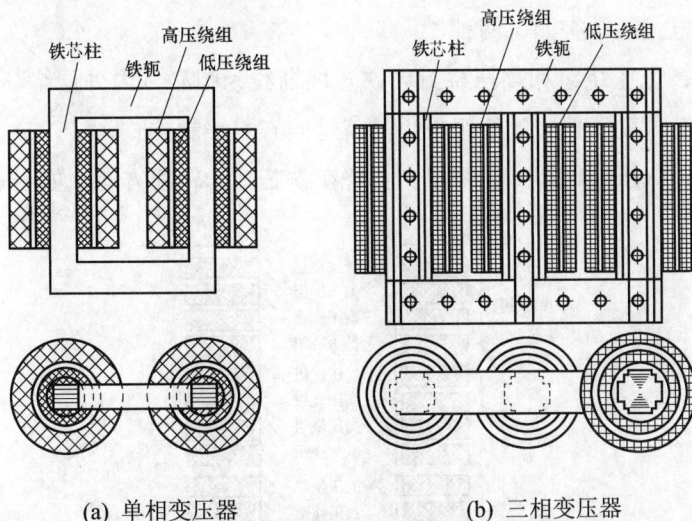

(a) 单相变压器　　　　　　　　　(b) 三相变压器

图 6-2 芯式变压器绕组和铁芯的装配示意图

芯式变压器的铁芯由铁芯柱和铁轭两部分组成。铁轭靠着绕组的顶面和底面，不包围绕组的侧面；绕组绕在铁柱上。铁柱和铁轭共同构成闭合磁路。其结构简单，装配及绝缘容易。我国电力变压器广泛采用芯式结构。

(4) 壳式变压器的结构。

壳式变压器的器身结构模型如图 6-3 所示。

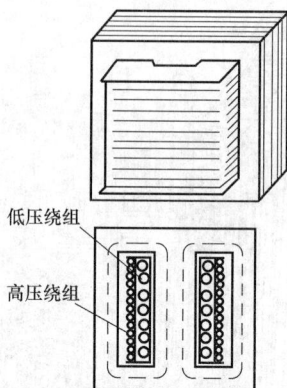

图 6-3　单相壳式变压器的器身结构

壳式变压器的铁芯包围着绕组的顶面、底面和侧面。

壳式变压器机械强度高、用材较多、工艺复杂，常用于低压、大电流或小容量的电信变压器。

(5) 变压器绕组的结构。

变压器绕组的作用，是构成传递交流电能的电路部分，绕组常使用包有绝缘材料的铜线或铝线绕制而成。

绕组的绕制方式通常有如下两种。

● 同心式：低压绕组和高压绕组以铁芯柱轴线为圆心，内外层绕制而成，如图 6-2 所示的芯式变压器中的绕组采用的就是同心式绕制方式。

● 交叠式：低压绕组和高压绕组交替绕在铁芯柱的轴线方向，如图 6-4 所示。

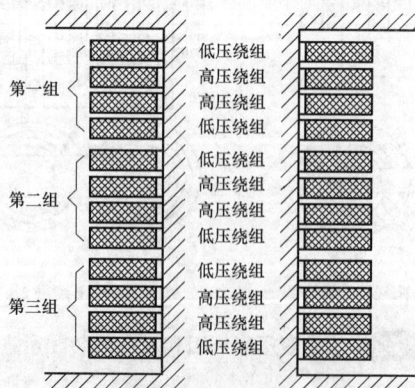

图 6-4　交叠式绕组

高压绕组和低压绕组的结构特点如下。

① 高压绕组的匝数多、导体细；低压绕组的匝数少、导体粗。

② 为了使套在铁芯柱上的绕组具有良好的机械性能，其外形一般为圆筒形状，如图 6-2 所示。

③ 同心式绕组的高、低压绕组同心地套在铁芯柱上。一般低压绕组靠近铁芯柱，高压绕组套在低压绕组外面；交叠式绕组的高、低压绕组沿铁芯柱高度方向交替放置，为减小绝缘距离，通常低压绕组靠近铁轭。

### 5．变压器的铁芯材料和叠装方式

(1) 铁芯的材料。

为了提高磁路的导磁性能，减少铁芯中的磁滞、涡流损耗，铁芯一般用高磁导率的磁性材料制成。目前变压器铁芯大部分采用单片厚为 0.35～0.5mm 的表面涂有绝缘漆的硅钢片，也可以采用电工钢片。

(2) 铁芯的叠装方式。

为了减小接缝间隙以减小励磁电流，铁芯一般采用交错式叠装，使相邻的接缝错开，如图 6-5 所示。

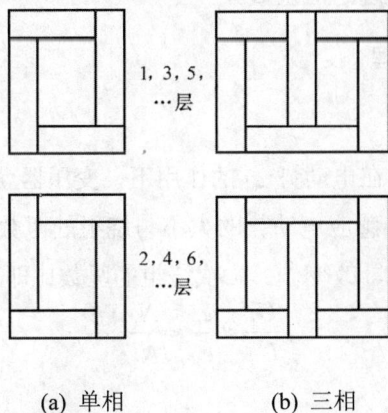

(a) 单相　　　　(b) 三相

图 6-5　叠片式铁芯交错的叠装方式

## (二) 单相变压器的工作原理

### 1．感应电动势的产生

变压器工作原理的基础是电磁感应定律。两个互相绝缘的绕组套在同一个铁芯上，绕组之间只有磁的耦合而没有电的联系，如图 6-6 所示。

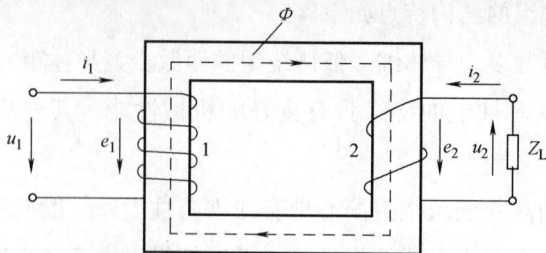

图 6-6 变压器的电路原理图

图 6-6 中，绕组 1 接交流电源，称为一次绕组；绕组 2 接负载，称为二次绕组。当一次绕组接到交流电源时，绕组中有交流电流流过，在铁芯中产生与外加电压频率相同的交变磁通 $\Phi$。交变磁通 $\Phi$ 同时交链一、二次绕组，根据电磁感应定律，交变磁通 $\Phi$ 在一、二次绕组中感应出相同频率的电动势 $e_1$、$e_2$。

### 2. 电动势之间的关系

电动势之间的关系为

$$e_1 = -N_1 \frac{\mathrm{d}\Phi}{\mathrm{d}t} \qquad e_2 = -N_2 \frac{\mathrm{d}\Phi}{\mathrm{d}t}$$

式中：$N_1$、$N_2$ 分别为一、二次绕组的匝数。

### 3. 变压器的电压变换原理

(1) 电压变换。

若把负载接到二次绕组，在电动势 $e_2$ 的作用下，变压器就能向负载输出电能，实现不同电压等级电能的传递。由于感应电动势的大小与绕组的匝数成正比，绕组的感应电动势又近似等于各自的电压，因此，改变一、二次绕组的匝数比即可改变输出的电压，即

$$\frac{U_1}{U_2} \approx \frac{e_1}{e_2} \approx \frac{N_1}{N_2}$$

(2) 变压器的电压变比 $K_U$。

电压变比指的是变压器的原边电压(一次绕组两端电压)$U_1$ 和副边电压(二次绕组两端电压)$U_2$ 的比值，即

$$K_U = \frac{U_1}{U_2} = \frac{N_1}{N_2}$$

当 $K_U > 1$ 时，变压器为降压变压器；当 $K_U < 1$ 时，变压器为升压变压器。

### 4. 变压器的电流变换原理

(1) 电流变换。

变压器是一种静止的电气设备，在电能的传递过程中损失很小，在理想情况下，原边

功率等于副边功率。所以有

$$U_1 I_1 = U_2 I_2$$

于是得到原边电流和副边电流的变换关系为

$$\frac{I_1}{I_2} = \frac{U_2}{U_1} = \frac{N_2}{N_1}$$

(2)　变压器的电流变比 $K_I$。

变压器的电流变比指的是变压器的副边接负载后，原边电流与副边电流之比，即

$$K_I = \frac{I_1}{I_2} = \frac{N_2}{N_1}$$

电流变比与电压变比互为倒数。

### 5．变压器的阻抗变换原理

图 6-7(a)所示为某一定数值阻抗的负载接到变压器的副边后，从原边看进去呈现的阻抗值，用 $|Z|$ 表示。图 6-7(b)所示为同一负载直接接到变压器原边时呈现的阻抗值，用 $|Z'|$ 表示。

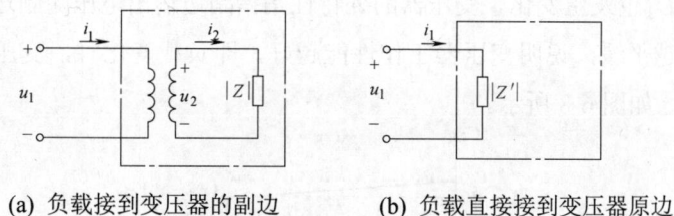

(a) 负载接到变压器的副边　　　　(b) 负载直接接到变压器原边

图 6-7　变压器阻抗变换电路

因为 $\dfrac{U_1}{U_2} = \dfrac{N_1}{N_2}$，因此有 $\qquad U_2 = \dfrac{N_2}{N_1} U_1$

又因为 $\dfrac{I_1}{I_2} = \dfrac{N_2}{N_1}$，因此有 $\qquad I_2 = \dfrac{N_1}{N_2} I_1$

由此可得变压器的阻抗变换原理为

$$|Z| = \frac{U_2}{I_2} = \frac{\dfrac{N_2}{N_1} U_1}{\dfrac{N_1}{N_2} I_1} = \left(\frac{N_2}{N_1}\right)^2 \frac{U_1}{I_1} = \frac{1}{K_U^2} |Z'|$$

即

$$|Z'| = K_U^2 |Z|$$

### 6．变压器的额定值

变压器的额定值包括额定容量、额定电压、额定电流和额定频率。

(1)　额定容量 $S_N$：指变压器额定运行时的视在功率，由于变压器的效率很高，通常一、二次侧的额定容量设计成相等的。对于三相变压器而言，额定容量是指三相的总功率。

(2)　一、二次侧额定电压 $U_{1N}$ 和 $U_{2N}$：正常运行时加在一次侧的端电压的允许值称为变

压器一次侧的额定电压 $U_{1N}$，二次侧的额定电压 $U_{2N}$ 是指变压器一次侧加额定电压时二次侧的空载电压。对三相变压器而言，额定电压是指线电压。

(3) 额定电流 $I_{1N}$ 和 $I_{2N}$：变压器一、二次侧的额定电流是根据额定容量和额定电压计算出来的电流。对三相变压器而言，额定电流是指线电流。

对单相变压器，有

$$S_N = U_{1N}I_{1N} = U_{2N}I_{2N}$$

对三相变压器，有

$$S_N = \sqrt{3}U_{1N}I_{1N} = U_{2N}I_{2N}$$

(4) 额定频率 $f_N$：我国的标准规定，工业频率 $f_N$=50Hz。

**7．变压器的外特性**

(1) 变压器的外特性曲线。

当变压器的副边绕组接上负载后，随着负载电流 $I_2$ 的变化，变压器内部损耗也发生变化，副边绕组 $U_2$ 也发生变化。变压器的外特性是指副边输出电压随副边输出电流变化的特性曲线，曲线越平缓，说明变压器工作性能越好，即负载变化时，变压器维持输出电压恒定的能力越强，如图6-8所示。

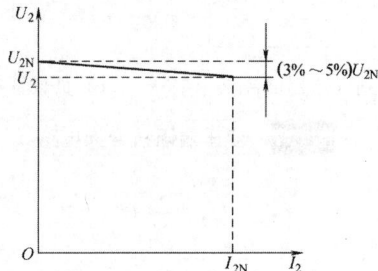

图 6-8　变压器的外特性曲线

(2) 电压调整率 $\Delta U\%$。

电压调整率是变压器空载电压减去实际工作电压(即电压降)与空载电压比值的百分比。用公式描述为

$$\Delta U\% = \frac{U_{2N} - U_2}{U_{2N}} \times 100\%$$

# (三) 直流电机的构造与工作原理

## 1．直流电机的分类

直流电机可分为直流发电机和直流电动机。其中，直流发电机是把机械能转换成为直

流电能的旋转机械，直流电动机是把直流电能转换成为机械能的旋转机械。

一台直流电机，既可以用作电动机，又可以用作发电机，其直流电能与旋转的机械能之间具有可逆性。通常说的电机指的是电动机。

**2．直流发电机的用途及特点**

直流发电机可用作蓄电池充电、电解电镀、汽车、直流电焊、同步电动机励磁及直流电动机等的直流电源。

直流发电机的构造复杂，价格昂贵，工作可靠性较差，维护较困难。随着电力电子技术的迅速发展，直流发电机作为直流电源已逐渐被半导体直流稳压电源所取代。

**3．直流电动机的用途及特点**

直流电动机可以作为大型起重机械、电气机车、电车、轧钢机、造纸机、龙门刨床、镗床等起动转矩大，起动、停车、调速性能高的生产机械的拖动机械。

直流电动机比三相异步电动机结构复杂，维护也不便；但其调速性能稳定，调速范围广。

**4．直流电机的结构**

直流电机主要由定子和转子两部分组成，结构如图 6-9 所示，主要结构总成如图 6-10 所示。

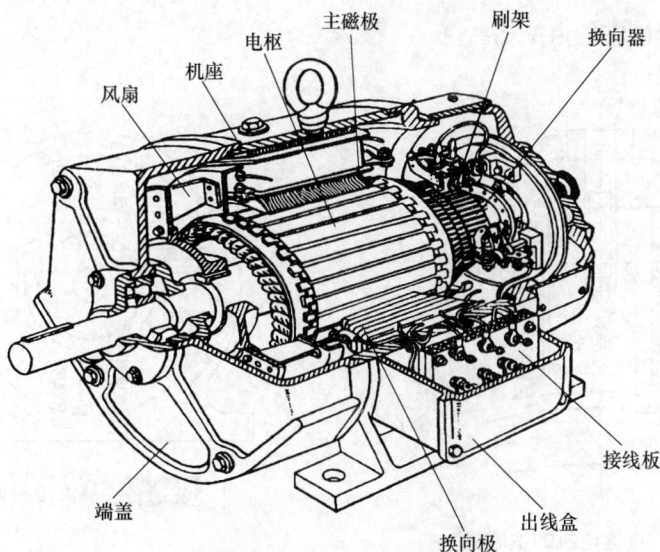

图 6-9　直流电机的结构

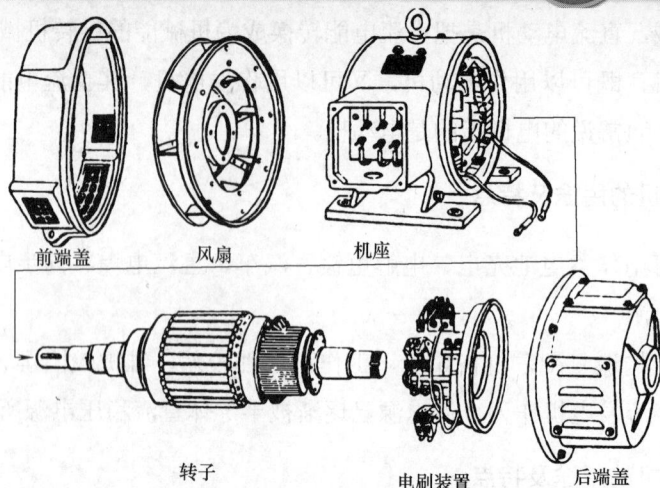

图 6-10　直流电机的主要结构总成

（1）定子的组成及各部分的作用。

定子主要由机座、主磁极、换向极、电刷装置、端盖和出线盒等部件构成。

① 机座：用于固定主磁极、换向极、端盖和出线盒等定子部件；作为磁路的一部分，也称为磁轭。

② 主磁极：结构如图 6-11 所示，用于产生主磁场，如图 6-12 所示。极靴的作用是挡住套在铁芯上的励磁绕组，并使电机空气隙中的磁感应强度按设计要求合理分布。整个主磁极用螺钉固定在机座的内壁上。

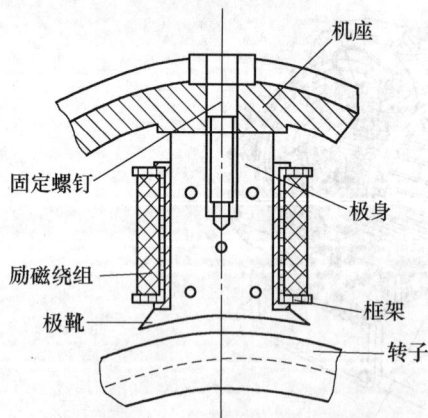

图 6-11　直流电机的主磁极

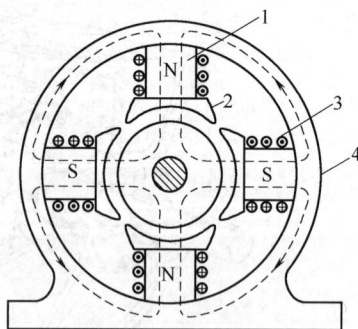

图 6-12　直流电机的磁路

1—铁芯；2—极靴；3—励磁绕组；4—机座

③ 换向极：由铁芯和套在铁芯上的绕组构成，并用螺栓固定在定子内壁两个主磁极之间，其结构如图 6-13 所示。换向极用于产生附加磁场，改善电机的换向。

④ 电刷装置：主要由碳刷和碳刷盒等零部件构成，如图 6-14 所示。整个电刷装置固定在端盖内。电刷装置的作用是通过电刷与换向器之间的滑动接触，使转子电路与外电路

相连接。

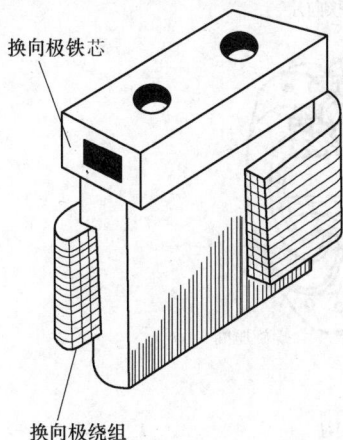

图 6-13 直流电机的换向极

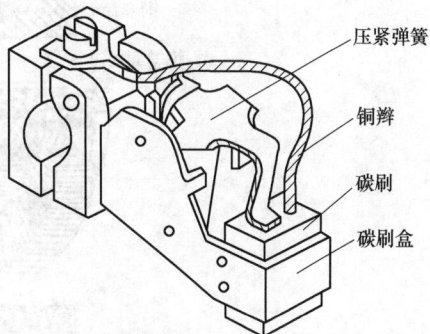

图 6-14 直流电机的电刷

(2) 转子的组成及各部分的作用。

转子主要由电枢(包括电枢铁芯和电枢绕组)、换向器、风扇等部件构成,其结构如图 6-15 所示。

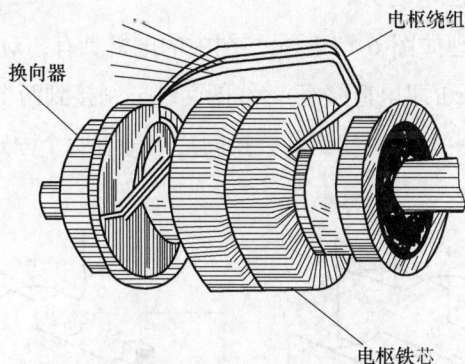

图 6-15 部分转子总成

① 电枢铁芯:用于安放电枢绕组,同时也是电机磁路的一部分。电枢铁芯一般都用硅钢片叠成。

② 电枢绕组:用于获得感应电动势和通过电流。它一般用带绝缘的导线绕成,均匀分布在电枢铁芯的槽内,并按一定的规则连接起来,线圈的端部接到换向片上。

③ 换向器:是直流电机所特有的一种机械换向装置,又称为整流子。电枢绕组由很多线圈组成,故换向器也由很多换向片组成,片与片之间互相绝缘,外表呈圆柱形,圆柱表面压放着电刷。换向器的结构如图 6-16 所示。

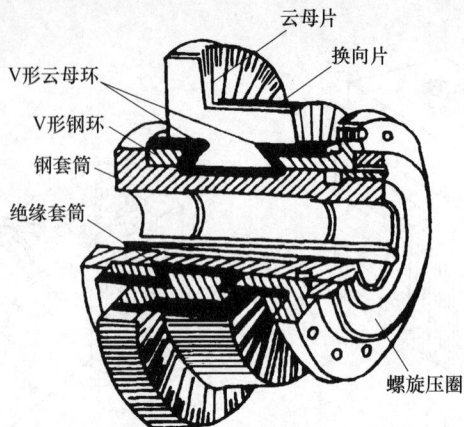

图 6-16　换向器的结构

换向器用于将电机内部的交流电动势变成直流电动势(发电机)，或把外部的直流电流变成内部的交流电流(电动机)。当电枢转动时，在刷架中的弹簧压板的作用下，换向器和静止的电刷之间保持着良好导电的滑动接触，从而使电枢绕组与外部电路连接起来。

### 5．直流发电机的工作原理

(1)　发电机产生的感应电动势。

直流发电机的工作原理如图 6-17 所示，图中的电机具有一对磁极 N 和 S，它们固定不动。两磁极间置一线圈 abcd(即电枢绕组)，线圈两端分别接到两个彼此绝缘的半圆形换向片上，线圈连同换向片可绕中心轴一起旋转。换向片上压着两个固定不动的电刷 A 和 B。

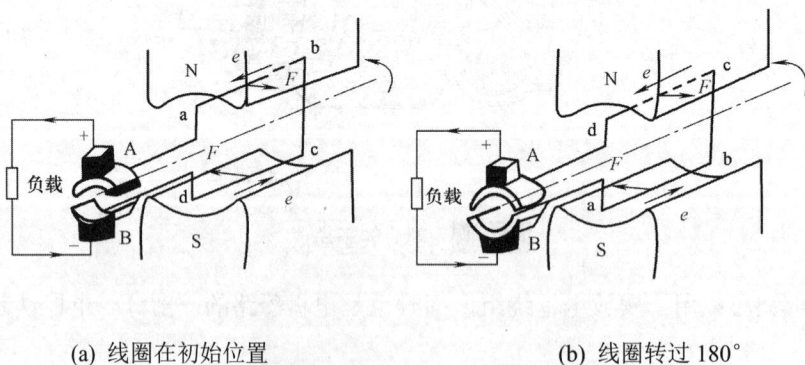

(a) 线圈在初始位置　　　　　　　　(b) 线圈转过 180°

图 6-17　直流发电机的工作原理

感应电动势的产生过程如下。

①　线圈处于初始位置。

转子由原动机拖动，线圈在磁场中以恒定的速度逆时针方向旋转时，线圈的两根有效边 ab 和 cd 切割磁力线。当线圈随转子转动到如图 6-17(a)所示的位置时，根据电磁感应定

律，每一有效边中会产生感应电动势 e，其方向可用右手定则确定：ab 边产生的感应电动势
为 b→a，cd 边产生的感应电动势为 d→c，这时电刷 A 为正，B 为负。线圈单边感应电动势
的大小为

$$e = BLv$$

式中：$v$ —— 线圈有效边运动的线速度(m/s)；

　　　$B$ —— 每个极面下的平均磁感应强度(T)；

　　　$L$ —— 线圈一个有效边的长度(m)；

　　　$e$ —— 感应电动势(V)。

② 线圈位置转过 180°。

如图 6-17(b)所示，有效边 ab 处于 S 极之上，感应电动势 e 的方向是 $a→b$，而有效边
cd 位于 N 极下面，感应电动势 e 的方向是 c→d。这时，电刷 A 仍为正，B 仍为负。可见，
同一有效边处于不同极面下时，e 的方向不同，即随着转子的转动，电枢绕组的每个有效边
中的感应电动势 e 在不停地交变，但同一极面下的有效边中的感应电动势 e 的方向却是恒定
不变的。电刷 A 通过换向器始终与转到 N 极下面的有效边相连，故恒为正；电刷 B 通过换
向器始终与 S 极上面的有效边相连，故恒为负。若在电刷 A 与 B 之间接上负载，负载中就
会有直流电流流过，即发电机向负载输出电功率。

(2) 发电机产生的电磁转矩。

当产生感应电流的两个有效边 ab 与 cd 在磁场中旋转时，它们会受到电磁力的作用。电
磁力的方向可用左手定则确定。该电磁力作用到线圈上，产生相对于转子轴的反向转矩，
阻碍原动机的转动。可见，发电机在向负载输出电功率的同时，必须吸收原动机输出的机
械功率，以克服电磁转矩，这就说明了直流发电机是将机械能转换为直流电能的装置。

### 6. 直流电动机的工作原理

(1) 直流电动机产生的电磁力的方向和大小。

图 6-18 所示为直流电动机的示意图。它的工作原理与发电机的工作原理相反。如果在
电刷 A 与 B 之间外加一个直流电压，A 接电源正极，B 接负极，则线圈中便有电流流过。

下面先分析电磁力的方向。

① 线圈在初始位置。

如图 6-18(a)所示，根据左手定则，有效边 ab 在 N 极下，电流方向为 a→b，受到的电
磁力 F 向左；有效边 cd 在 S 极上，电流方向为 c→d，受到的电磁力向右。两个有效边所受
的电磁力方向相反，故形成电磁转矩，驱使线圈逆时针方向旋转。

② 线圈转过 180° 的位置。

如图 6-18(b)所示，cd 边处于 N 极下，ab 边处于 S 极上，由于换向器的作用，使两有效

边中电流 $i$ 的方向与原来相反,变为 d→c,b→a,这就使得每一极面下的有效边中电流的方向保持不变。因而每一极面下的有效边受力方向不变,所以电磁转矩方向也不变。

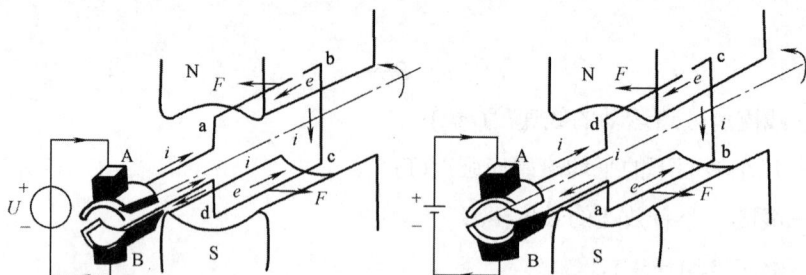

(a) 线圈在初始位置　　　　　(b) 线圈转过 180°

图 6-18　直流电动机的工作原理

由安培定律可知,每个有效边所受的电磁力为

$$F = BLi$$

式中,$i$ 为线圈中的电流,单位为安[培](A),其他参数同发电机。

(2) 电动机的反向电动势。

当线圈旋转时,ab 和 cd 两有效边切割磁力线,便会在其中产生感应电动势 $e$。根据右手定则可知,$e$ 的方向与线圈中的电流方向相反,故称为反电动势。电源必须克服反电动势而向电动机输入电流。可见,电动机在向负载输出机械功率的同时,直流电源必须向电动机输出电功率。这就说明了直流电动机是将直流电能转换为机械能的装置。

**7. 直流电机的电动势**

直流电机的电枢电动势 $E_a$ 可表示为

$$E_a = C_E \Phi n$$

式中:$C_E$ —— 与电机结构有关的常数;

$\Phi$ —— 每极磁通,单位是韦伯(Wb);

$n$ —— 电机转速,单位是转/分(r/min);

$E_a$ —— 感应电动势,单位是伏特(V)。

**8. 直流电动机的分类**

直流电动机根据励磁绕组与电枢绕组的连接方式不同,可以分为如图 6-19(a)~图 6-19(d)所示的他励式直流电动机、并励式直流电动机、串励式直流电动机和复励式直流电动机四种。

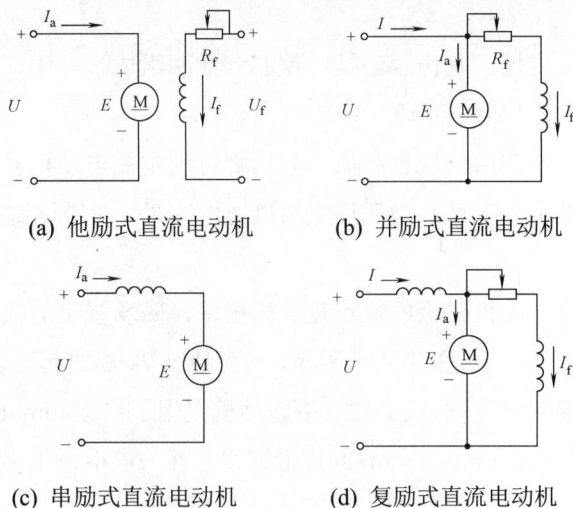

(a) 他励式直流电动机　　(b) 并励式直流电动机

(c) 串励式直流电动机　　(d) 复励式直流电动机

图 6-19　直流电动机的励磁方式

按照磁场形式的不同，直流电动机又可分为永磁式和励磁式两种。

### 9. 串励式直流电动机在汽车起动机上的应用

汽车起动机主要由直流电动机、传动装置和控制装置三部分组成，其结构如图6-20 所示。

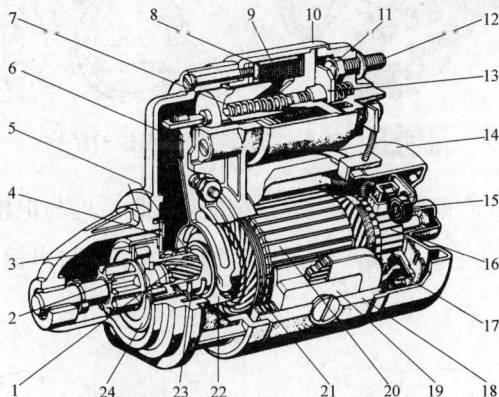

图 6-20　汽车起动机结构剖视图

1—电枢轴螺旋键槽；2—驱动齿轮；3—离合器驱动座圈；4—离合器制动盘；5—啮合弹簧；

6—移动叉；7—复位弹簧；8—保持线圈；9—吸引线圈；10—电磁开关壳体；11—电动机开关触点；

12—接线端子；13—开关触盘；14—换向器端盖；15—电刷弹簧；16—换向器；17—电刷；

18—电动机壳体；19—磁极；20—电枢；21—磁场线圈；22—滑环；23—支撑盘；24—单向离合器

(1) 汽车用直流电动机的结构特点。

汽车起动机使用的直流电动机由磁极、电枢和电刷组件组成。

① 磁极。

磁极的作用是产生磁场。它由永磁铁、铁芯和线圈组成。其中，永磁铁用于产生永磁场，铁芯和磁场绕组用于产生电磁场。

电磁式直流电机的铁芯用低碳钢制成，并用螺钉固定在电动机壳体的内壁上，磁场绕组套装在铁芯上，如图 6-21 所示。当磁场绕组接通电流时，在磁场铁芯中就会产生磁场(即电磁场)。

汽车起动机中直流电动机磁极的特点是：磁极多，磁场绕组的横截面积大，其目的是要增大起动机的电磁转矩。一般采用 4 个磁极，功率超过 7kW 的起动机一般采用 6 个磁极。磁场绕组一般用矩形裸铜线绕制，QD124 型起动机采用了 1.25mm×6.0mm 的矩形铜线；QD121 型起动机采用了 1.25mm×5.5mm 的矩形铜线，并与电枢绕组串联。

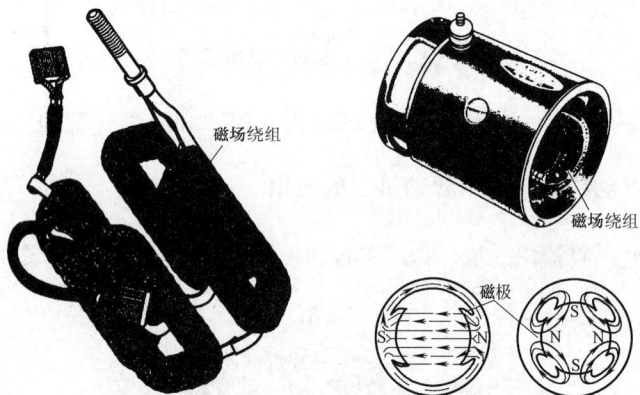

图 6-21　电磁式直流电动机磁极的结构

磁场绕组的连接方式有两种：一种是四个绕组串联后再与电枢绕组串联，如图 6-22(a) 所示；另一种是两个绕组先串联成两组后再并联，然后再与电枢绕组串联，如图 6-22(b) 所示。

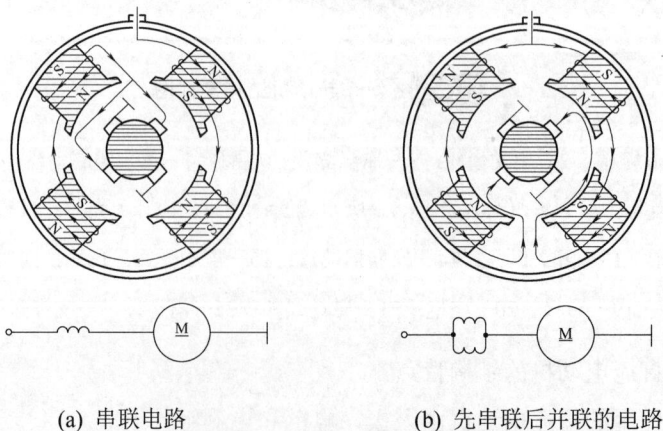

(a) 串联电路　　　　　　　　　(b) 先串联后并联的电路

图 6-22　磁场绕组的连接方式

现代汽车起动机普遍采用后一种连接方式，其目的是减小电阻，增大电流和电磁转矩。

电动机壳体的作用是固定机件和构成导磁回路。壳体用铸铁浇铸或钢板卷焊而成。壳体上设有一个接线端子或引出一根电缆引线，对电磁式电动机来说，该端子或引线与磁场绕组的一端连接。

②　电枢。

电枢主要由电枢铁芯、电枢绕组和换向器组成。其作用是产生电磁转矩，结构如图6-23(a)所示。

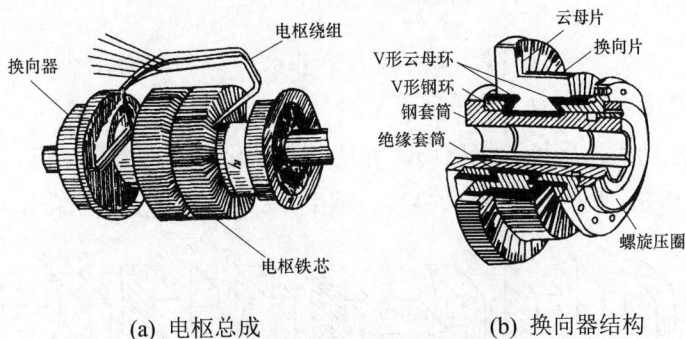

(a) 电枢总成　　　　　　　　(b) 换向器结构

图 6-23　起动机电枢的结构

电枢铁芯由相互绝缘的硅钢片叠装而成，其圆周上制有安放电枢绕组的线槽，内孔借花键槽压装在电枢轴上。电枢绕组绕制在电枢铁芯的线槽内，绕组两端分别焊接在换向器的铜片上。为了获得较大的电磁转矩，流经电枢绕组的电流很大(小功率起动机为 300A 左右，大功率起动机为 1000A 以上)，因此电枢绕组也采用横截面面积较大的矩形或圆形(切诺基吉普车)裸铜线绕制。

电枢中的换向器由截面呈燕尾形的铜片围合而成，如图 6-23(b)所示。燕尾形铜片称为换向片，换向片与换向片之间以及换向片与轴套、压环之间均用云母绝缘；换向器的作用是保证电枢绕组产生的电磁转矩的方向维持不变。

③　电刷组件。

电刷组件的作用是将直流电引入电枢绕组。

电刷组件的结构如图 6-24 所示，主要由电刷、电刷架、电刷弹簧和电刷端盖组成。电刷用铜粉与石墨粉模压而成，起动机电刷的含铜量为 80%左右，石墨含量为 20%左右。加入较多铜粉的目的是减小电阻，提高导电性能和耐磨性能。电刷安装在电刷架内，借弹簧压力紧压在换向器上，电刷弹簧的压力一般为 12～15N。

一只起动机有 4 个或 6 个电刷架，固定在电刷支架或端盖上，直接固定在支架或端盖上的电刷架称为负电刷架，安装在负电刷架内的电刷称为负电刷；电刷架与电刷支架或端盖之间安装有绝缘垫片的电刷架称为正电刷架，安装在正电刷架内的电刷称为正电刷。

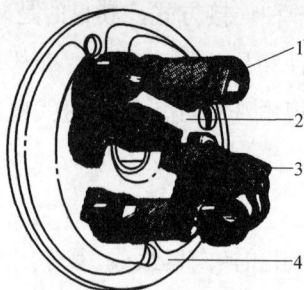

图 6-24　电刷组件的结构

1—电刷弹簧；2—电刷；3—电刷架；4—电刷端盖

(2)　汽车用直流电动机的工作原理。

汽车用直流电动机的磁场为电磁场，为使分析简化，将直流电动机定子形成的磁场描述成为如图 6-25 所示的南、北两极的磁场。图中，5 和 6 为电刷；3 和 4 为换向片。

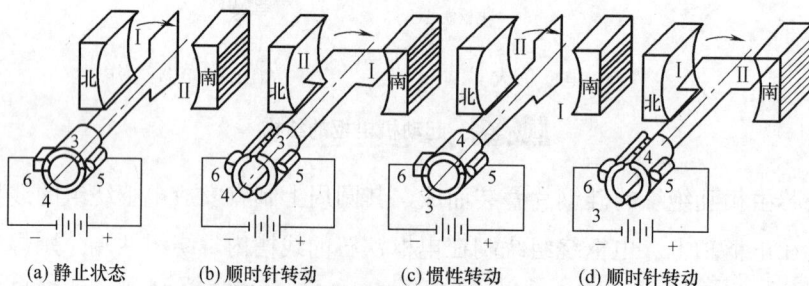

(a) 静止状态　　　(b) 顺时针转动　　　(c) 惯性转动　　　(d) 顺时针转动

图 6-25　汽车起动机中直流电动机的工作原理

下面以东风 EP1090 型汽车起动系统为例，说明直流电动机在汽车起动过程中起到的作用，起动过程分为三个状态，如图 6-26 所示。

①　起动机和发动机分离状态：当点火开关未接通起动"挡"时，起动机齿轮与汽车发动机齿轮处于分离状态，即使起动机中的电动机转动，也不能把转矩传递给汽车发动机，当然，由于没有点火，所以起动机不会动作，如图 6-26(a)所示。

②　进入啮合状态：当点火信号发出后，汽车蓄电池中的电能通过起动继电器传递给汽车起动机和起动系统的传动机构。前者使起动机转动；后者使传动机构中的电磁线圈得电，吸引拨叉机构动作，拨叉下端左移，将传动轴向左推，准备把起动机的转矩传递给汽车发动机系统，如图 6-26(b)所示。当拨叉拨动传动轴并使得齿轮从开始啮合到进入 2/3 以上啮合时，就可以把转矩传递给汽车发动机来发动汽车了。

③　驱动飞轮旋转状态：当转速达到一定程度后，发动机便被起动，如图 6-26(c)所示。

(a) 齿轮分离的初始状态　　(b) 齿轮进入啮合　　(c) 驱动飞轮旋转

图 6-26　汽车起动机的工作过程

## (四) 交流发电机及调节器

### 1. 汽车发电机的结构

上海桑塔纳轿车使用的 JFZ1913Z 型 14V 90A 交流发电机属于整体式的交流发电机。该汽车交流发电机为三相同步交流发电机，与其他电力发电机的不同点，是在发电机基本结构的基础上增加了电压调节器，且都采用集成电路调节器来调节输出电压。该发电机由转子、定子、整流器和端盖与电刷组件四部分组成，如图 6-27 所示。

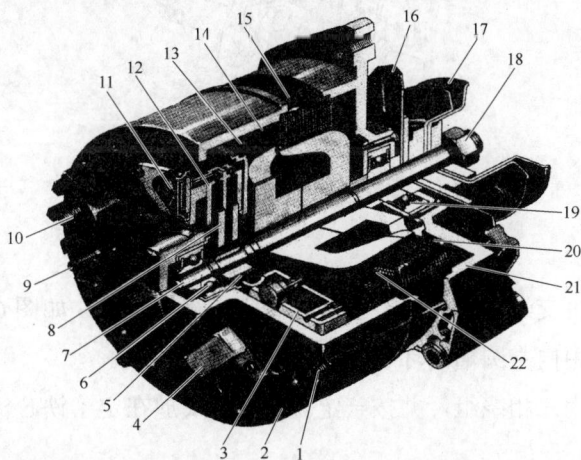

图 6-27　JFZ1913Z 型 14V 90A 交流发电机的整体结构

1—连接螺栓；2—后端盖；3—整流板；4—防干扰电容器；5—集流环；6—全封闭高速轴承；

7—转子轴；8—电刷；9—$D^+$端子；10—$B^+$端子；11—IC 调节器；12—电刷架；13—磁极；

14—定子绕组；15—定子铁芯；16—风扇叶轮；17—传动带轮；18—紧固螺母；19—全封闭高速轴承；

20—磁场绕组；21—前端盖；22—定子槽楔子

(1) 转子。

转子的作用是产生磁场。它由两块爪极、集电环、磁场绕组和铁芯组成，如图 6-28 所示。

① 爪极：爪极有两块，每块爪极上制有 6 个鸟嘴形磁极。两块爪极压装在转子轴上，爪极间的空腔内装有铁芯，铁芯也压装在转子轴上，磁场绕组绕在铁芯上。

② 集电环：集电环又称为滑环，由彼此绝缘的两个铜环组成。集电环压装在转子轴的一端并与转子轴绝缘。

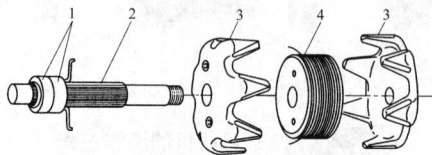

图 6-28　转子的结构

1—集电环；2—转子轴；3—爪极；4—磁场绕组与铁芯

③ 磁场绕组和磁极：磁场绕组的两端分别焊接在两个集电环上。两个铜环分别与发电机后端盖上的两个电刷相接触。当两个电刷接通直流电源时，磁场绕组中便有电流流过，并产生轴向磁通，使一块爪极磁化为 N 极，另一块爪极磁化为 S 极，从而形成 6 对相互交错的磁极，如图 6-29 所示。

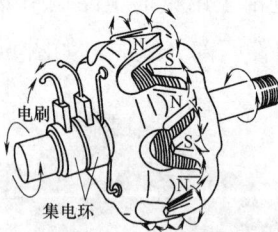

图 6-29　转子的磁场

(2) 定子。

定子的作用是产生交流电。它由定子铁芯和定子绕组组成，如图 6-30 所示。

① 定子铁芯：由内带圆槽的环状硅钢片叠压而成。

② 定子绕组：为三相绕组，并按一定规律对称安放在定子铁芯槽内。

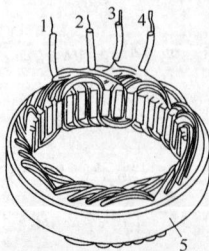

图 6-30　定子总成的结构

1、2、3、4—绕组引线；5—定子铁芯

三相绕组的连接方法有星形联结(简称 Y 形联结)和三角形联结(简称△形联结)两种。当采用 Y 形联结时，三相绕组的 3 个末端 X、Y、Z 联结在一起，称为中性点，3 个始端 U、V、W 作为交流发电机的输出端，如图 6-31(a)所示。当采用△形联结时，一相绕组的始端与另一相绕组的末端联结，共有 3 个接点，这 3 个接点即为交流发电机的输出端，如图 6-31(b)所示。

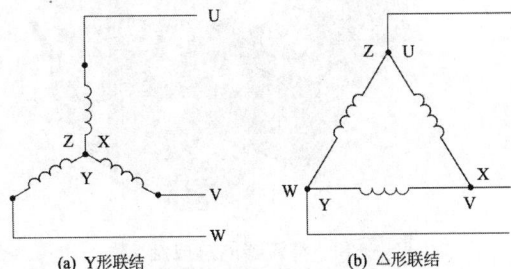

(a) Y形联结      (b) △形联结

图 6-31 三相绕组的连接方法

为了使三相绕组产生频率相同、幅值相等、相位互差 120°的三相对称电动势，在绕制三相绕组时，应合理确定绕组的安放位置。当采用 Y 形联结时，定子绕组的展开图如图 6-32 所示。交流发电机转子的磁极对数决定了三相定子绕组线圈的个数和定子铁芯的槽数。转子上每对磁极必须对应分布在定子铁芯槽中三个线圈的下面，以便产生三相交流电。定子线圈嵌入铁芯槽中用以切割磁力线而产生感应电动势的边称为有效边，每个线圈的两个有效边应分别嵌入定子铁芯的两个槽中，以便获得感应电动势。

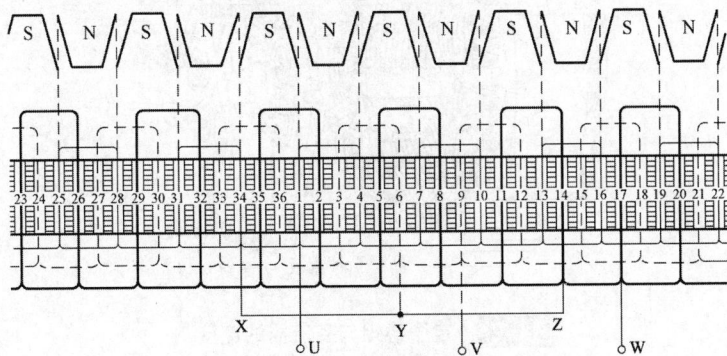

图 6-32 交流发电机定子绕组的展开图

(3) 整流器。

交流发电机中，整流器的作用是将三相定子绕组产生的交流电变换为直流电。整流器由整流二极管和二极管的散热板组成。桑塔纳等轿车使用的交流发电机整流器的总成结构如图 6-33 所示。

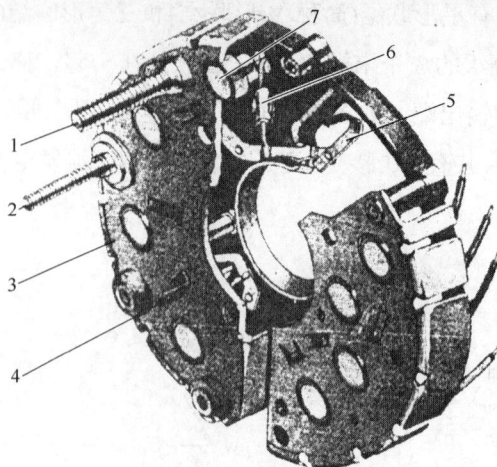

图 6-33　整流器的总成结构

1—B⁺输出端子；2—D⁺输出端子；3—正整流板；4—防干扰电容器连接插片；

5—电刷架压紧弹片；6—磁场二极管；7—输出整流二极管

　　整流器总成的形状各异，有长方形、马蹄形、半圆形和圆形等，定子绕组与整流器的连接关系如图 6-34 所示。目前整流器总成大多数都装于交流发电机后端盖的外侧，在整流器总成外面再加装一个用薄铝板或薄铁板冲压而成的防护盖，这样便于散热冷却和维修。

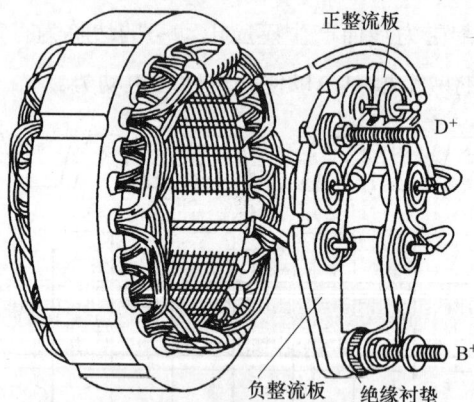

图 6-34　定子绕组与整流器的连接

　　(4)　端盖与电刷组件。

　　①　端盖。

　　交流发电机的前、后端盖均用铝合金压铸或用砂模铸造而成，采用铝合金材料的主要目的是减少漏磁。此外，铝合金具有质量轻、散热性能好等优点。

　　②　电刷组件。

　　电刷组件安装在后端盖上。它由电刷、电刷架和电刷弹簧组成，如图 6-35 所示。

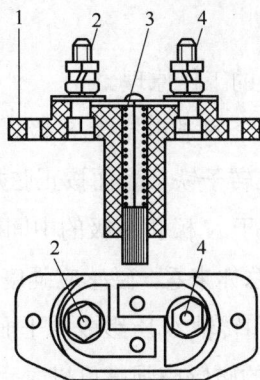

图 6-35 电刷组件

1—电刷架；2、4—磁场端子；3—电刷与电刷弹簧

电刷用铜粉和石墨粉模压而成；电刷架用酚醛玻璃纤维塑料模压而成。电刷安装在电刷架的孔内，借弹簧张力使电刷与集电环保持良好接触。每台交流发电机有两只电刷，每只电刷都有 1 根引线直接引到发电机后端盖的接线端子上或后端盖上。

电刷组件的安装形式有外装式和内装式两种。如图 6-35 所示为外装式结构，其电刷的拆装和更换在发电机外部即可进行，拆装检修十分方便，因此交流发电机普遍采用这种安装方式。

交流发电机的搭铁形式包括内搭铁型和外搭铁型两种，如图 6-36 所示。

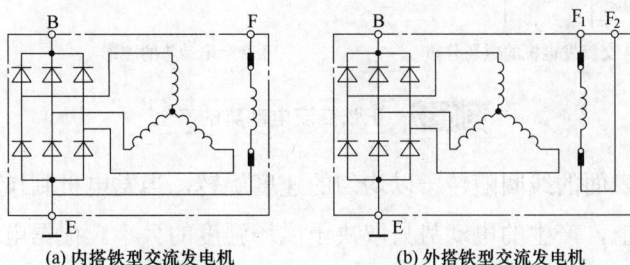

(a) 内搭铁型交流发电机　　　　(b) 外搭铁型交流发电机

图 6-36 交流发电机的搭铁形式

内搭铁型交流发电机是指磁场绕组的一端经滑环和电刷在发电机端盖上搭铁的发电机，如图 6-36(a)所示。东风 EQ1090 型载货汽车采用的 JF132N 型交流发电机即为内搭铁型交流发电机。

外搭铁型交流发电机是指磁场绕组的两端均与端盖绝缘，其中一端经调节器后搭铁的发电机，如图 6-36(b)所示。桑塔纳等大多数轿车采用的都是外搭铁型交流发电机。

### 2. 交流发电机的工作原理

(1) 一般单相正弦交流发电机的工作原理。

单向交流发电机的磁极包括一个 N 极和一个 S 极。两个磁极按照一定形状制作，保证发电机磁极产生的磁感应强度 $B$ 在转子铁芯表面按正弦规律分布，如图 6-37 所示。图中 aa′ 代表发电机磁场的中性面，正好处于 N 极和 S 极的中间，所以磁感应强度为零；在 N 极和 S 极的正下方，磁感应强度最大。总体来看，磁感应强度在空间上沿转子表面的圆周方向按正弦规律分布。$\alpha$ 角是线圈的一边和转轴 $O$ 所组成的平面与中性面的夹角。于是，转子铁芯表面(线圈旋转时所经过的各位置)的磁感应强度可以表示为：当 $\alpha = 0$ 时，磁感应强度 $B = 0$；当 $\alpha = 90°$ 时，磁感应强度达到正的最大值 $B = B_m$；当 $\alpha = 180°$ 时，磁感应强度 $B = 0$；当 $\alpha = 270°$ 时，磁感应强度达到负的最大值 $B = -B_m$。绕在转子表面的线圈转过的角度 $\alpha$ 不同，受到的磁感应强度的大小相应就不同，其数值按照正弦规律分布。

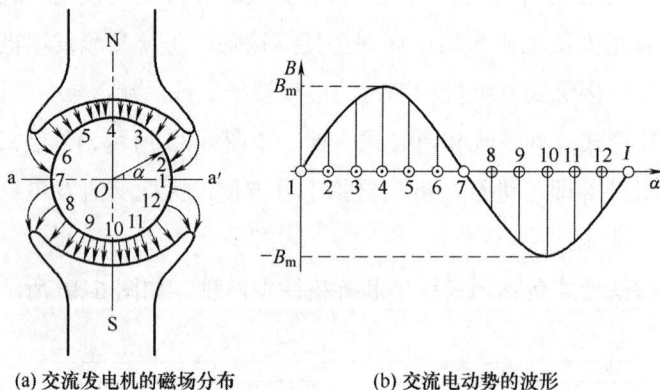

(a) 交流发电机的磁场分布  　　(b) 交流电动势的波形

图 6-37　正弦交流电动势的产生

绕在转子铁芯表面的线圈随转子以均匀的速度旋转，当发电机制作完成时，其线圈的有效长度就为一定值，产生的电动势只取决于磁场强度的大小。根据电磁感应定律，在匀强磁场中，有

$$E = B_C L V \quad \text{(其中 } B_C \text{ 为恒定的磁场)}$$

在正弦磁场中，有

$$e = BLV = (B_m \sin\alpha)LV = (B_m LV)\sin\alpha = E_m \sin\alpha$$

当线圈绕组旋转的角速度为 $\omega$ 时，相位角 $\alpha$ 随时间按照 $\omega t$ 的规律变化，$\omega t$ 为电动势 $e$ 在 $t$ 时刻的电角度。于是，产生的交流电动势就可以表示为

$$e = E_m \sin\omega t$$

简单地说，正弦交流电是匀速旋转的定长线圈在正弦变化的磁场中周期性地切割磁力线所产生的。

(2) 一般三相交流发电机的工作原理。

实际上的绝大多数三相发电机的电枢是静止的，磁极是旋转的。为了讨论问题方便，通常把三相发电机的磁极看成是静止的，而线圈和铁芯组成的电枢是旋转的，但两者的原理相同，其示意图如图 6-38 所示。

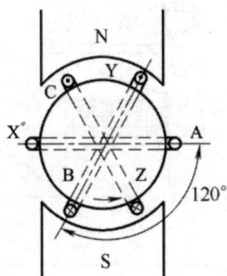

图 6-38 三相交流发电机示意图

图 6-38 中，在静止的 N、S 极之间的圆柱形铁芯上绕着三组相同的线圈(每相线圈只画出一匝)，即三相绕组。三相绕组的一端用 A、B、C 表示，叫作始端；每相绕组对应的另一端用 X、Y、Z 表示，叫作末端。则 AX、BY、CZ 就组成了三相绕组。并且一相绕组的首端和末端与另外两相绕组的首、末端之间在空间上互差 120°。假设 AX 绕组在水平位置，在从 A 端按顺时针方向旋转 120° 的位置上，固定着 BY 绕组，首端 A 与 B 和末端 X 与 Y 之间在空间上都相隔 120°；在从 B 端按顺时针方向旋转 120° 的位置上，固定着 CZ 绕组。三相绕组固定在铁芯上，铁芯与绕组合称为电枢。

当电枢旋转时，线圈的有效长度就会以电枢旋转的角速度切割静止磁场的磁力线，根据电磁感应原理，就在 AX 相绕组上产生感应电动势 $e_A$、在 BY 相绕组上产生感应电动势 $e_B$、在 CZ 相绕组上产生感应电动势 $e_C$。因为三相绕组在空间互差 120°，所以其三相交流电的表达式就可以写成：

$$\begin{cases} e_A = E_m \sin \omega t \\ e_B = E_m \sin(\omega t + 120°) \\ e_C = E_m \sin(\omega t + 240°) = E_m \sin(\omega t - 120°) \end{cases}$$

(3) 汽车用三相交流发电机的工作原理。

在汽车用三相交流发电机中，当点火开关接通时，汽车上的交流发电机磁场绕组中就有电流流过，流经磁场绕组的电流称为磁场电流。由右手定则可知，磁场电流在转子铁芯中会产生轴向磁通，磁力线穿过的路径称为导磁回路或磁路，如图 6-39 所示。其中，箭头所示方向为磁通的方向。

图 6-39 中的磁路为：铁芯→N 极→转子与定子间的气隙→定子→定子与转子间的气隙→S 极→铁芯。转子磁极制作成鸟嘴形，可使定子绕组感应产生的交流电动势近似于正弦

曲线波形。由上述导磁回路可知，在设计交流发电机时，必须保证转子相邻异性磁极间的气隙大于转子与定子间的气隙，以使磁力线穿过定子铁芯，定子绕组才能切割磁力线而产生感应电动势。

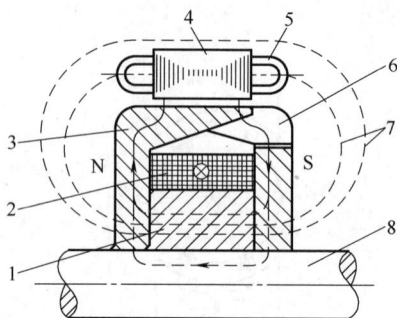

图 6-39    交流发电机的磁路

1—铁芯；2—磁场绕组；3、6—爪极；4—定子铁芯；5—三相绕组；7—漏磁；8—转子轴

交流发电机是根据电磁感应原理而产生交流电的。发电机的三相定子绕组按一定规律分布在定子铁芯槽中，如图 6-40 所示电路的左半部分，各相绕组彼此相差 120°空间角度(电角度)。现在的汽车发电机通常把三相整流电路直接做到整流盘上，与三相发电机的绕组紧密结合到一起，最终输出脉动的直流电，三相桥式整流电路为图 6-40 所示电路的右半部分。

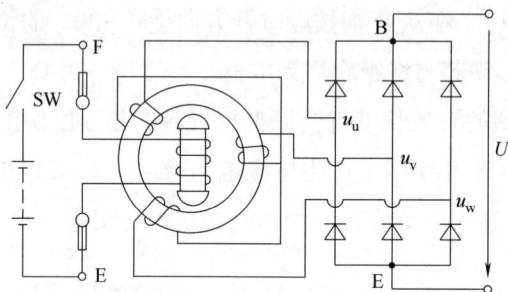

图 6-40    汽车交流发电机的电路

在发电机中，当转子旋转时，磁场便随着转子在空间旋转。此时，三相定子绕组与磁力线之间会产生相对运动，定子绕组就会切割磁力线，每相绕组都会产生按照正弦规律变化的交流电。因为各相绕组相对于磁场的运动速度相同、结构相同，所以在三相绕组中就会产生频率相同、幅值相等、相位互差 120°电角度的正弦交流电动势 $e_U$、$e_V$、$e_W$，其波形如图 6-41 所示。

交流发电机每相绕组中感应产生的电动势的有效值 $E_\Phi$ 均相等，应为

$$E_\Phi = 4.44 K N f \Phi = C_e \Phi n$$

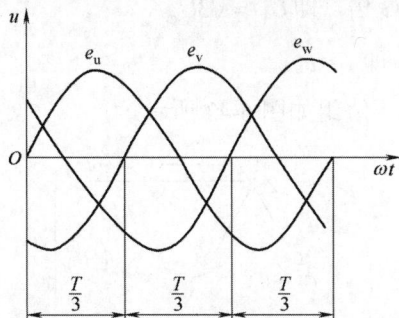

图 6-41　三相交流电动势的波形图

式中：　　$E_\Phi$——感应电动势的有效值(V)；

　　　　　$K$——绕组系数(交流发电机采用整距集中绕组，$K=1$)；

　　　　　$N$——每相绕组的匝数(匝)；

　　　　　$f$——感应电动势的频率(Hz)；

　　　　　$C_e$——发电机的结构常数；

　　　　　$\Phi$——每极的磁通(Wb)；

　　　　　$n$——发电机转子的转速(r/min)。

　　结论：交流发电机定子绕组内感应电动势的大小与每相绕组串联线圈的匝数和感应电动势的频率成正比，即定子绕组的匝数越多、转子的转速越高，产生的感应电动势也就越大。

　　(4)　三相交流电的电压、电流关系。

　　采用星(Y)形联结的定子绕组如图 6-42 所示。其中，线电压为任意两个输出端之间的输出电压，用 $U_L$ 表示；线电流为端线上流动的电流，用 $I_L$ 表示；相电压为每相定子绕组两端的电压，用 $U_\Phi$ 表示；相电流为每相定子绕组上流动的电流，用 $I_\Phi$ 表示。

　　根据电工学原理，可得出如下结论。

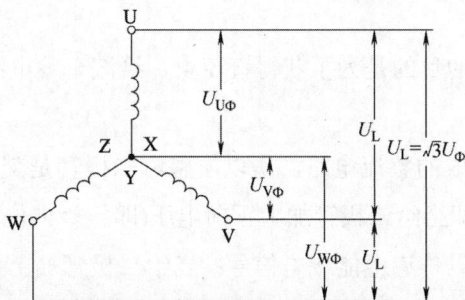

图 6-42　定子绕组的 Y 形联结

① 线电压是相电压的 $\sqrt{3}$ 倍，即 $U_L = \sqrt{3} U_\Phi$。

② 线电流等于相电流，即 $I_L = I_\Phi$。

采用三角形(△)联结的定子绕组如图 6-43 所示。

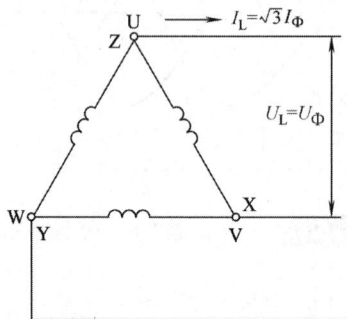

图 6-43　定子绕组的△形联结

根据电工学原理，可得出如下结论。

① 线电压等于相电压，即 $U_L = U_\Phi$。

② 线电流是相电流的 $\sqrt{3}$ 倍，即 $I_L = \sqrt{3} I_\Phi$。

定子绕组的这两种联结方式具有不同的特点：在交流发电机相电压相同的情况下(即在相同转速条件下)，Y 形联结比△形联结具有较高的输出电压；当输出线电压相同时，△形联结的输出电流较大。

另外，这两种联结方式的应用也各有不同。采用 Y 形联结的交流发电机在发动机转速较低时(如怠速时)便可向蓄电池充电，而采用△形联结的交流发电机则需较高的发动机转速才能向蓄电池充电(指在与 Y 形联结具有相同的传动比时)。所以，大多数车用交流发电机都采用 Y 形联结，只有少数大功率交流发电机采用△形联结。

### 3．汽车交流发电机的整流

(1) 整流的目的。

汽车交流发电机整流的目的是为了获得直流电，给汽车蓄电池充电。

(2) 整流元件。

整流器是由二极管构成的整流电路，所以，整流二极管是交流发电机的关键器件。二极管具有单向导电特性，即当给二极管加上正向电压(即正极电位高于负极电位)时，二极管导通，呈现低阻状态，可以传递电能或电信号；当给二极管加上反向电压(即正极电位低于负极电位)时，二极管截止，呈现高阻状态，电路近似被分断。利用二极管的单向导电特性，便可把交流电变为直流电。

(3) 整流电路。

在交流发电机中，6 个型号相同的二极管组成的三相桥式整流电路如图 6-44 所示，正

极接三相绕组始端 U、V、W 的二极管 VD₁、VD₃、VD₅ 叫作正极管；负极接三相绕组始端
U、V、W 的二极管 VD₂、VD₄、VD₆ 叫作负极管。

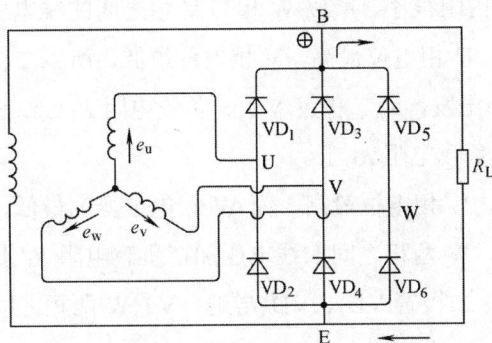

图 6-44　三相交流整流电路

(4) 三相整流电路中二极管的导通原则。

① 正极管导通原则。

因为 3 个正极管 VD₁、VD₃、VD₅ 的正极分别接在发电机三相绕组的始端(U、V、W)
上，它们的负极又连接在一起，所以 3 个正极管的导通原则是：在某一瞬间，正极电位最
高者导通。

② 负极管导通原则。

因为 3 个负极管 VD₂、VD₄、VD₆ 的负极分别接在发电机三相绕组的始端，它们的正极
又连接在一起，所以 3 个负极管的导通原则是：在某一瞬间，负极电位最低者导通。

(5) 整流器的整流过程。

根据正、负极管的导通原则，交流发电机整流器的整流过程如下，具体波形如图 6-45
所示。

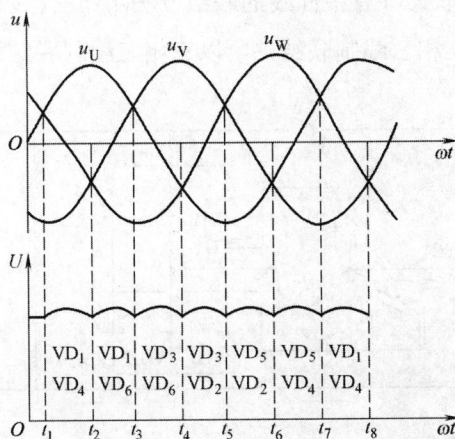

图 6-45　三相交流电整流前后的波形

① 在 $t = 0 \sim t_1$ 时间内，W 相电位最高，V 相电位最低，所以二极管 $VD_5$、$VD_4$ 获得正向电压而导通。电流从 W 相出发，经二极管 $VD_5$、负载电阻 $R_L$、二极管 $VD_4$ 回到 V 相构成回路。因为二极管的内阻很小，所以 W 相与 V 相之间的线电压都加在负载电阻 $R_L$ 上。

② 在 $t_1 \sim t_2$ 时间内，U 相电位最高，V 相电位最低，所以二极管 $VD_1$、$VD_4$ 获得正向电压而导通，电流从 U 相出发，经二极管 $VD_1$、负载电阻 $R_L$、二极管 $VD_4$ 回到 V 相。U、V 两相之间的线电压加在负载电阻 $R_L$ 上。

③ 在 $t_2 \sim t_3$ 时间内，U 相电位最高，而 W 相电位变为最低，所以二极管 $VD_1$、$VD_6$ 获得正向电压而导通。U、W 两相之间的线电压加在负载电阻 $R_L$ 上。

④ 在 $t_3 \sim t_4$ 时间内，二极管 $VD_3$、$VD_6$ 导通，V、W 两相之间的线电压加在负载电阻 $R_L$ 上。

余下的区间段内二极管的导通情况请读者自行分析。

总之，6 个二极管导通与截止依次循环，周而复始，在负载电阻两端就可得到一个比较平稳的直流脉动电压 $U$，电压波形如图 6-45 所示波形图的下半部分，在一个周期内有 6 个纹波。根据电工学原理，可得到整流后发电机输出直流电压的平均值。

定子绕组 Y 形联结时：$\qquad\qquad U = 1.35 U_L = 2.34 U_\Phi$

定子绕组 △ 形联结时：$\qquad\qquad U = 1.35 U_\Phi$

式中：$\quad U$ —— 输出直流电压的平均值(V)；

$\qquad U_L$ —— 定子绕组输出的线电压的有效值($U_L = \sqrt{3}\, U_\Phi$)(V)；

$\qquad U_\Phi$ —— 每相绕组的相电压的有效值(V)。

(6) 三相交流发电机的中性点电压。

当三相定子绕组采用 Y 形联结时，三相绕组 3 个末端的公共接点称为三相绕组的中性点，电路如图 6-46 所示，接线端子标记为 N，从该点引出的线叫作中性线，电工学中也称零线。定子绕组采用 Y 形联结并有中性线的联结方法叫作三相四线制联结。相对应地，不接中性线的连接方法叫作三相三线制联结，所以三相三线制联结没有中性线。

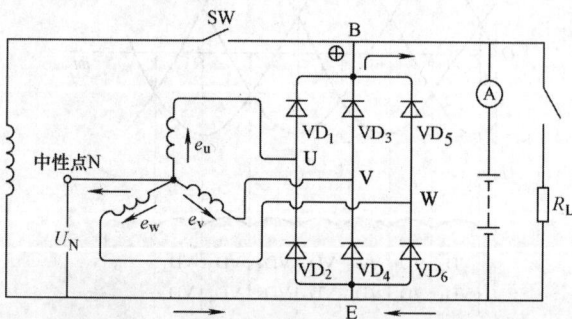

图 6-46 定子绕组 Y 形联结的三相四线制电路图

中性点对发电机搭铁端之间通过 3 个负极管整流(即三相半波整流)后得到的直流电压，称为中性点电压。中性点电压通常用于控制磁场继电器、充电指示继电器或提高发电机的输出功率。中性点电压的平均值等于交流发电机输出直流电压的一半，即

$$U_N = \frac{1}{2}U$$

式中：$U_N$ 为中性点电压；$U$ 为发电机输出直流电压。

### 4．交流发电机的机械特性

(1)  空载特性。

空载特性是指交流发电机空载时，端电压随转速的变化关系。即

$$I = 0，U = f(n)$$

其特性曲线如图 6-47 所示。

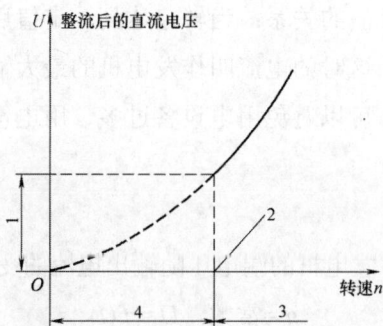

图 6-47  交流发电机的空载特性曲线

1—蓄电池电压；2—开始充电；3—自激；4—他励

从空载特性曲线可以看出，随着转速的升高，发电机的端电压上升较快，且当它由他励转入自励时，就能向蓄电池充电，从而又改善了低速充电性能。因此，研究发电机的空载特性，可以判断发电机的性能。

(2)  输出特性。

输出特性是指发电机向负载端供电时，在保持发电机输出电压一定(对 12V 的发电机规定为 14V；24V 的发电机规定为 28V；对内装电子调节器的 12 V 与 24 V 整体式发电机，分别规定为 13.5V 与 27V)的情况下，发电机的输出电流随转速的变化关系。即

$$U=常数，I = f(n)$$

输出特性曲线如图 6-48 所示。从曲线中可得如下结论。

①  发电机空载转速对发电机供电的影响：如果发电机电压低于额定值，发电机就不能对外供电，只有当 $n > n_1$ 时，发电机才有能力在额定电压下对外供电。$n_1$ 为发电机空载时输出电压达到额定值时的转速，称为空载转速，是选定发电机与发动机传动比的主要依据。

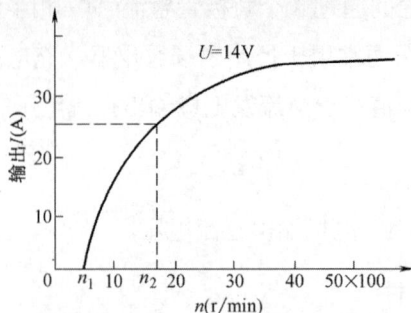

图 6-48　交流发电机的输出特性曲线

② 发电机满载转速与额定功率的关系：额定功率即额定电压与额定电流之积；满载转速是指发电机达到额定功率时所对应的转速 $n_2$，如图 6-48 所示虚线的位置。满载转速也是发电机性能的主要指标，通过测量 $n_1$ 和 $n_2$，便可判断发电机性能的好坏。

③ 发电机的转速与限流值的关系：当转速达到一定值后，发电机的输出电流几乎不再随转速的升高而继续加大，这时的电流叫作发电机的最大输出电流或者限流值。发电机的这种自身限制电流的能力，可以避免用电设备过多、用电量过大时造成发电机因过载而损坏的危险。

(3) 外特性。

外特性是指转速一定时，发电机的端电压随输出电流的变化关系。即

$$n = 常数，\quad U = f(I)$$

交流发电机的外特性曲线如图 6-49 所示。从曲线中可得到如下结论。

① 随着负载即输出电流的增加，发电机端电压下降很快，并且转速越高，发电机端电压下降越快。原因是：随着输出电流的增加，转速越高，定子绕组的阻抗越大，电压在定子绕组上的电压降就越大；此外，输出电流增加还会使电枢反应加强，直接导致端电压下降，而端电压下降又会使磁场电流减小，从而导致端电压进一步下降。

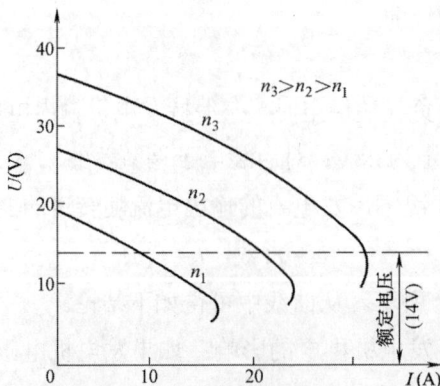

图 6-49　交流发电机的外特性曲线

②　发电机具有自身限制电流的能力。当输出电流达到一定值时，若负载再增加，其输出电流不但不会增加，反而会同电压一起减小，即在外特性上存在一个转折点。因此，发电机短路时，其短路电流很小，这就是发电机自身限制电流的能力。

### 5. 交流发电机的电子调节器

交流发电机调节器是把交流发电机的输出电压控制在规定范围内的控制装置，又称为电压调节器。

由于汽车用交流发电机的转子由发动机按固定的传动比驱动旋转，在汽车行驶的过程中，发动机转速随时都在发生变化，发电机转速便随之改变(汽车发电机转速可在 0～18000r/min 范围内变化)，因此发电机输出的电压必然随转速的变化而变化。当发电机转速变化时，调节器可以自动调节发电机的输出电压并使电压保持恒定，防止输出电压过高而损坏用电设备，并避免蓄电池过量充电。

交流发电机输出电压 $U$ 与其感应电动势成正比关系，而感应电动势 $E_\Phi$ 与发电机转速 $n$ 和每极磁通 $\Phi$ 成正比，即

$$E_\Phi = C_e \Phi n$$

当发电机转速变化时，如果要保持发电机电压恒定，就必须改变磁极磁通。因为磁极磁通的多少取决于磁场电流的大小，所以在发电机转速变化时，只要自动调节磁场电流，就能使发电机电压保持恒定。

调节器的调节原理就是：通过调节磁场电流，使磁极磁通改变，来使发电机输出电压保持恒定。当发电机转速一定时，电压调节过程如图 6-50 所示。

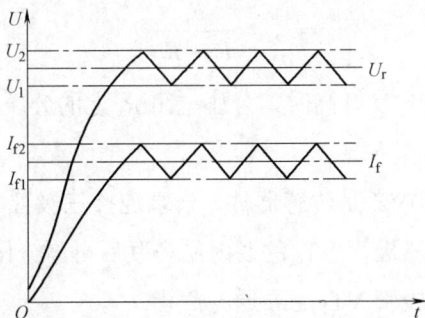

图 6-50　发电机转速 $n$ 一定时的电压调节过程

当发电机转速 $n$ 达到一定值(即 $n = C = $ 常数)，其输出电压 $U$ 达到调节电压上限值 $U_2$ 时，调节器开始进行调节并使磁场电流 $I_f$ 减小，因此磁通 $\Phi$ 减少，电动势 $E_\Phi$ 下降，输出电压随之下降。当输出电压降到调节电压下限值 $U_1$ 时，调节器又进行调节，并使磁场电流 $I_f$ 增大，因此磁通 $\Phi$ 增多，电动势 $E_\Phi$ 升高，输出电压随之升高。当输出电压再次升高到调节电压上限值 $U_2$ 时，调节器重复上述调节过程，使发电机输出电压 $U$ 在调节电压上下限 $U_2$、

$U_1$ 之间脉动，从而保持平均电压 $U_r$ 不变。上述调节过程可简要表达为：

$$n \uparrow = C \rightarrow U \uparrow = U_2 \rightarrow 调节 \rightarrow I_f \downarrow \rightarrow \Phi \downarrow \rightarrow E_\Phi \downarrow \rightarrow U \downarrow = U_1 \rightarrow 调节 \rightarrow I_f \uparrow$$
$$E_\Phi \uparrow \leftarrow \Phi \uparrow$$

(1) 外搭铁型电子调节器的基本电路。

外搭铁型电子调节器的基本电路如图 6-51 所示，由信号电压监测电路、信号放大与控制电路、功率放大电路以及保护电路四部分组成。

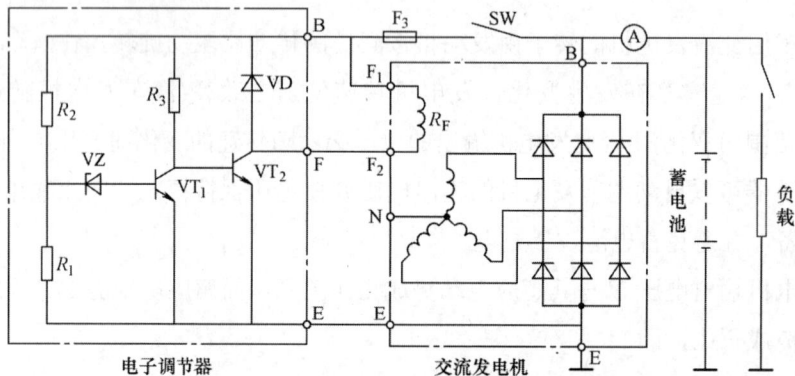

图 6-51 外搭铁型电子调节器的基本电路

① 信号监测电路由电阻 $R_1$、$R_2$ 和稳压管 VZ 构成。

电阻 $R_1$、$R_2$ 串联在交流发电机输出端子 B 与搭铁端子 E 之间，构成 1 只分压器，直接监测发电机输出电压 $U$ 的变化，从分压电阻 $R_1$ 上取出发电机输出电压 $U$ 的一部分 $U_{R1}$ 作为调节器的输入信号电压，$R_1$ 上的分压为

$$U_{R1} = \frac{R_1}{R_1 + R_2} U$$

由上式可见，发电机电压 $U$ 升高时，分压电阻 $R_1$ 上的分压值 $U_{R1}$ 升高；反之，当发电机电压 $U$ 下降时，分压值 $U_{R1}$ 下降。

稳压二极管(简称稳压管)VZ 是传感器件，一端连接三极管 $VT_1$ 的基极，另一端接在分压电阻 $R_1$、$R_2$ 之间，VZ 与三极管 $VT_1$ 的发射结串联后再与分压电阻 $R_1$ 并联，从而监测发电机电压的变化，并控制三极管 $VT_1$ 的导通与截止。

当发电机电压 $U$ 高于或等于调节电压上限 $U_2$，且分压电阻 $R_1$ 两端的分压值 $U_{R1}$ 达到或超过稳压管 VZ 的稳定电压 $U_W$(稳压管正常工作时的稳定电压)与三极管 $VT_1$ 发射结压降 $U_{be1}$(锗管：$U_{be1}=0.2\sim0.3V$；硅管：$U_{be1}=0.6\sim0.7V$)之和时，稳压管 VZ 和三极管 $VT_1$ 导通；反之，当发电机电压 $U$ 下降到调节电压下限值 $U_1$，且分压电阻 $R_1$ 两端的分压值 $U_{R1}$ 低于稳压管 VZ 的稳定电压 $U_W$ 与三极管 $VT_1$ 发射结压降 $U_{be1}$ 之和时，稳压管 VZ 和三极管 $VT_1$ 截止。所以，稳压管 VZ 的导通条件为

$$U_{\mathrm{R1}} = \frac{R_1}{R_1 + R_2} U_2 \geqslant U_{\mathrm{w}} + U_{\mathrm{be1}}$$

稳压管 VZ 的截止条件为

$$U_{\mathrm{R1}} = \frac{R_1}{R_1 + R_2} U_1 < U_{\mathrm{w}} + U_{\mathrm{be1}}$$

②　三极管 $VT_1$ 和电阻 $R_3$ 构成信号放大与控制电路。其作用是将电压监测电路输入的信号进行放大处理后，控制功率三极管 $VT_2$ 的导通与截止。电阻 $R_3$ 既是三极管 $VT_1$ 的负载电阻，又是功率三极管 $VT_2$ 的偏流电阻。三极管 $VT_1$ 为小功率三极管，接在大功率三极管 $VT_2$ 的前一级，起功率放大作用，也称前级放大。

③　功率三极管 $VT_2$ 通常采用达林顿三极管构成功率放大电路。$VT_2$ 为 NPN 型大功率三极管，串联在磁场绕组与搭铁端子之间，这是外搭铁型调节器的显著特点。磁场绕组的电阻为 $VT_2$ 的负载电阻。$VT_2$ 导通时，磁场电流接通；$VT_2$ 截止时，磁场电流切断。因此，通过控制三极管 $VT_2$ 的导通与截止，就可以改变磁场电流，使发电机输出电压稳定。

④　续流二极管 VD 构成保护电路。其作用是防止磁场绕组产生的自感电动势击穿功率三极管 $VT_2$ 而造成损坏。

(2)　外搭铁型电子调节器的工作过程。

电子调节器是利用三极管的开关特性，将大功率三极管作为一只电子开关串联在发电机的磁场电路中，根据发电机输出电压高低，控制三极管导通与截止，来调节发电机磁场电流，从而使发电机输出电压稳定在某一规定的范围之内的。

发电机电压调节过程如下。

①　他励发电过程。

接通点火开关 SW，发电机电压 $U$ 低于蓄电池电压时，三极管 $VT_1$ 截止，三极管 $VT_2$ 导通，磁场电流 $I_{\mathrm{f}}$ 接通，发电机他励发电(即磁场电流由蓄电池供给)。

当点火开关 SW 接通，发电机未转动或转速低，电压 $U$ 低于蓄电池电压时，蓄电池电压经点火开关 SW 加在分压电阻 $R_1$、$R_2$ 的两端。由于发电机电压低于调节电压上限值，因此分压电阻 $R_1$ 上的分压值 $U_{\mathrm{R1}}$ 小于稳压管 VZ 的稳定电压 $U_{\mathrm{w}}$ 与三极管 $VT_1$ 发射结压降 $U_{\mathrm{be1}}$ 之和，由稳压管的导通条件可知，VZ 处于截止状态，$VT_1$ 基极无电流流过，也处于截止状态。此时蓄电池经点火开关、电阻 $R_3$ 向三极管 $VT_2$ 提供基极电流，$VT_2$ 导通并接通磁场电流，其电路为：蓄电池正极→电流表 A→点火开关 SW→熔断丝 $F_3$→发电机磁场端子 $F_1$→发电机磁场绕组 $R_F$→发电机磁场端子 $F_2$→调节器磁场端子 F→三极管 $VT_2$(c→e)→调节器搭铁端子 E→发电机搭铁端子 E→蓄电池负极。此时若发电机转动，则其电压将随转速升高而升高。

②　自励发电过程。

当发电机电压上升到高于蓄电池电压但尚低于调节电压上限值时，发电机自励发电(即磁场电流由发电机自己供给)。

当发电机电压高于蓄电池电压但低于调节电压上限 $U_2$ 时，VZ 与 VT$_1$ 仍然截止，VT$_2$ 保持导通。此时磁场电路为：发电机定子绕组→正极管→发电机输出端子 B→点火开关 SW→熔断丝 F$_3$→发电机磁场端子 F$_1$→发电机磁场绕组 $R_F$→发电机磁场端子 F$_2$→调节器磁场端子 F→三极管 VT$_2$(c→e)→调节器搭铁端子 E→发电机搭铁端子 E→发电机负极管→定子绕组。

③ 发电机电压升高到一定程度后的调节过程。

当发电机电压随转速升高而升高到调节电压上限 $U_2$ 时，VZ、VT$_1$ 导通，VT$_2$ 截止，磁场电流切断，发电机电压会降低。其过程如下。

当发电机电压升高到调节电压上限值 $U_2$ 时，由稳压管导通条件可知，此时 VZ 导通，其工作电流从三极管 VT$_1$ 基极流入，并从 VT$_1$ 发射极流出。因为 VZ 的工作电流就是 VT$_1$ 的基极电流，所以 VT$_1$ 导通。注意，此时 VT$_1$ 是饱和导通，其集电极到发射极之间的电压近似为零，即使得 VT$_2$ 发射结几乎被短路。流过电阻 $R_3$ 的电流经 VT$_1$ 集电极和发射极构成回路，VT$_2$ 因无基极电流而截止，磁场电流被切断。于是，磁极磁通迅速减少，发电机电压迅速下降。

④ 发电机电压降低到一定程度后的调节过程。

当发电机电压降到调节电压下限值 $U_1$ 时，VZ、VT$_1$ 截止，VT$_2$ 导通，磁场电流接通，发电机电压开始升高。其过程如下。

当发电机电压降到调节电压下限值 $U_1$ 时，由稳压管截止条件可知，VZ 截止，VT$_1$ 随之截止，其集电极电位升高，发电机又经 $R_3$ 向 VT$_2$ 提供基极电流，使 VT$_2$ 导通，磁场电流接通，磁极磁通增多，发电机电压重又升高。

⑤ 电压反复调节的过程。

当发电机电压再次升高至调节电压上限值 $U_2$ 时，调节器重复③、④的工作过程，将发电机电压控制在某一平均值 $U_r$ 不变。

⑥ 续流二极管 VD 在电压调节中的作用。

在 VT$_2$ 由导通转为截止瞬间，磁场绕组产生的自感电动势(F 端为正，B 端为负)经二极管 VD 构成回路放电，防止 VT$_2$ 击穿损坏。因为放电电流流经 VD，所以 VD 称为续流二极管。

(3) 内搭铁型电子调节器的基本电路。

内搭铁型电子调节器的基本电路如图 6-52 所示，它也是由信号电压监测电路、信号放大与控制电路、功率放大电路以及保护电路四部分组成，其基本工作原理与上述外搭铁型电子调节器基本相同，故不再赘述。

在使用中，内搭铁型电子调节器只能与内搭铁型交流发电机配用(外搭铁型电子调节器只能与外搭铁型交流发电机配用)。否则交流发电机的磁场绕组将与电子调节器的大功率三极管并联连接，磁场绕组将无电流流过，发电机将只靠剩磁发电而不能正常输出电压。

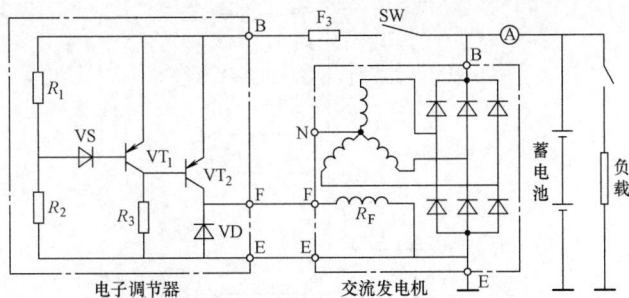

**图 6-52** 内搭铁型电子调节器的基本电路

内搭铁型电子调节器的显著特点是：接通与切断磁场电流的大功率三极管 $VT_2$ 为 PNP 型三极管，且串联在磁场绕组与调节器电源端子 B 之间。

## 二、项目实施

### (一) 变压器的连接与测试

#### 1. 项目实施目的

(1) 深入了解变压器的性能。

(2) 学会灵活运用变压器。

#### 2. 项目实施器材

本项目实施器材包括：交流电压表和试验变压器。

#### 3. 项目实施原理

一般变压器都有一个初级绕组和一个或多个次级绕组。如果一只变压器有多个次级绕组，那么，在某些情况下，通过改变变压器各绕组端子的连接方式，常可满足一些临时性的需求。

在图 6-53 所示的变压器中，有两个 8.2V、0.5A 的次级绕组。现在，如果想得到一组稍低于 8V 的电压，用这只变压器(不能拆它)，能实现吗？

要降低(或升高)变压器次级绕组的输出电压，有以下三种方法：

● 降低(或升高)初级输入电压——这需要用到调压器，还受到额定电压的限制。

● 减少(或增加)次级绕组匝数。

● 增加(或减少)初级绕组匝数。

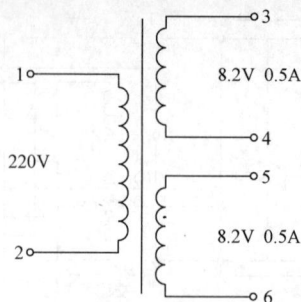

图 6-53　变压器

后两种方法似乎都要拆变压器才能做到。但是，针对我们的问题，不拆变压器也能实现：只要把 8.2V 绕组串入初级绕组(注意同名端，应头尾相串)，再接入 220V 电源，则变压器的另一个次级绕组的输出电压就会改变。

变压器初、次级绕组的每伏匝数基本上是相同的，设为 $n$，则该变压器原初级绕组的匝数为 $220n$ 匝，两个次级绕组的匝数分别为 $8.2n$ 和 $8.2n$ 匝。把一个次级绕组正串入初级绕组后，初级绕组就变成 $(220+8.2)n$ 匝。当变压器初级绕组的匝数改变时，由于变压器次级绕组的输出电压与初级绕组的匝数成反比，所以将 8.2V 绕组串入初级绕组后，8.2V 绕组的输出电压($U_{o1}$)就变为

$$U_{o1} = \frac{220n}{(220+8.2)n} \times 8.2 = 7.91(\text{V})$$

同理，如果把 8.2V 绕组反串入初级绕组，再接入 220V 电源，则 8.2V 绕组的输出电压($U_{o2}$)就变为

$$U_{o2} = \frac{220n}{(220-8.2)n} \times 8.2 = 8.52(\text{V})$$

将图 6-53 中所示变压器的两个次级绕组头尾相串，就可以得到 $U_{o3} = 8.2 + 8.2 = 16.4(\text{V})$ 的次级输出电压。反之，如果将变压器的两个次级绕组反向串联，其输出电压就为 $U_{o4} = 8.2 - 8.2 = 0(\text{V})$。

还可以将两个或多个输出电压相同的次级绕组相并联(注意应同名端相并联)，以获得较大的负载电流。本例中，如果将两个次级绕组同相并联，则其负载电流可增至 1A。

在将一个变压器的各个绕组进行串、并联使用时，应注意以下几个问题。

(1) 两个或多个次级绕组，即使输出电压不同，也均可正向或反向串联使用，但串联后的绕组允许流过的电流应小于等于其中最小的额定电流值。

(2) 两个或多个输出电压相同的绕组，可同相并联使用。并联后的负载电流可增加到并联前各绕组的额定电流之和，但不允许反相并联使用。

(3) 输出电压不相同的绕组，绝对不允许并联使用，以免由于绕组内部产生环流而烧

坏绕组。

(4) 有多个抽头的绕组，一般只能取其中一组(任意两个端子)来与其他绕组串联或并联使用。并联使用时，两端子间的电压应相等。

(5) 变压器的各绕组之间的串、并联都为临时性或应急性使用。长期性的应用仍应采用规范设计的变压器。

### 4．项目实施内容

项目实施内容如下。

(1) 用交流法判别变压器各绕组的同名端。

(2) 将变压器的1、2两端接交流220V，测量并记录两个次级绕组的输出电压。

(3) 将1、3连通，2、4两端接交流220V，测量并记录5、6两端的电压。

(4) 将1、4连通，2、3两端接交流220V，测量并记录5、6两端的电压。

(5) 将4、5连通，1、2两端接交流220V，测量并记录3、6两端的电压。

(6) 将3、5连通，1、2两端接交流220V，测量并记录4、6两端的电压。

(7) 将3、5连通，4、6连通，1、2两端接交流220V，测量并记录3、4两端的电压。

### 5．项目实施安全事项

项目实施过程中应注意的安全事项如下。

(1) 由于实验中用到220V交流电源，因此操作时应注意安全。在做每个实验和测试之前，均应先将调压器的输出电压调为0V，在接好连线和仪表，经检查无误后，再慢慢将调压器的输出电压调到220V。测试、记录完毕后，立即将调压器的输出电压调为0V。

(2) 图6-53中，变压器两个次级绕组所标注的输出电压是在额定负载下的输出电压。本实验中所测得的各个次级绕组的电压实际上是空载电压，要比所标注的电压高。

(3) 实施内容(7)中，必须确保3、5(或4、6)为同名端，否则会烧坏变压器。

## (二) 三相交流异步电动机的控制

### 1．项目实施目的

(1) 熟悉实验设备和电气元件及符号的对应关系。

(2) 掌握三相交流异步电动机的电路搭建。

(3) 理解电动机启动、停止、点动、连续运行的控制。

(4) 会检查并排除简单的电路故障。

### 2．项目实施器材

本项目实施器材包括：电源控制屏、继电接触器控制挂箱、三相交流笼型异步电动机、连接线等。

### 3．项目实施原理

当按照图 6-54 完成最终电路搭接时，能够实现的动作过程是：实验台一通电，HL2 指示灯通过 KM 的动断触点接通并点亮，该灯表示电动机控制系统上电，但电动机未启动。按下启动按钮 SB1 后，接触器线圈得电，其辅助动断触点打开，HL2 灯熄灭，说明电动机不再处于停止状态，与此同时，主触点和辅助触点的常开触点闭合，主触点接通主电路，电动机开始转动；辅助触点闭合实现自锁，同时，HL1 灯得电点亮，说明电机处于运行状态。此时若松开启动按钮 SB1，电动机仍然运行。

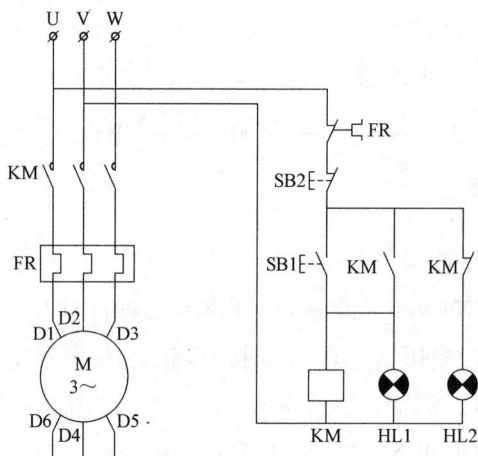

图 6-54　三相交流异步电动机的控制电路

需要停止时，按下 SB2 停止按钮，接触器 KM 的线圈失电，其已经闭合的动合触点再次打开，主触点打开，电动机失电，转子开始减速并最终停止；辅助触点打开解除自锁，为下次得电闭合做准备，同时 HL1 灯熄灭，说明电动机脱离运行状态。同时，KM 的动断触点再次闭合，HL2 灯点亮，说明电动机停止。

### 4．项目实施内容

(1) 安全注意事项。

① 调节好三相电源的电压，通过三相联调旋钮，使得其各电压表的指示电压为 110V 左右。电源电压不宜过高或过低。

② 搭接电路或拆除时，注意断电操作，经教师检查后方可通电运行。

③ 注意热继电器的动作，操作前，需将热继电器复位。

④ 电机运行时注意安全，不能用手触及电机转轴，避免伤害手指。

(2) 知识点提示。

① 电动机的点动控制：按下点动按钮电动机运转，松开按钮电动机停转。

② 电动机的连续运行：按下启动按钮后松开，电动机持续旋转。

③ 自锁：把接触器或继电器的常开触点并联在起动按钮两端，实现线圈本身持续得电。

④ 电动机绕组的"封星"和"封角"：封星是指把电动机绕组封接成"星形接法"，即电动机绕组首端通三相电而尾端短接在一起；封角是指把电动机绕组封接成"三角形接法"，即电动机的三相绕组依次首尾相连，每相绕组的首端(或说尾端)通三相电。

(3) 实施步骤。

① 电动机的三相绕组的首端直接接到三相电电源上，实现电动机的运行。

② 接入启动按钮 SB1，实现电动机的点动控制。

③ 接入自锁 KM，实现电动机的连续运行控制。

④ 接入停止按钮 SB2，实现电动机的手动停止控制。

⑤ 接入选择开关(按钮代替)，实现电动机的点动和连续运行控制。

⑥ 接入中间继电器代替选择开关，实现电动机的点动和连续运行控制。

⑦ 接入电动机启动的信号指示灯，实现电动机运行状态的提示。

⑧ 接入电动机停止的信号指示灯，实现电动机停止状态的提示。

### 5. 分析与思考

分析实验过程中出现的故障并提出解决方法。

## 小结

本章首先讨论了变压器的原理和基本应用计算，然后讨论了电动机的结构、原理、特性及应用知识，并特别介绍了汽车起动机、汽车发电机等的结构和工作原理。

本章要求掌握变压器的结构、用途和工作原理，掌握直流电机、交流发电机的工作原理和实际应用。

## 思考题及习题

1. 变压器有哪些主要部件？各部件的作用是什么？

2. 变压器有哪些主要额定值？一、二次额定电压的含义是什么？

3. 有一个容量为 2kVA 的单相变压器，其原边(一次绕组)的额定电压是 220V，副边(二次绕组)的额定电压是 110V，计算该变压器的电压变比 $K_U$，电流变比 $K_I$，以及原边和副边的额定电流各是多大。

4. 有一台单相变压器，$S_N=2500kVA$，$U_{1N}=35kV$，$U_{2N}=10.5kV$，计算一、二次侧的额定电流值。

5. 某晶体管收音机的输出阻抗为 250Ω，若接 8Ω 的扬声器，需用一变压器进行阻抗匹配，则变压器的电压变比是多少？

6. 三相电力变压器的电压调整率为 0.05，要求该变压器在额定负载下输出的相电压为 220V，则该变压器副边绕组的额定电压是多少伏？

7. 直流电机的励磁方式有几种，各有什么特点？

8. 直流电动机中的电刷有什么作用？

9. 一直流电机，测定在某转速下的磁通 $\Phi=0.035Wb$，测得其空载时产生的电动势 $E=210V$，又知道该电动机的机构常数 $C_e=5$，试计算该电机此时的转速是多少。

10. 汽车用直流电动机的结构有何特点？

11. 简述汽车起动机启动的过程。

# 项目七　汽车传感器

## 【知识要求】

◉　掌握传感器分类、特性及在控制系统中的应用。

◉　掌握电容式传感器的结构及工作原理，测量电路的工作过程及应用。

◉　掌握霍尔传感器的工作原理、结构和应用。

◉　掌握湿度传感器的工作原理、结构和应用。

## 【能力要求】

◉　掌握电容式传感器性能的测试。

◉　掌握霍尔式传感器性能的测试。

◉　掌握湿度传感器性能的测试。

## 一、相关知识

### (一) 传感器概述

在科学技术迅猛发展的今天，信息革命的三大重要支柱是信息的采集、传输和处理。信息采集的关键是传感器，因此，传感器技术是信息技术的源头技术。当前，传感器技术已成为许多国家高新技术竞争的核心，世界各国，尤其是发达国家都将传感器技术列为重点发展的关键技术之一。

在 20 世纪 60 年代，汽车上仅有机油压力传感器、油量传感器和水温传感器，它们与仪表或指示灯连接。20 世纪 70 年代后，为了治理排放，又增加了一些传感器来帮助控制汽车的动力系统，因为同期出现的催化转换器、电子点火和燃油喷射装置需要这些传感器来维持一定的空燃比以控制排放。20 世纪 80 年代，防抱死制动装置和气囊提高了汽车的安全性。

今天，汽车中有用来测定各种流体温度和压力(如进气温度、气道压力、冷却水温和燃油喷射压力等)的传感器；有用来确定各部分速度和位置的传感器(如车速、节气门开度、凸轮轴、曲轴、变速器的角度和速度、排气再循环阀(EGR)的位置等)；还有用于测量发动机负荷、爆震、断火及废气中含氧量的传感器；确定座椅位置的传感器；在防抱死制动系统和悬架控制装置中测定车轮转速、路面高差和轮胎气压的传感器；保护前排乘员的气囊，不仅需要碰撞传感器和加速度传感器。而且对于侧置、顶置式气囊以及更精巧的头部气囊，还要增加更多的传感器。当研究人员用防撞传感器(测距雷达或其他测距传感器)来判断和控制汽车的侧向加速度、每个车轮的瞬时速度及所需的转矩时，制动系统已成为汽车稳定性控制系统的一个重要组成部分。

老式的油压传感器和水温传感器是彼此独立的，由于有着明确的最大值或最小值的限定，其中一些传感器的实际作用就相当于开关。随着传感器向电子化和数字化方向发展，它们的输出值将得到更多的相关利用。

目前，一辆普通家用轿车上大约安装了几十只传感器，而豪华轿车上的传感器数量可多达 200 余只。

伴随着国内汽车产量的迅速增长，今后几年，国内汽车工业对传感器及其配套变速器和仪表的需求亦将大大增加，实现汽车传感器的国产化势在必行。目前重点开发的是新型压力、温度、流量、位移等传感器，以及汽车电喷系统、空调排污系统和自动驾驶系统所需的传感器。

由于传感器在电控系统中的重要作用，所以世界各国对其理论研究及开发都非常重视。新材料的开发重点是金刚石和光纤两种材料的应用，而新技术则向微电子技术和微机械加工技术发展。未来的汽车传感器技术的发展趋势是微型化、多功能化、集成化和智能化。20 世纪末期设计技术、材料技术，特别是 MEMS(微电子机械系统)技术的发展使微型传感器提高到了一个新的水平，利用微电子机械加工技术可将微米级的敏感元件、信号处理器、数据处理装置封装在同一芯片上，具有体积小、价格便宜、可靠性高等特点，并且可以明显提高系统测试精度。目前采用 MEMS 技术可以制作检测力学量、磁学量、热学量、化学量和生物量的微型传感器。由于 MEMS 微型传感器在降低汽车电子系统成本及提高汽车性能方面具有优势，它们已开始逐步取代基于传统机电技术的传感器。MEMS 传感器将成为世界汽车电子的重要构成部分。

汽车传感器和电子系统向着采用 MEMS 传感器的方向发展。Philips Electronics 公司和 Continental Teves 公司近 10 年销售了 1 亿只用于汽车 ABS 系统的传感器芯片，生产上达到了一个新的里程碑。两个公司共同开发了有源磁场传感器的前瞻性技术，产品应用在汽车厂家生产的最新轿车上。Continental Teves 公司用这种磁阻式转速传感器制作了轮速传感器，用于 ABS 系统、防滑系统等。

MEMS 传感器成本低、可靠性好、尺寸小，可以集成在新的系统中，工作时间达到几百万个小时。最早的 MEMS 器件是绝压传感器(MAP)和气囊加速度传感器。目前，正在研发和小批量生产的 MEMS/MST 产品有：轮速旋转传感器、胎压传感器、制冷压力传感器、发动机油压传感器、刹车压力传感器和偏离速率传感器等。在今后的 5～7 年，MEMS 器件将大量应用到汽车系统中。

随着微电子技术的发展和电子控制系统在汽车上的应用迅速增加，汽车传感器市场需求将保持高速增长，以 MEMS 技术为基础的微型化、多功能化、集成化和智能化的传感器将逐步取代传统的传感器，成为汽车传感器的主流。

21 世纪初期，敏感元件与传感器发展的总趋势是小型化、集成化、多功能化、智能化、系统化。传感器领域的主要技术将在现有基础上予以延伸和提高，并加速新一代传感器的开发和产业化。

微机械加工技术(MEMT)和微米/纳米技术将得到高速发展，成为 21 世纪传感器领域中带有革命变化的高新技术。采用 MEMT 制作的 MEMS 产品(微传感器和微系统)具有划时代的微小体积、低成本、高可靠等独特的优点，预计由微传感器、微执行器以及信号和数据处理装置总装集成的微系统将进入商业市场。

随着新型敏感材料的加速开发，微电子、光电子、生物化学、信息处理等各学科、各种新技术的互相渗透和综合利用，可望研制出一批新颖、先进的传感器。如：新一代光纤传感器、超导传感器、焦平面阵列红外探测器、生物传感器、诊断传感器、智能传感器、基因传感器以及模糊传感器等。

硅传感器的研究、生产和应用将成为主流，半导体工业的发展将更加有力地带动传感器的设计工艺和制造技术的革新；而微处理器和计算机的发展将进一步带动新一代智能传感器和网络传感器的数据管理和采集的进步。

敏感元件与传感器的更新换代周期将越来越短，其应用领域将得到拓展，二次传感器和传感器系统的应用将大幅度增长，廉价传感器的比例将增大，这必将促进世界传感器市场的迅速发展。

高科技在传感技术中的应用比例更加增大。传感技术涉及多学科的交叉，它的设计需要多学科综合理论分析，常规方法已难以满足，CAD 技术将得到广泛应用。如：国外在 20 世纪 90 年代初就研究出了用于硅压力传感器设计的 MEMS CAD 软件，大型有限元分析软件 ANSYS，包含了力、热、声、流体、电、磁等分析模块，在 MEMS 器件的设计和模拟方面取得了成功。

传感器产业将进一步向着生产规模化、专业化和自动化方向发展。工业化大生产的平面工艺技术将是促进传感器价格大幅度降低的主要动力。而传感器制造的后工序——封装工艺和测试标定(两者的费用约占产品总成本的 50%以上)的自动化，将成为技术革新的关键予以突破。

### 1．汽车传感器的作用

现代汽车技术的发展特征之一，就是越来越多的部件采用电子控制。根据传感器的作用，可以将其分为测量温度、压力、流量、位置、气体浓度、速度、光亮度、干湿度、距离等功能的传感器。它们各司其职，一旦某个传感器失灵，对应的装置工作就会不正常甚至不工作。因此，传感器在汽车上的作用是很重要的。

汽车传感器过去单纯用于发动机上，现在已扩展到底盘、车身和灯光电气系统上。这些系统中采用的传感器有 100 多种。这些种类繁多的传感器可提供的功能包括：反映进气歧管内绝对压力大小的变化,向 ECU(发动机电控单元)提供计算喷油持续时间的基准信号；测量发动机吸入的空气量，提供给 ECU 作为喷油时间的基准信号；测量节气门打开的角度，提供给 ECU 作为断油、控制燃油/空气比、点火提前角修正的基准信号；检测曲轴及发动机转速，提供给 ECU 作为确定点火正时及工作顺序的基准信号；检测排气中的氧浓度，提供给 ECU 作为控制燃油/空气比在最佳值(理论值)附近的基准信号；检测进气温度，提供给 ECU 作为计算空气密度的依据；检测冷却液的温度，向 ECU 提供发动机温度信息；安装在缸体上专门检测发动机的爆燃状况，提供给 ECU 根据信号调整点火提前角。

这些传感器主要应用在变速器、方向器、悬架和 ABS 上。如变速器中有车速传感器、温度传感器、轴转速传感器、压力传感器等；方向器中有转角传感器、转矩传感器、液压

传感器等；悬架中有车速传感器、加速度传感器、车身高度传感器、侧倾角传感器、转角传感器等。

### 2．传感器的特性

传感器是指能感受规定的物理量，并按一定规律转换成可用信号的器件或装置。简单地说，传感器是把非电量转换成电量的装置。

传感器通常由敏感元件、转换元件和测量电路三部分组成。敏感元件是指能直接感受(或响应)被测量的部分，即将被测量通过传感器的敏感元件转换成与被测量有确定关系的非电量或其他量。转换元件用于将上述非电量转换成电参量。测量电路的作用是将转换元件输入的电参量经过处理转换成电压、电流或频率等可测电量，以便进行显示、记录、控制和处理。

(1) 传感器的静态特性参数指标。

① 灵敏度：指稳态时传感器输出量 $y$ 与输入量 $x$ 之比，或输出量 $y$ 的增量与输入量 $x$ 的增量之比，用 $k$ 表示为

$$k=dy/dx$$

② 分辨力：指传感器在规定的测量范围内能够检测出的被测量的最小变化量。

③ 测量范围和量程：指在允许误差限内，被测量值的下限与上限之间的范围。

④ 线性度(非线性误差)：指在规定条件下，传感器校准曲线与拟合直线间的最大偏差与满量程输出值的百分比。

⑤ 迟滞：指在相同的工作条件下，传感器的正行程特性与反行程特性的不一致程度。

⑥ 重复性：指在同一工作条件下，输入量按同一方向在全测量范围内连续变化多次所得特性曲线的不一致性。

⑦ 零漂和温漂：传感器在无输入或输入为另一值时，每隔一定时间，其输入值偏离原始值的最大偏差与满量程的百分比为零漂；而温度每升高 1℃，传感器输出值的最大偏差与满量程的百分比，称为温漂。

(2) 发动机常用传感器的工作机理。

① 磁电效应。

根据法拉第电磁感应定律，$N$ 匝线圈在磁场中运动，切割磁力线(或线圈所在磁场的磁通变化)时，线圈中所产生的感应电动势的大小取决于穿过线圈的磁通的变化率。

直线移动式磁电传感器由永久磁铁、线圈和传感器壳体等组成。当壳体随被测振动体一起振动且在振动频率远大于传感器的固有频率时，由于弹簧较软，运动件质量相对较大，运动件来不及随振动体一起振动(静止不动)。此时，磁铁与线圈之间的相对运动速度接近振动体的振动速度。

对于转动式磁电传感器，软铁、线圈和永久磁铁固定不动。由导磁材料制成的测量齿轮安装在被测旋转体上，每转过一个齿，测量齿轮与软铁之间构成的磁路磁阻就变化一次，磁通也变化一次。线圈中感应电动势的变化频率(脉冲数)等于测量齿轮上的齿数和转速的乘积。

② 霍尔式传感器。

半导体或金属薄片置于磁场中，当有电流(与磁场垂直的薄片平面方向)流过时，在垂直于磁场和电流的方向上会产生电动势，这种现象称为霍尔效应。

目前常用的霍尔材料有锗(Ge)、硅(Si)、锑化铟(InSb)、砷化铟(InAs)等。N型锗容易加工制造，霍尔系数、温度性能、线性度较好；P型硅的线性度最好，霍尔系数、温度性能同N型锗，但电子迁移率较低，带负载能力较差，通常不用作单个霍尔元件。

③ 压电式传感器。

对某些电介质沿着一定方向加力而使其变形时，在一定表面上会产生电荷，当外力撤除后，又恢复到不带电状态，这种现象称为正压电效应。在电介质的极化方向施加电场，电介质会在一定方向上产生机械变形或机械压力，当外电场去除后，变形或应力随之消失，此现象称为逆压电效应。

压电式传感器是物理型的、发电式传感器。常用的压电材料有石英晶体($SiO_2$)和人工合成的压电陶瓷。压电陶瓷的压电常数是石英晶体的几倍，灵敏度较高。

④ 光电式传感器。

当光线照射物体时，可看作一串具有能量$E$的光子轰击物体，如果光子的能量足够大，物质内部电子吸收光子能量后，就会摆脱内部力的约束，产生相应的电效应，这种物理现象称为光电效应。

光敏电阻受到光线照射时，电子迁移，产生电子—空穴对，使电阻率变小。光照越强，阻值越低。入射光线消失，电子—空穴对恢复，电阻值逐渐恢复原值。

光敏管有光敏二极管、光敏三极管、光敏晶闸管等，均属于半导体器件。

⑤ 热电式传感器。

将两种不同性质的金属导体A、B接成一个闭合回路,如果两接合点温度不相等($T_0 \neq T$),则在两导体间会产生电动势，并且回路中有一定大小的电流存在，此现象称为热电效应。

热电阻传感器中的热电阻材料通常为纯金属，广泛使用的是铂、铜、镍、铁等。

热敏电阻传感器中的热敏电阻用半导体制成，与金属热电阻相比有以下特点：

● 电阻温度系数大，灵敏度高。

● 结构简单，体积小，易于做点测量。

● 电阻率高，且适合动态测量。

● 阻值与温度变化的关系是非线性的。

● 稳定性较差。

### 3. 传感器在汽车上的应用

(1) 传感器在发动机上的应用。

发动机控制系统用传感器是整个汽车传感器的核心，其种类很多，包括温度传感器、压力传感器、流量传感器、位置和转速传感器、气体浓度传感器和爆震传感器等。这些传感器向发动机的电子控制单元(ECU)提供发动机的工作状况信息，供 ECU 对发动机工作状况进行精确控制，以提高发动机的动力性，降低油耗，减少废气排放和进行故障检测。

由于发动机工作在高温(发动机表面温度可达 150℃、排气歧管可达 650℃)、振动(加速度 30g)、冲击(加速度 50g)、潮湿(100%RH，-40～120℃)以及蒸汽、盐雾、腐蚀和油泥污染的恶劣环境中，因此发动机控制系统用传感器耐恶劣环境的技术指标要比一般工业用传感器高 1～2 个数量级，其中最关键的是测量精度和可靠性。若测量精度不高，由传感器带来的测量误差将最终导致发动机控制系统难以正常工作或产生故障。

① 温度传感器。

温度传感器主要用于检测发动机温度、吸入气体温度、冷却水温度、燃油温度以及催化温度等。温度用传感器有线绕电阻式、热敏电阻式和热偶电阻式三种主要类型。这三种类型的传感器各有特点，其应用场合也略有区别。线绕电阻式温度传感器的精度高，但响应特性差；热敏电阻式温度传感器灵敏度高，响应特性较好，但线性差，适应温度较低；热偶电阻式温度传感器的精度高，测量温度范围宽，但需要配合放大器和冷端处理一起使用。

已实用化的产品有热敏电阻式温度传感器(通用型-50～130℃，精度为 1.5%，响应时间为 10ms；高温型 600～1000℃，精度为 5%，响应时间为 10ms)、铁氧体式温度传感器(ON/OFF型，-40～120℃，精度为 2.0%)、金属或半导体膜空气温度传感器(-40～150℃，精度为 2.0%、5%，响应时间为 20ms)等。

② 压力传感器。

压力传感器主要用于检测气缸负压、大气压、涡轮发动机的升压比、气缸内压、油压等。吸气负压式传感器主要用于吸气压、负压、油压检测。汽车用压力传感器应用较多的有电容式、压阻式、差动变压器式(LVDT)及表面弹性波式(SAW)。

电容式压力传感器主要用于检测负压、液压、气压，测量范围是 20～100kPa，具有输入能量高、动态响应特性好、环境适应性好等特点；压阻式压力传感器受温度影响较大，需要另设温度补偿电路，但适应于大量生产；LVDT 式压力传感器有较大的输出，易于数字输出，但抗干扰性差；SAW 式压力传感器具有体积小、质量轻、功耗低、可靠性高、灵敏度高、分辨率高、数字输出等特点，用于汽车吸气阀压力检测，能在高温下稳定地工作，是一种较为理想的传感器。

③ 流量传感器。

流量传感器主要用于发动机空气流量和燃料流量的测量。空气流量的测量用于发动机控制系统确定燃烧条件、控制空燃比、启动、点火等。空气流量传感器有旋转翼片式(叶片式)、卡门涡旋式、热线式、热膜式四种类型。旋转翼片式(叶片式)空气流量计结构简单，测量精度较低，测得的空气流量需要进行温度补偿；卡门涡旋式空气流量计无可动部件，反应灵敏，精度较高，也需要进行温度补偿；热线式空气流量计测量精度高，无需温度补偿，但易受气体脉动的影响，易断丝；热膜式空气流量计和热线式空气流量计测量原理一样，但体积少，适合大批量生产，成本低。空气流量传感器的主要技术指标为：工作范围是 $0.11\sim103\text{m}^3/\text{min}$，工作温度为$-40\sim120℃$，精度≤1%。

燃料流量传感器用于检测燃料流量，主要有水轮式和循环球式，其动态范围是 $0\sim60\text{kg/h}$，工作温度为$-40\sim120℃$，精度为 1%，响应时间$<10\text{ms}$。

④ 位置和转速传感器。

位置和转速传感器主要用于检测曲轴转角，发动机转速、节气门的开度、车速等。目前，汽车使用的位置和转速传感器主要有交流发电机式、磁阻式、霍尔效应式、簧片开关式、光学式、半导体磁性晶体管式等，其测量范围是 $0°\sim360°$，精度在$±0.5°$以下，测弯曲角达$±0.1°$。

车速传感器种类繁多，有敏感车轮旋转的，也有敏感动力传动轴转动的，还有敏感差速从动轴转动的。当车速高于 100km/h 时，一般测量方法误差较大，需采用非接触式光电速度传感器，其测速范围是 0.5～250km/h，重复精度为 0.1%，距离测量误差优于 0.3%。

⑤ 气体浓度传感器。

气体浓度传感器主要用于检测车体内气体和废气排放。其中，最主要的是氧传感器，实用化的有氧化锆传感器(使用温度为$-40\sim900℃$，精度为 1%)、氧化锆浓差电池型气体传感器(使用温度为 300～800℃)、固体电解质式氧化锆气体传感器(使用温度为 0～400℃，精度为 0.5%)，另外还有二氧化钛氧传感器。与氧化锆传感器相比，二氧化钛氧传感器具有结构简单、轻巧、便宜，且抗铅污染能力强的特点。

⑥ 爆震传感器。

爆震传感器用于检测发动机的振动，通过调整点火提前角来控制和避免发动机发生爆震。它可以通过检测气缸压力、发动机机体振动和燃烧噪声三种方法来检测爆震。爆震传感器有磁致伸缩式和压电式。磁致伸缩式爆震传感器的使用温度为$-40\sim125℃$，频率范围为 5～10kHz；压电式爆震传感器在中心频率 5.417kHz 处的灵敏度可达 200mV/g，在振幅为 0.1～10g 范围内具有良好的线性度。

(2) 传感器在车身上的应用。

车身控制用传感器主要用于提高汽车的安全性、可靠性和舒适性等。由于其工作条件不像发动机和底盘那么恶劣，一般工业用传感器稍加改进就可以应用。这些传感器主要有用于自动空调系统的温度传感器、湿度传感器、风量传感器、日照传感器等；用于安全气囊系统中的加速度传感器；用于门锁控制中的车速传感器；用于亮度自动控制中的光传感器；用于倒车控制中的超声波传感器或激光传感器；用于保持车距的距离传感器；用于消除驾驶员盲区的图像传感器等。

导航系统用传感器主要有确定汽车行驶方向的罗盘传感器、陀螺仪和车速传感器、方向盘转角传感器等。

在车身上应用的各种传感器还有防撞加速度传感器、超声近距离目标传感器和红外热成像传感器、毫米波雷达和环境气体电化学传感器。新型的传感器有超声阵列反向传感器、侧面路面偏距报警和红外热成像夜视传感器。

底盘控制用传感器是指用于变速器控制系统的车速传感器、加速踏板位置传感器、加速度传感器、节气门位置传感器、发动机转速传感器、水温传感器、油温传感器等；悬架控制系统应用的传感器有车速传感器、节气门位置传感器、加速度传感器、车身高度传感器、方向盘转角传感器等；动力转向系统应用的传感器主要有车速传感器、发动机转速传感器、转矩传感器、油压传感器等。

底盘应用的主要传感器是旋转位移和压力传感器。目前底盘应用的新型传感器有侧路面角速率传感器、车轮角位置传感器和悬架位移位置传感器。

(3) 传感器在控制系统中的应用。

汽车控制系统应用的主要传感器类型包括旋转位移传感器、压力传感器和温度传感器。在北美，这三种传感器的销售数量分别占第一、第二和第四位。近年来研制的新型传感器是气缸压力传感器、踏板加速计位置传感器和油质量传感器。

(4) 导航系统用传感器。

伴随着基于 GPS/GIS(全球定位系统和地理信息系统)的导航系统在汽车上的应用，导航用传感器这几年得到迅速发展。导航系统使用的传感器主要有：确定汽车行驶方向的罗盘传感器、陀螺仪和车速传感器、方向盘转角传感器等。

(5) 自动变速器系统传感器。

自动变速器系统使用的传感器主要有：车速传感器、加速踏板位置传感器、加速度传感器、节气门位置传感器、发动机转速传感器、水温传感器、油温传感器等。制动防抱死系统用传感器主要有：轮速传感器、车速传感器。

## (二) 电容式传感器

电容传感元件是将各种被测物理量转换为电容量变化的元件。电容传感元件具有结构简单、灵敏度高、动态特性好以及非接触测量等优点，在工程技术领域应用非常广泛。在微电子集成技术高速发展的今天，电容传感元件更成为各种传感器制作的重要应用元件。采用电容传感元件的汽车传感器有：压力传感器、加速度传感器、方位传感器、气体传感器等。

## 1．电容式传感器的工作原理和结构

电容式传感器的外形如图 7-1 所示。

图 7-1 电容式传感器的外形

电容式传感器是由绝缘介质分开的两个平行金属板组成的平板电容器，如果不考虑边缘效应，其电容量为

$$C = \frac{\varepsilon S}{d}$$

式中：$C$ —— 电容量，单位是法拉(F)；

$S$ —— 极板面积，单位是平方米($m^2$)；

$d$ —— 极板间的距离，单位是米(m)；

$\varepsilon$ —— 介电常数。

当被测参数变化使得 $S$、$d$ 或 $\varepsilon$ 发生变化时，电容量 $C$ 也随之变化。如果保持其中两个参数不变，而仅改变其中一个参数，就可把该参数的变化转换为电容量的变化，通过测量电路就可转换为电量输出。

电容式传感元件的各种结构形式如图 7-2 所示。

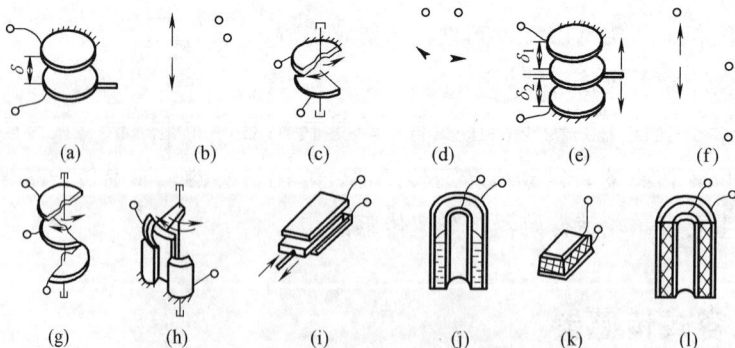

图 7-2 电容式传感元件的各种结构形式

电容式传感器可分为变极距型、变面积型和变介质型三种。

(1) 变极距型电容传感器。

变极距型电容式传感器如图 7-3 所示。

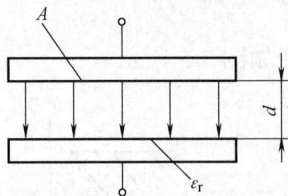

图7-3 变极距型电容式传感器

当传感器的 $\varepsilon_r$ 和 $S$ 为常数，初始极距为 $d_0$ 时，其初始电容量 $C_0$ 为

$$C_0 = \frac{\varepsilon_0 \varepsilon_r S}{d_0}$$

若电容器极板间距离由初始值 $d_0$ 缩小了 $\Delta d$，则电容量增大了 $\Delta C$，有

$$C = C_0 + \Delta C = \frac{\varepsilon_0 \varepsilon_r S}{d_0 - \Delta d} = \frac{C_0}{1 - \dfrac{\Delta d}{d_0}}$$

极板间如采用高介电常数的材料(如云母、塑料膜等)作介质，如图7-4所示，则此时电容 $C$ 变为

$$C = \frac{S}{\dfrac{d_g}{\varepsilon_0 \varepsilon_g} + \dfrac{d_0}{\varepsilon_0}}$$

式中：$\varepsilon_g$ ——云母的相对介电常数，$\varepsilon_g = 7$；

$\varepsilon_0$ ——空气的介电常数，$\varepsilon_0 = 1$；

$d_0$ ——空气隙的厚度；

$d_g$ ——云母片的厚度。

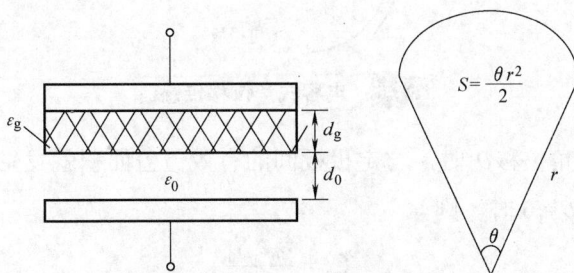

图7-4 放置云母片的电容器

云母片的相对介电常数是空气的7倍，其击穿电压不小于1000kV/mm，而空气仅为3kV/mm。因此有了云母片，极板间起始距离可大大减小。

一般变极板间距离电容式传感器的起始电容在 20～100pF 之间，极板间距离在 25～200μm 的范围内。最大位移应小于间距的1/10，故在微位移测量中应用最广。

(2) 变面积型电容式传感器。

变面积型电容传感器的原理图如图 7-5 所示。

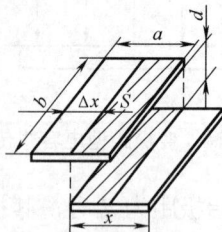

图 7-5 变面积型电容传感器

被测量通过动极板移动引起两极板有效覆盖面积 $S$ 改变，从而得到电容量的变化。当动极板相对于定极板沿长度方向平移$\Delta x$ 时，则电容变化量为

$$\Delta C = C - C_0 = \frac{\varepsilon_0 \varepsilon_r (\Delta x b)}{d}$$

式中：$C_0$ 为初始电容。电容相对变化量为

$$\frac{\Delta C}{C_0} = \frac{\Delta x}{a}$$

这种形式的传感器其电容量 $C$ 与水平位移$\Delta x$ 呈线性关系。

电容式角位移传感器的原理图如图 7-6 所示。

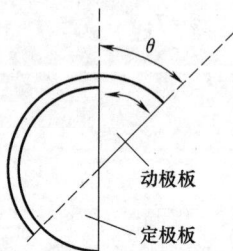

图 7-6 电容式角位移传感器

当动极板有一个角位移$\theta$ 时，与定极板间的有效覆盖面积就发生改变，从而改变了两极板间的电容量。当$\theta = 0$ 时，则

$$C_0 = \frac{\varepsilon_0 \varepsilon_r S_0}{d_0}$$

式中：$\varepsilon_r$——介质相对介电常数；

$d_0$——两极板间的距离；

$S_0$——两极板间的初始覆盖面积。

当$\theta \neq 0$ 时，则有

$$C = \frac{\varepsilon_0 \varepsilon_r S_0 \left(1 - \dfrac{\theta}{\pi}\right)}{d_0} = C_0 - C_0 \frac{\theta}{\pi}$$

从上式可以看出，传感器的电容量 $C$ 与角位移 $\theta$ 呈线性关系。

电容式液位变换器结构原理如图 7-7 所示。此时变换器电容值为

$$C = \frac{2\pi\varepsilon_1 h}{\ln\dfrac{D}{d}} + \frac{2\pi\varepsilon(H-h)}{\ln\dfrac{D}{d}} = \frac{2\pi\varepsilon H}{\ln\dfrac{D}{d}} + \frac{2\pi h(\varepsilon_1 - \varepsilon)}{\ln\dfrac{D}{d}} = C_0 + \frac{2\pi h(\varepsilon_1 - \varepsilon)}{\ln\dfrac{D}{d}}$$

式中：$C_0$ 为由变换器的基本尺寸决定的初始电容值，即

$$C_0 = \frac{2\pi\varepsilon H}{\ln\dfrac{D}{d}}$$

由此可见，此变换器的电容增量正比于被测液位高度 $h$。

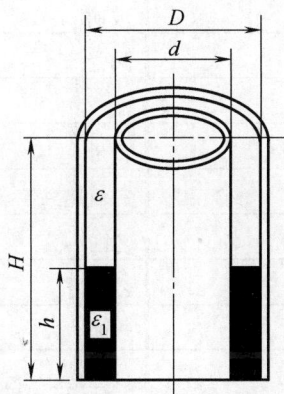

图 7-7　电容式液位变换器的结构

(3) 变介质型电容式传感器。

变介质型电容传感器有较多种结构形式，图 7-8 所示为一种常用的结构形式。

图 7-8 中，两平行电极固定不动，极距为 $d_0$，相对介电常数为 $\varepsilon_{r2}$ 的电介质以不同深度插入电容器中，从而改变两种介质的极板覆盖面积。传感器总电容量 $C$ 为

$$C = C_1 + C_2 = \varepsilon_0 b_0 \frac{\varepsilon_{r1}(L_0 - L) + \varepsilon_{r2}L}{d_0}$$

若电介质 $\varepsilon_{r1} = 1$，当 $L = 0$ 时，传感器初始电容 $C_0 = \varepsilon_0 \varepsilon_r L_0 b_0 / d_0$。当被测介质 $\varepsilon_{r2}$ 进入极板间 $L$ 深度后，引起电容相对变化量为

$$\frac{\Delta C}{C_0} = \frac{C - C_0}{C_0} = \frac{(\varepsilon_{r2} - 1)L}{L_0}$$

可见，电容量的变化与电介质 $\varepsilon_{r2}$ 的移动量 $L$ 成线性关系。

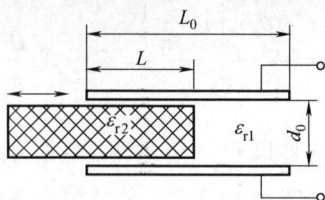

图 7-8　变介质型电容式传感器

各种电介质材料的相对介电常数如表 7-1 所示。

表 7-1　不同电介质材料的相对介电常数

| 材　料 | 相对介电常数$\varepsilon_r$ | 材　料 | 相对介电常数$\varepsilon_r$ |
| --- | --- | --- | --- |
| 真空 | 1.00000 | 硬橡胶 | 4.3 |
| 其他气体 | 1～1.2 | 石英 | 4.5 |
| 纸 | 2.0 | 玻璃 | 5.3～7.5 |
| 聚四氟乙烯 | 2.1 | 陶瓷 | 5.5～7.0 |
| 石油 | 2.2 | 盐 | 6 |
| 聚乙烯 | 2.3 | 云母 | 6～8.5 |
| 硅油 | 2.7 | 三氧化二铝 | 8.5 |
| 米及谷类 | 3～5 | 乙醇 | 20～25 |
| 环氧树脂 | 3.3 | 乙二醇 | 35～40 |
| 石英玻璃 | 3.5 | 甲醇 | 37 |
| 二氧化硅 | 3.8 | 丙三醇 | 47 |
| 纤维素 | 3.9 | 水 | 80 |
| 聚氯乙烯 | 4.0 | 钛酸钡 | 1000～10000 |

### 2．电容式传感器的测量电路

(1)　调频电路。

把电容式传感器作为振荡器谐振回路的一部分，当输入量导致电容量发生变化时，振荡器的振荡频率就发生变化。可将频率作为输出量用以判断被测非电量的大小，但此时系统是非线性的，不易校正，因此必须加入鉴频器，将频率的变化转换为电压振幅的变化，经过放大，就可以用仪器指示或用记录仪记录下来，如图 7-9 所示。图中，调频振荡器的振荡频率为

$$f = \frac{1}{2\pi\sqrt{LC}}$$

式中：$C$ 为振荡回路的总电容，$C = C_1 + C_2 + C_x$，其中 $C_1$ 为振荡回路固有电容，$C_2$ 为传感器

引线分布电容，$C_x = C_0 \pm \Delta C$ 为传感器的电容。

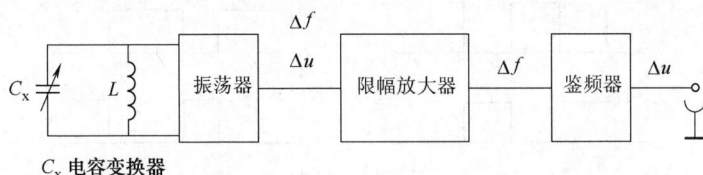

图 7-9　调频式测量电路的原理框图

当被测信号为 0 时，$\Delta C = 0$，则 $C = C_1 + C_2 + C_0$，所以振荡器有一个固有频率 $f_0$，其表示式为

$$f_0 = \frac{1}{2\pi\sqrt{(C_1 + C_2 + C_0)L}}$$

当被测信号不为 0 时，$\Delta C \neq 0$，振荡器频率有相应变化，此时频率为

$$f = \frac{1}{2\pi\sqrt{(C_1 + C_2 + C_0 \mp \Delta C)L}} = f_0 \pm \Delta f$$

调频电容传感器测量电路具有较高的灵敏度，可以测量高至 $0.01\mu m$ 级的位移变化量。信号的输出频率易于用数字仪器测量，并与计算机通信，抗干扰能力强，可以发送、接收，以达到遥测、遥控的目的。

(2) 脉冲宽度调制电路。

脉冲宽度调制电路如图 7-10 所示。

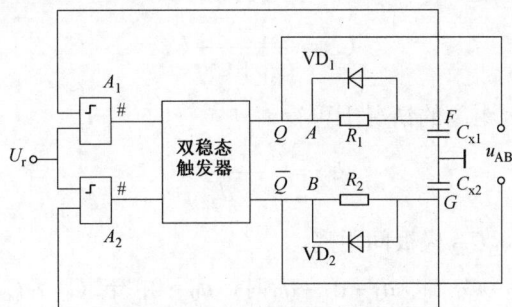

图 7-10　脉冲宽度调制电路

脉冲宽度调制电路各点的电压波形如图 7-11 所示。此时 $u_A$、$u_B$ 脉冲宽度不再相等，一个周期($T_1 + T_2$)时间内的平均电压值不为零。此 $u_{AB}$ 电压经低通滤波器滤波后，可获得 $U_o$ 输出，有

$$U_o = U_A - U_B = U_1 \frac{T_1 - T_2}{T_1 + T_2}$$

式中：　$U_1$——触发器输出的高电平；

　　　　$T_1$、$T_2$——$C_{x1}$、$C_{x2}$ 充电至 $U_R$ 时所需的时间。

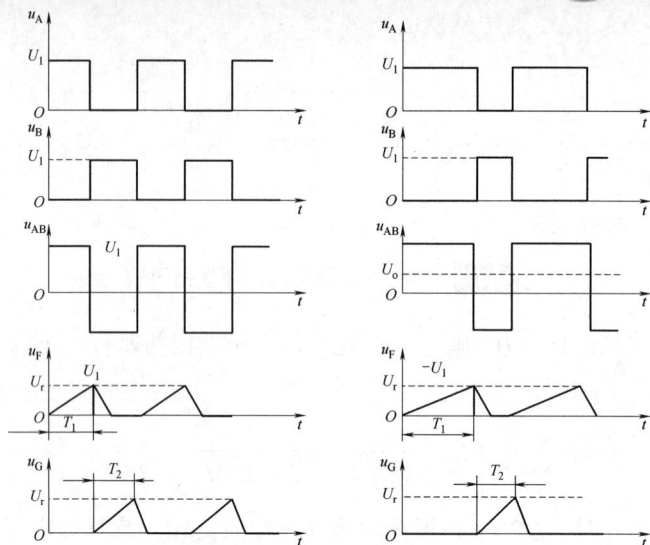

图 7-11 脉冲宽度调制电路的电压波形

由电路知识可知

$$T_1 = R_1 C_{x1} \ln \frac{U_1}{U_1 - U_r}$$

$$T_2 = R_2 C_{x2} \ln \frac{U_2}{U_2 - U_r}$$

将 $T_1$、$T_2$ 代入上式，得

$$U_o = \frac{C_{x1} - C_{x2}}{C_{x1} + C_{x2}} U_1$$

平行板电容在变极板距离的情况下可得

$$U_o = \frac{d_1 - d_2}{d_1 + d_2} U_1$$

式中：$d_1$、$d_2$ 分别为 $C_{x1}$、$C_{x2}$ 极板间距离。

当差动电容 $C_{x1} = C_{x2} = C_0$，即 $d_1 = d_2 = d_0$ 时，$u_0 = 0$；若 $C_{x1} \neq C_{x2}$，设 $C_{x1} > C_{x2}$，即

$$d_1 = d_0 - \Delta d, \quad d_2 = d_0 + \Delta d,$$

则有

$$U_o = \frac{\Delta d}{d_0} U_1$$

同样，在变面积电容传感器中，则有

$$U_o = \frac{\Delta S}{S} U_1$$

由此可见，差动脉宽调制电路适用于变极板距离以及变面积差动式电容传感器，并具有线性特性，且转换效率高，经过低通放大器就有较大的直流输出，调宽频率的变化对输出没有影响。

### 3. 电容式压力传感器和差动式电容传感器

(1) 电容式压力传感器的结构特征。

电容式进气压力传感器是利用电容效应检测进气管的绝对压力。电容式进气压力传感器的结构如图 7-12 所示。两片具有凹形的玻璃片被金属制弹性膜片分为左右两个腔室，玻璃片被封装在壳体内。玻璃凹形表面镀有金属涂层，弹性膜片与金属涂层通过引线构成两个串联电容。弹性膜片构成电容的活动电极，凹型玻璃构成固定电极。外界的气体通过玻璃小孔到达膜片两侧的腔室。当两侧的气体压力发生变化时，电极间电容随压力差引起的膜片偏移而改变，从而获得与压力成一定关系的电容值信号。将由压力转换电容的元件接到传感器的电子振荡电路中，传感器能够产生可变频率信号或电压信号。电控装置可以根据传感器输入的信号感知进气歧管的绝对压力的大小，进而对发动机的喷油量进行控制。

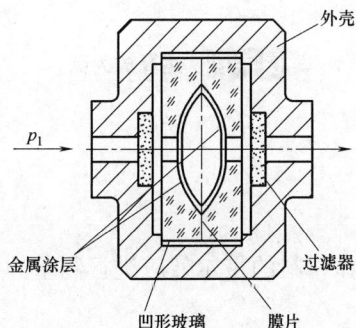

图 7-12 电容式进气压力传感器的结构

(2) 差动式电容传感器的工作原理。

在实际应用中，为了提高灵敏度，改善非线性，克服温度漂移，电容传感器常做成差动形式，如图 7-13 所示。

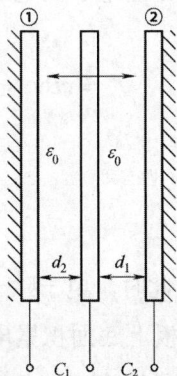

图 7-13 差动式电容传感器

差动式电容传感器中间的动极板与定极板①组成电容器 $C_1$,与定极板②组成电容器 $C_2$。当动极板处于初始位置 $x = 0$ 处,两电容的电容量均为 $C_0$。当动极板移动 $x$ 距离后,$C_1$ 的极距变为 $\delta-x$,$C_2$ 的极距变为 $\delta+x$,此时两电容的差值 $\Delta C = C_1 - C_2$ 作为输出。

由于电容传感器的电容量太小,需要通过测量电路对电容信号进行转换和放大,才可获得电压或频率信号。利用运算放大器将电容量的变化转换为电压信号对外输出的原理图,如图 7-14 所示。

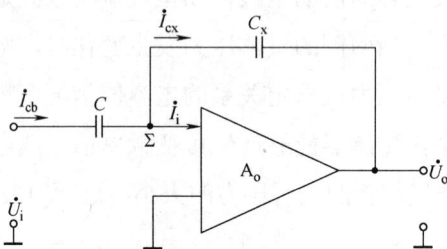

图 7-14　运算放大器

# (三) 霍尔式传感器

霍尔式传感器是利用半导体材料的霍尔效应进行测量的一种传感器。

## 1. 霍尔效应

对于置于磁场中的静止载流导体,当它的电流方向与磁场方向不一致时,载流导体上平行于电流和磁场方向上的两个面之间会产生电动势,这种现象称为霍尔效应,该电动势称为霍尔电势。

如图 7-15 所示,在垂直于外磁场 $B$ 的方向上放置一导电板,导电板通以电流 $I$,方向如图所示。导电板中的电流是金属中自由电子在电场作用下的定向运动。此时,每个电子受洛仑兹力 $f_m$ 的作用,$f_m$ 大小为

$$f_m = eBv$$

式中:$e$ ——电子的电荷;

$\quad\quad v$ ——电子运动的平均速度;

$\quad\quad B$ ——磁场的磁感应强度。

$f_m$ 的方向在图 7-15 中是向上的,此时,电子除了沿电流反方向做定向运动外,还在 $f_m$ 的作用下向上漂移,结果使金属导电板上底面积累电子,而下底面积累正电荷,从而形成了附加内电场 $E_H$,称霍尔电场,其电场强度为

$$U_H = \frac{IB}{ned}$$

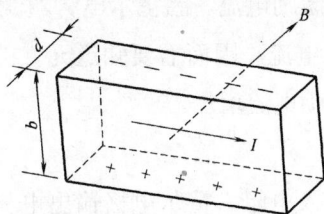

图 7-15　霍尔效应的原理

式中：$U_H$ 为电位差。

霍尔电场的出现，使定向运动的电子除了受洛仑兹力作用外，还受到霍尔电场的作用力，其大小为 $eE_H$，此力阻止电荷继续积累。随着上、下底面积累电荷的增加，霍尔电场增加，电子受到的电场力也增加，当电子所受洛仑兹力与霍尔电场作用力大小相等、方向相反时，

即

$$eE_H = evB$$

则

$$E_H = vB$$

此时电荷不再向两底面积累，达到平衡状态。

若金属导电板单位体积内电子数为 $n$，电子定向运动平均速度为 $v$，则激励电流

$$v = \frac{I}{bdne} \qquad I = nevbd$$

故

$$E_H = \frac{IB}{bdne}$$

所以

$$U_H = \frac{IB}{ned}$$

式中：令 $R_H = 1/(ne)$，称为霍尔常数，其大小取决于导体载流子密度，则

$$U_H = R_H \frac{IB}{d} = K_H IB$$

式中：$K_H = R_H/d$ 称为霍尔片的灵敏度。可见，霍尔电势正比于激励电流及磁感应强度，其灵敏度与霍尔常数 $R_H$ 成正比，而与霍尔片厚度 $d$ 成反比。所以，为了提高灵敏度，霍尔元件常制成薄片形状。

### 2. 霍尔元件的基本特性

(1) 额定激励电流和最大允许激励电流。

当霍尔元件自身温升 10℃时所流过的激励电流称为额定激励电流。以元件允许最大温升

所对应的激励电流称为最大允许激励电流。因霍尔电势随激励电流增加而线性增加，所以，使用中希望选用尽可能大的激励电流，因而需要知道元件的最大允许激励电流。通过改善霍尔元件的散热条件，可以使激励电流增加。

(2) 输入电阻和输出电阻。

激励电极间的电阻值称为输入电阻。霍尔电极输出电势对外电路来说相当于一个电压源，其电源内阻即为输出电阻。以上电阻值是在磁感应强度为零且环境温度在 20℃±5℃时确定的。

(3) 不等位电势和不等位电阻。

当霍尔元件的激励电流为 $I$ 时，若元件所处位置的磁感应强度为零，则它的霍尔电势应该为零，但实际电势通常不为零，这时测得的空载霍尔电势称为不等位电势。产生这一现象的原因有以下几方面。

① 霍尔电极安装位置不对称或不在同一等电位面上。

② 半导体材料不均匀造成了电阻率不均匀，或是几何尺寸不均匀。

③ 激励电极接触不良，造成激励电流不均匀分布等。

不等位电势也可用不等位电阻表示，即

$$r_0 = \frac{U_0}{I_H}$$

式中：$U_0$——不等位电势；

$r_0$——不等位电阻；

$I_H$——激励电流。

由此可以看出，不等位电势就是激励电流流经不等位电阻 $r_0$ 所产生的电压。

(4) 寄生直流电势。

在外加磁场为零且霍尔元件用交流激励时，霍尔电极的输出除了交流不等位电势外，还有一直流电势，称为寄生直流电势。其产生的原因有以下几方面。

① 激励电极与霍尔电极接触不良，形成非欧姆接触，构成整流效果。

② 两个霍尔电极大小不对称，则两个电极点的热容不同，因散热状态不同而形成极间温差电势。

寄生直流电势一般在 1mV 以下，它是影响霍尔片温漂的原因之一。

### 3. 霍尔式传感器的应用

(1) 霍尔式微位移传感器。

霍尔元件具有结构简单、体积小、动态特性好和寿命长的优点，它不仅用于磁感应强度、有功功率及电能参数的测量，也在位移测量中得到广泛应用。

图 7-16 所示为一些霍尔式位移传感器的工作原理图。图 7-16(a)是磁场强度相同的两块

永久磁铁，同极性相对地放置，霍尔元件处在两块磁铁的中间。由于磁铁中间的磁感应强度 $B=0$，因此霍尔元件输出的霍尔电势 $U_H$ 也等于零，此时位移 $\Delta x=0$。若霍尔元件在两磁铁中产生相对位移，霍尔元件感受到的磁感应强度也随之改变，这时 $U_H$ 不为零，其量值大小反映出霍尔元件与磁铁之间相对位置的变化量，这种结构的传感器的动态范围可达 5mm，分辨率为 0.001mm。

图 7-16(b)所示为一种结构简单的霍尔位移传感器，由一块永久磁铁组成磁路，在 $\Delta x=0$ 时，霍尔电压不等于零。

图 7-16(c)所示为一个由两个结构相同的磁路组成的霍尔式位移传感器，为了获得较好的线性分布，在磁极端面装有极靴，霍尔元件调整好初始位置时，可以使霍尔电压 $U_H=0$。这种传感器灵敏度很高，但它所能检测的位移量较小，适合于微位移量及振动的测量。

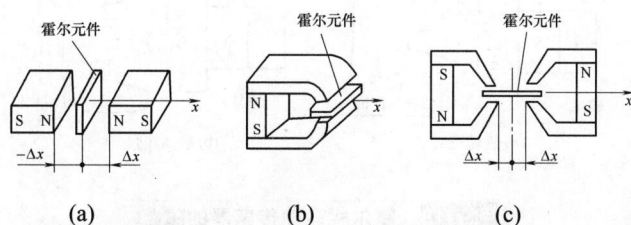

图 7-16  霍尔式位移传感器的工作原理

(2) 霍尔计数装置。

霍尔开关传感器 SL3501 是具有较高灵敏度的集成霍尔元件，能感受到很小的磁场变化，因而可对黑色金属零件进行计数检测。图 7-17 所示为对钢球进行计数的工作示意图和电路图。

当钢球通过霍尔开关传感器时，传感器可输出峰值 20mV 的脉冲电压，该电压经运算放大器 A(μA471)放大后，驱动半导体三极管 VT(2N5812)工作，VT 输出端便可接计数器进行计数，并由显示器显示检测数值。

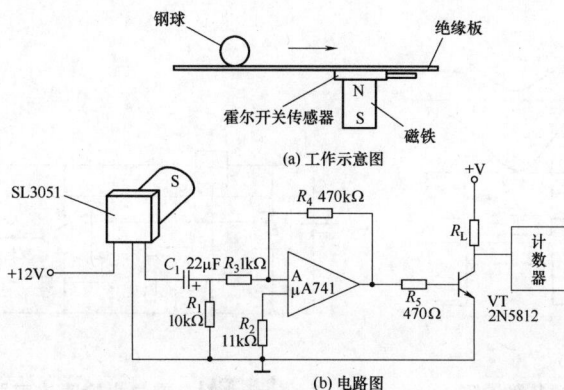

图 7-17  霍尔计数装置的工作示意图及电路图

**4. 霍尔式轮速传感器的识别与检测**

霍尔式轮速传感器由传感头和齿圈组成。传感头由永磁铁、霍尔元件和电子电路等组成,如图 7-18 所示。它的工作原理是永磁铁的磁力线穿过霍尔元件通向齿轮,齿轮相当于一个集磁器。当齿轮位于图 7-18(a)所示位置时,穿过霍尔元件的磁力线分散,磁场相对较弱。当齿轮位于图 7-18(b)所示位置时,穿过霍尔元件的磁力线集中,磁场相对较强。齿轮转动时,使得穿过霍尔元件的磁力线密度发生变化,因此引起霍尔电压的变化,霍尔元件将输出一个毫伏级的正弦波电压。该交流信号需经由电子电路转成标准的脉冲电压。图 7-19 所示为霍尔轮速传感器的电子线路框图。

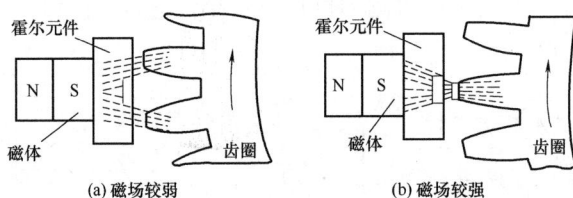

(a) 磁场较弱　　　　　(b) 磁场较强

图 7-18　霍尔式轮速传感器的磁路

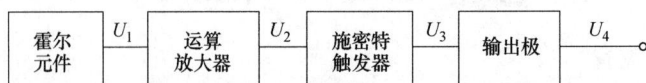

图 7-19　霍尔轮速传感器的电子线路框图

由霍尔元件输出的毫伏级的正弦波电压,经过放大器放大成伏级电压信号,输入施密特触发器,由触发器将正弦波信号转换成标准的脉冲信号再送至放大级放大后输出。各级波形如图 7-20 所示,电子线路的原理如图 7-21 所示。其工作电压为 8~15 V,负载电流为 100mA,工作频率为 20kHz,输出电压幅值为 7~14 V。

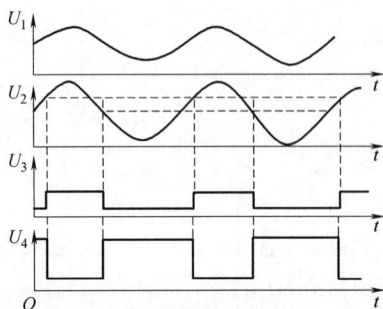

图 7-20　电子线路的各级波形

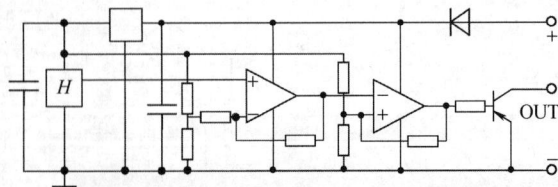

图 7-21　霍尔式轮速传感器电子线路的原理

霍尔式轮速传感器需输入 12V 电源电压，其输出信号电压为 11.5～12 V，即使车速下降至 0 也不改变。该传感器响应频率可达 20kHz，当用于 ABS 系统时，相当于车速 1000km/h 时所检测的信号频率。

霍尔轮速传感器可通过检测其输出电压信号来判断其工作好坏，具体方法如下。

(1)　关闭点火开关。

(2)　将车支起，使四个轮胎离地 10cm 左右。

(3)　拔下轮速传感器的导线连接器插头，并用导线将线束插头与轮速传感器插头的电源端子相连。

(4)　将万用表(交流电压挡)的两表笔分别搭接在轮速传感器的信号输出端子，测量传感器的输出电压。

(5)　打开点火开关，用手转动车轮，万用表应显示交流电压在 7～14 V。如果电压不在规定范围，则应检查传感器与齿圈之间的间隙，标准值为 0.2～0.5mm，否则要进行调整。

## (四) 湿度传感器

湿度是指大气中的水蒸气含量，通常采用绝对湿度和相对湿度两种表示方法。绝对湿度是指在一定温度和压力条件下，每单位体积的混合气体中所含水蒸气的质量，单位为 $g/m^3$，一般用符号 AH 表示。相对湿度是指气体的绝对湿度与同一温度下达到饱和状态的绝对湿度之比，一般用符号%RH 表示。相对湿度给出大气的潮湿程度，它是一个无量纲的量。在实际使用中，多使用相对湿度这一概念。

湿度传感器是能够感受外界湿度变化，并通过器件材料的物理或化学性质变化，将湿度转化成有用信号的器件。湿度检测较之其他物理量的检测显得困难，这首先是因为大气中水蒸气的含量要比空气少得多；另外，液态水会使一些高分子材料和电解质材料溶解，一部分水分子电离后与溶入水中的空气中的杂质结合成酸或碱，使湿度材料不同程度地受到腐蚀和老化，从而丧失其原有的性质；再者，湿信息的传递必须靠水对湿度器件直接接触来完成，因此湿度器件只能直接暴露于待测环境中，不能密封。通常，对湿度器件有下列要求：在各种气体环境下稳定性好，响应时间短，寿命长，有互换性，耐污染和受温度影响小等。微型化、集成化及廉价是湿度器件的发展方向。

### 1. 氯化锂湿度电阻

氯化锂湿度电阻是利用吸湿性盐类潮解时离子电导率发生变化而制成的测湿元件。它由引线、基片、感湿层和金属电极组成，如图 7-22 所示。

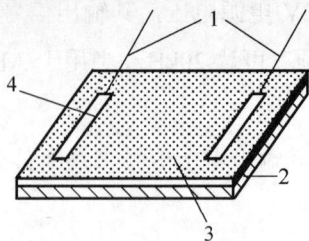

图 7-22 湿度电阻的结构

1—引线；2—基片；3—感湿层；4—金属电极

氯化锂通常与聚乙烯醇组成混合体，在氯化锂(LiCl)溶液中，Li 和 Cl 均以正负离子的形式存在，而 $Li^+$ 对水分子的吸引力强，离子水合程度高，其溶液中的离子导电能力与浓度成正比。当溶液置于一定温湿场中，若环境相对湿度高，溶液将吸收水分，使浓度降低，因此，其溶液电阻率增高。反之，环境相对湿度变低时，则溶液浓度升高，其电阻率下降，从而实现对湿度的测量。氯化锂湿度元件的电阻—湿度特性曲线如图 7-23 所示。

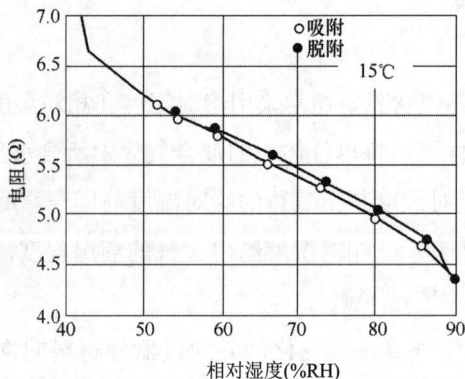

图 7-23 氯化锂湿度—电阻特性曲线

由图 7-23 可知，在 50%~80%的相对湿度范围内，电阻与湿度的变化呈线性关系。为了扩大湿度测量的线性范围，可以将多个氯化锂含量不同的器件组合使用，如将测量范围分别为(10%~20%)RH、(20%~40%)RH、(40%~70%)RH、(70%~90%)RH 和(80%~99%)RH 的五种器件配合使用，就可自动地转换完成整个湿度范围的湿度测量。

氯化锂湿度元件的优点是滞后小，不受测试环境风速的影响，检测精度高达±5%，但其耐热性差，不能用于露点以下测量，器件性能重复性不理想，使用寿命短。

### 2. 半导体陶瓷湿度电阻

通常，可用两种以上的金属氧化物半导体材料混合烧结，成为多孔陶瓷。这些材料有 $ZnO\text{-}LiO_2\text{-}V_2O_5$ 系、$Si\text{-}Na_2O\text{-}V_2O_5$ 系、$TiO_2\text{-}MgO\text{-}Cr_2O_3$ 系、$Fe_3O_4$ 等。前三种材料的电阻率

随湿度增加而下降，故称为负特性湿度半导体陶瓷；最后一种的电阻率随湿度增加而增大，故称为正特性湿度半导体陶瓷(以下简称半导瓷)。

(1) 负特性湿度半导瓷的导电机理。

由于水分子中的氢原子具有很强的正电场，当水在半导瓷表面吸附时，就有可能从半导瓷表面俘获电子，使半导瓷表面带负电。如果该半导瓷是 P 型半导体，则由于水分子吸附使表面电势下降，将吸引更多的空穴到达其表面，于是，其表面层的电阻下降。若该半导瓷为 N 型，则由于水分子的附着使表面电势下降，如果表面电势下降较多，不仅使表面层的电子耗尽，同时会吸引更多的空穴达到表面层，有可能使到达表面层的空穴浓度大于电子浓度，出现所谓表面反型层，这些空穴称为反型载流子，它们同样可以在表面迁移而表现出电导特性。因此，由于水分子的吸附，N 型半导瓷材料的表面电阻会下降。由此可见，不论是 N 型还是 P 型半导瓷，其电阻率都随湿度的增加而下降。图 7-24 所示为几种负特性半导瓷阻值与湿度之间的关系。

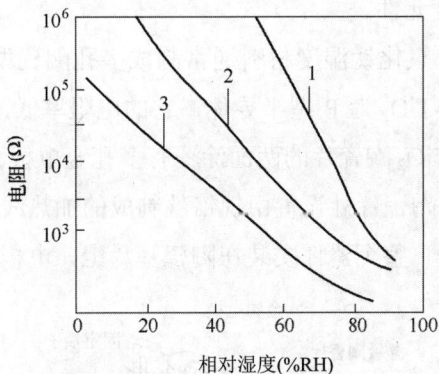

图 7-24 几种半导瓷的湿敏负特性

1—ZnO-LiO$_2$-V$_2$O$_5$ 系；2—Si-NaO-V$_2$O$_5$ 系；3—TiO$_2$-MgO-Cr$_2$O$_3$ 系

(2) 正特性湿度半导瓷的导电机理。

正特性湿度半导瓷的结构、电子能量状态与负特性材料有所不同。当水分子附着半导瓷的表面，使电势变负时，会导致其表面层电子浓度下降，但这还不足以使表面层的空穴浓度增加到出现反型程度，此时仍以电子导电为主。于是，表面电阻将由于电子浓度下降而加大，即这类半导瓷材料的表面电阻将随湿度的增加而加大。如果对某一种半导瓷，它的晶粒间的电阻并不比晶粒内电阻大很多，那么表面层电阻的加大对总电阻并不起多大作用。不过，通常湿度半导瓷材料都是多孔的，表面电导占的比例很大，故表面层电阻的升高必将引起总电阻值的明显升高。但是，由于晶体内部低阻支路仍然存在，正特性半导瓷的总电阻值的升高没有负特性材料的阻值下降表现得那么明显。图 7-25 给出了 Fe$_3$O$_4$ 正特性半导瓷湿度电阻阻值与湿度的关系曲线。从图 7-24 和图 7-25 可以看出，当相对湿度从 0%RH

变化到 100%RH 时，负特性材料的阻值均下降了 3 个数量级，而正特性材料的阻值只增大了约一倍。

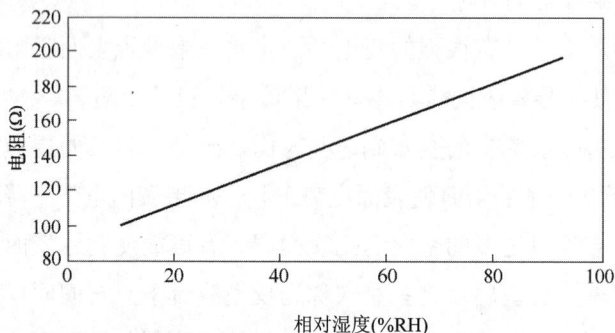

图 7-25 $Fe_3O_4$ 半导瓷的正湿敏特性

(3) 典型半导瓷湿度元件。

① $MgCr_2O_4$-$TiO_2$ 湿度元件。

氧化镁复合氧化物—二氧化钛湿度材料通常制成多孔陶瓷型"湿—电"转换器件，它是负特性半导瓷。$MgCr_2O_4$-$TiO_2$ 为 P 型半导体，它的电阻率低，阻值温度特性好，结构如图 7-26 所示，在 $MgCr_2O_4$-$TiO_2$ 陶瓷片的两面涂覆有多孔金电极。金电极与引出线烧结在一起，为了减少测量误差，在陶瓷片外设置由镍铬丝制成的加热线圈，以便对器件加热清洗，排除恶劣环境对器件的污染。整个器件安装在陶瓷基片上，电极引线一般采用铂—铱合金。

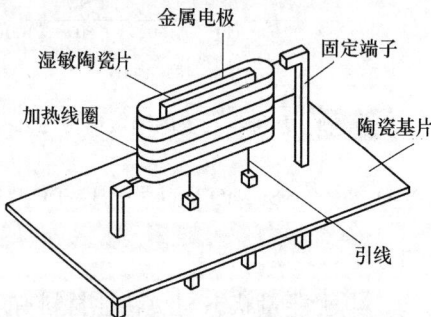

图 7-26 $MgCr_2O_4$-$TiO_2$ 陶瓷

② $ZnO$-$Cr_2O_3$ 陶瓷湿度元件。

$ZnO$-$Cr_2O_3$ 湿度元件的结构是将多孔材料的金电极烧结在多孔陶瓷圆片的两表面上，并焊上铂引线，然后将敏感元件装入有网眼过滤的方形塑料盒中用树脂固定，其结构如图 7-27 所示。

$ZnO$-$Cr_2O_3$ 传感器能连续稳定地测量湿度，而无需加热除污装置，因此功耗低于 0.5W，体积小，成本低，是一种常用的测湿传感器。

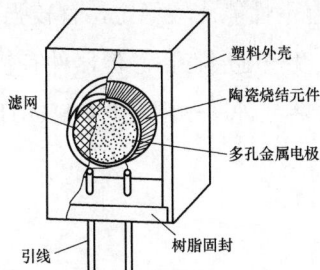

图 7-27　ZnO-Cr₂O₃ 陶瓷湿度传感器的结构

③　四氧化三铁(Fe₃O₄)湿度器件。

Fe₃O₄ 湿度器件由基片、电极和感湿膜组成，器件构造如图 7-28 所示。基片材料选用滑石瓷，光洁度为 10～11，该材料的吸水率低，机械强度高，化学性能稳定。基片上制作一对梳状金电极，最后将预先配制好的 Fe₃O₄ 胶体液涂覆在梳状金电极的表面，进行热处理和老化。Fe₃O₄ 胶体之间的接触呈凹状，粒子间的空隙使薄膜具有多孔性。当空气相对湿度增大时，Fe₃O₄ 胶膜吸湿，由于水分子的附着，强化了颗粒之间的接触，降低了粒间的电阻并增加了更多的导流通路，所以元件阻值减小。当处于干燥环境中，胶膜脱湿，粒间接触面减小，元件阻值增大。当环境温度不同时，涂覆膜上所吸附的水分也随之变化，使梳状金电极之间的电阻产生变化。图 7-29 和图 7-30 分别为国产 MCS 型 Fe₃O₄ 湿度器件的电阻—湿度特性和温度 湿度特性。

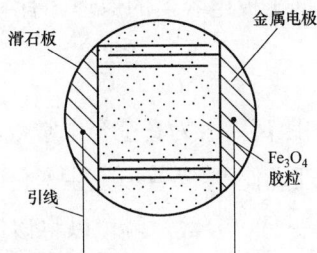

图 7-28　Fe₃O₄ 湿度元件的构造

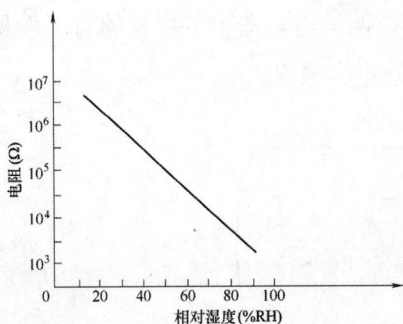

图 7-29　湿度器件的电阻—湿度特性

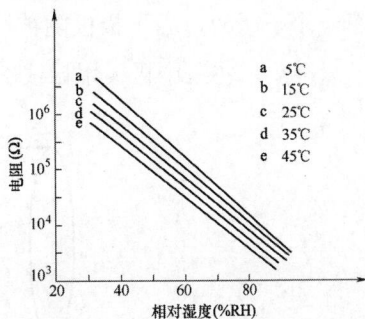

图 7-30　湿度器件的温度—湿度特性

$Fe_3O_4$ 湿度器件在常温、常湿下性能比较稳定，有较强的抗结露能力，测湿范围广，有较为一致的湿度特性和较好的温度—湿度特性。但器件有较明显的湿滞现象，响应时间长，吸湿过程($60\%RH \rightarrow 98\%RH$)需要两分钟，脱湿过程($98\%RH \rightarrow 12\%RH$)需要 5～7 分钟。

## 二、项目实施

### (一) 电容式传感器的位移特性

#### 1. 项目实施目的

了解电容传感器的结构及特点。

#### 2. 项目实施器材

本项目实施器材包括：电容传感器、电容传感器模块、测微头、数显直流电压表和直流稳压电源。

#### 3. 项目实施原理

电容式传感器是能将被测物理量的变化转换为电容量变化的一种传感器，它实质上是具有一个可变参数的电容器。根据平板电容器的原理，有

$$C = \frac{\varepsilon S}{d} = \frac{\varepsilon_0 \varepsilon_r S}{d}$$

式中：$S$ 为极板面积，$d$ 为极板间距离，$\varepsilon_0$ 为真空介电常数，$\varepsilon_r$ 为介质的相对介电常数。

由上式可以看出，当被测物理量使 $S$、$d$ 或 $\varepsilon_r$ 发生变化时，电容量 $C$ 随之发生改变。如果保持其中两个参数不变而仅改变另一参数，就可以将该参数的变化单值地转换为电容量的变化。所以电容传感器可以分为三种类型：改变极间距离的变极距式，改变极板面积的变面积式和改变介质电常数的变介质式。这里采用变面积式，如图 7-31 所示，两只平板电容器共享一个下极板，当下极板随被测物体移动时，两只电容器上下极板的有效面积一只增大，一只减小，将三个极板用导线引出，形成差动电容输出。

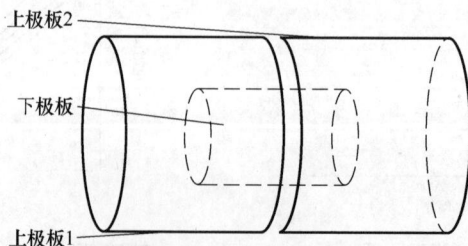

图 7-31 平板电容器

### 4．项目实施内容

项目实施内容如下。

(1) 按图 7-32 所示将电容传感器安装在电容传感器模块上，将传感器引线插入实验模块插座中。

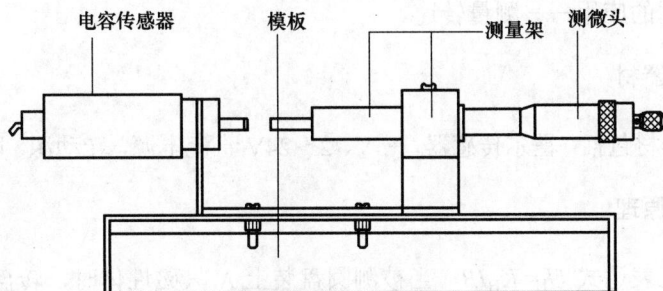

图 7-32  安装图

(2) 将电容传感器模块的输出 $U_0$ 接到数显直流电压表。

(3) 接入±15V 电源，合上主控台电源开关，将电容传感器调至中间位置，调节 $R_w$，使得数显直流电压表显示为 0。

(4) 旋动测微头，推进电容传感器的共享极板(下极板)，每隔 0.2mm 记下位移量 $X$ 与输出电压值 $U$ 的变化，填入表 7-2 中。

表 7-2  测量数据记录

| $X$(mm) |  |  |  |  |  |  |  |  |  |  |
|---|---|---|---|---|---|---|---|---|---|---|
| $U$(V) |  |  |  |  |  |  |  |  |  |  |  |

(5) 在图 7-33 中绘制特性曲线。

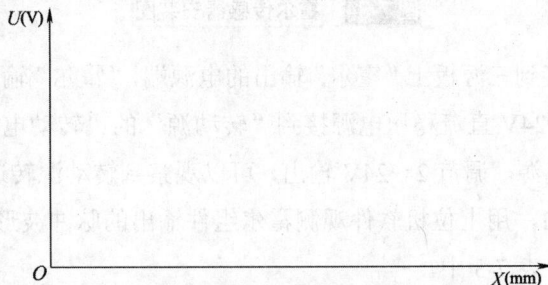

图 7-33  位移—电压曲线

### 5．分析与思考

根据表 7-2 的数据计算电容传感器的系统灵敏度 $S$ 和非线性误差 $\delta f$。

## (二) 霍尔测速实验

### 1. 项目实施目的

了解霍尔组件的应用——测量转速。

### 2. 项目实施器材

本项目实施器材包括：霍尔传感器，+5V、2～24V 直流电源，转动源，以及频率/转速表。

### 3. 项目实施原理

利用霍尔效应表达式 $U_H=K_H IB$，当被测圆盘装上 $N$ 只磁性体时，转盘每转一周磁场变化 $N$ 次，每转一周霍尔电势就同频率相应变化，输出电势通过电路放大、整形和计数，就可以测出被测旋转物的转速了。

### 4. 项目实施内容

项目实施内容如下。

(1) 根据图 7-34 所示进行安装，霍尔传感器已安装于传感器支架上，且霍尔组件正对着转盘上的磁钢。

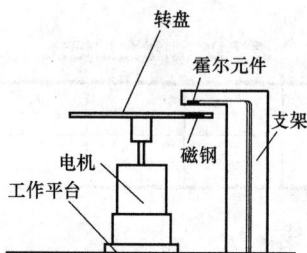

图 7-34　霍尔传感器安装图

(2) 将+5V 电源接到三源板上"霍尔"输出的电源端，"霍尔"输出接到频率/转速表(切换到测转速位置)。2～24V 直流稳压电源接到"转动源"的"转动电源"输入端。

(3) 合上主控台电源，调节 2～24V 输出，可以观察到转动源转速的变化。也可通过通信接口的第一通道 CH1，用上位机软件观测霍尔组件输出的脉冲波形。

(4) 将数据记录于表 7-3 中。

表 7-3　测量数据记录

| $U$(V) | | | | | | | | |
|---|---|---|---|---|---|---|---|---|
| $n$(r/min) | | | | | | | | |

(5)　在图 7-35 中绘制特性曲线。

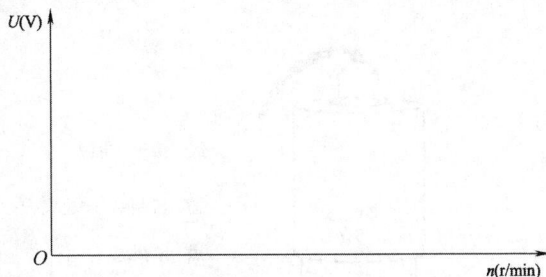

图 7-35　转速—电压曲线

# (三) 湿度传感器实验

## 1. 项目实施目的

了解湿度传感器的原理及应用范围。

## 2. 项目实施器材

本项目实施器材包括：湿度传感器，湿敏座，干燥剂，棉球(自备)。

## 3. 项目实施原理

湿度是指大气中水分的含量，通常采用绝对湿度和相对湿度两种方法表示，绝对湿度是指单位体积中所含水蒸气的含量或浓度，用符号 AH 表示，相对湿度是指被测气体中的水蒸气压和该气体在相同温度下饱和水蒸气压的百分比，用符号%RH 表示。湿度给出大气的潮湿程度，因此它是一个无量纲的值。实验中多用相对湿度的概念。

湿度传感器种类较多，根据水分子易于吸附在固体表面渗透到固体内部的这种特性(即水分子的亲和力)，湿度传感器可以分为水分子亲和力型和非水分子亲和力型，本实验所采用的属于水分子亲和力型的高分子材料湿度元件。高分子电容式湿度元件利用了元件的电容值随湿度变化的原理。将具有感湿功能的高分子聚合物，如乙酸－丁酸纤维素和乙酸－丙酸纤维素等，做成薄膜，它们具有迅速吸湿和脱湿的能力。将感湿薄膜覆在金箔电极(下电极)上，然后在感湿薄膜上再镀一层多孔金属膜(上电极)。利用这样形成的一个平板电容器，就可以通过测量电容的变化来感知空气湿度的变化。

## 4. 项目实施内容

项目实施内容如下。

(1)　湿度传感器实验装置如图 7-36 所示，红色接线端接+5V 电源，黑色接线端接地，蓝色接线端和黑色接线端分别接频率/转速表的输入端。频率/转速表选择频率挡。记下此时频率/转速表的读数。

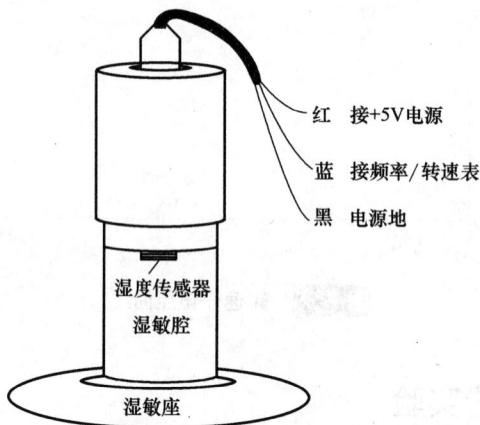

红　接+5V电源

蓝　接频率/转速表

黑　电源地

湿度传感器
湿敏腔

湿敏座

图 7-36　湿度传感器实验装置

(2) 将湿棉球放入湿敏腔内，并插上湿度传感器探头，观察频率/转速表的变化。

(3) 取出湿纱布，待数显表示值下降回复到原始值时，在湿敏腔内放入部分干燥剂，同样将湿度传感器置于湿度腔孔上，观察数显表头读数的变化。

(4) 输出频率 $f$ 与相对湿度 RH 值的对应关系如表 7-4 所示，参考表 7-4，计算以上三种状态下的空气相对湿度，并记录于表 7-5 中。

表 7-4　频率 $f$ 与相对湿度 RH 值对照表

| RH(%) | 0 | 10 | 20 | 30 | 40 | 50 | 60 | 70 | 80 | 90 | 100 |
|---|---|---|---|---|---|---|---|---|---|---|---|
| $f$(Hz) | 7351 | 7224 | 7100 | 6976 | 6853 | 6728 | 6600 | 6468 | 6330 | 6186 | 6033 |

表 7-5　三种状态下的频率以及湿度表

| 状　态 | 频率(Hz) | 湿度(%) |
|---|---|---|
| 1 | | |
| 2 | | |
| 3 | | |

## 小结

本章首先介绍了传感器的分类、特性及传感器在控制系统中的应用，然后介绍了电容式传感器、霍尔式传感器和湿度传感器。

本章要求掌握电容式传感器、霍尔式传感器和湿度传感器的性能测试方法。

# 思考题及习题

1. 传感器的分类有哪些？
2. 传感器的组成是什么？
3. 举例说明传感器在控制系统中的应用。
4. 简要说明电容传感器的分类。
5. 举例说明电容式传感器的用途。
6. 简要说明霍尔效应的原理。
7. 举例说明霍尔式传感器的用途。
8. 简要说明湿度传感器的工作原理。
9. 举例说明湿度传感器的用途。

# 参 考 文 献

[1]  沈裕钟. 电工学[M]. 4 版. 北京：高等教育出版社，1995.

[2]  沈裕钟. 工业电子学[M]. 3 版. 北京：高等教育出版社，1999.

[3]  程周. 电工与电子技术[M]. 2 版. 北京：高等教育出版社，2006.

[4]  俞艳. 电工基础[M]. 北京：人民邮电出版社，2006.

[5]  陈振源，褚丽歆. 电子技术基础[M]. 北京：人民邮电出版社，2006.

[6]  于建华. 电工电子技术基础[M]. 北京：人民邮电出版社，2006.

[7]  杨屏. 实用汽车电子技术[M]. 北京：机械工业出版社，2008.